高等学校会展经济与管理专业
本科系列教材

体育赛事策划与管理

（第2版）

陶卫宁　编　著

重庆大学出版社

内容提要

本书编写坚持理论联系实际的原则,充分吸收了国内外关于体育赛事的最新学术研究成果,同时依据不同的学习目的与要求在各章配备了充分的学习案例。教材的主体部分包括十章:第一章对体育赛事的相关概念问题进行了阐述。第二至第九章就体育赛事的总体规划、详细设计("体验经济"背景下)、现场组织运营、财务、赞助、市场、利益相关者和风险等主题的组织策划与管理进行了详细分析。最后一章对体育赛事的评估问题进行了初步分析,带有"总结"的性质。为了学习的方便,在每章的正式内容之前均安排了"本章提要""关键词""学习目标"。每章的后面还附有"思考题",重在锻炼学生的理解能力及分析和解决问题的能力。

本书不仅可作为本科院校会展经济与管理专业"节事"方向必修或选修课程的教学用书,也可作为体育类专业本科生相关课程的参考教材。另外,本书可作为会展与节事行业高层次管理人才的培训用书,也可以作为高等职业教育和自学考试人员学习的参考材料。

图书在版编目(CIP)数据

体育赛事策划与管理／陶卫宁编著. -- 2 版.
重庆:重庆大学出版社,2025.6. --(高等学校会展经济与管理专业本科系列教材). -- ISBN 978-7-5689
-5058-9

Ⅰ. G808.22

中国国家版本馆 CIP 数据核字第 2025BH1648 号

体育赛事策划与管理
(第 2 版)
陶卫宁 编著
策划编辑:尚东亮
责任编辑:陈 力　　版式设计:尚东亮
责任校对:石 可　责任印制:张 策

*

重庆大学出版社出版发行
社址:重庆市沙坪坝区大学城西路 21 号
邮编:401331
电话:(023) 88617190　88617185(中小学)
传真:(023) 88617186　88617166
网址:http://www.cqup.com.cn
邮箱:fxk@cqup.com.cn(营销中心)
全国新华书店经销
重庆正文印务有限公司印刷

*

开本:787mm×1092mm　1/16　印张:16.5　字数:408 千
2015 年 11 月第 1 版　2025 年 6 月第 2 版　2025 年 6 月第 1 次印刷(总第 9 次印刷)
印数:15 001—18 000
ISBN 978-7-5689-5058-9　定价:45.00 元

编委会

主 任：

马　勇（教育部高等学校旅游管理类专业教学指导委员会副主任，中国会展经济研究会
　　　　创会副会长，湖北大学旅游发展研究院院长、教授/博导）

田卫民（教育部高等学校旅游管理类专业教学指导委员会主任，云南大学工商管理
　　　　与旅游管理学院院长、教授/博导）

委 员：（以姓氏笔画为序）

于世宏（沈阳师范大学会展管理系副教授）

王佩良（湖南工商大学会展经济与管理系主任、副教授，博士）

王春雷（上海对外经贸大学会展管理系主任、副教授，博士）

王馨欣（北京第二外国语学院会展管理系讲师，博士）

刘松萍（广州大学旅游学院教授，博士，广州市会展产业研究所所长）

孙晓霞（暨南大学深圳旅游学院副教授、博士）

许传宏（上海工程技术大学艺术学院书记、教授）

许忠伟（北京第二外国语学院会展管理系主任）

何会文（南开大学泰达学院会展管理系副主任、副教授，博士后）

吴亚生（上海工程技术大学艺术学院副院长、教授）

杨　琪（天津商业大学会展研究所所长、副教授，博士）

杨劲祥（广西财经学院会展经济与管理专业教师）

郑向敏（华侨大学旅游学院院长、教授/博导）

郑建瑜（上海师范大学会展管理系书记、教授，博士）

赵伯艳（天津商业大学会展经济与管理系副教授，博士）

陶卫宁（华南师范大学旅游管理系副教授，博士）

曹　勇（重庆文理学院旅游学院副院长、副教授）

黄　彬（浙江大学城市学院会展专业负责人、教授）

蓝　星（上海对外经贸大学中德合作 IEMS 会展项目系主任、副教授）

总　序

在经济全球化和文化多元化日益加深的大背景下,会展业已经发展成为新兴的现代服务型产业,会展经济在经济全球化浪潮中脱颖而出,成为世界经济发展的亮点。进入 21 世纪以来,中国会展业搭上了经济快速发展和综合国力不断增强的快车,会展行业快速发展,并以其强大的产业带动效应、集聚效应和辐射效应逐渐成为众多省(市)的支柱型产业,正朝着国际化、科技化、精细化和绿能化方向发展。中国正在由世界会展大国向世界会展强国挺进。

会展业是具有先导性的现代服务业态,与国民经济各行业有着广泛的联系。我国多部委对会展业一直高度重视并积极参与,尤其是党的十八大以来,一批经国务院批准、由商务部和相关部委与地方政府合作的重大会展项目,如中国进出口商品交易会(广交会)、中国国际服务贸易交易会(服贸会)的品牌化和国际化升级,中国国际进口博览会(进博会)和中国国际消费品博览会(消博会)的创办和成功举办,不但形成了中国扩大对外开放最重要的展会平台矩阵,也形成了会展业以龙头展会为示范和引领的中国特色。在"十三五"和"十四五"期间,国家多部委作为行业主管部门在制定的《发展规划》中,确立了本行业重点发展的会展项目。教育部 2012 年颁布的《普通高等学校本科专业目录(2012 年)》中,将旅游管理专业上升为与工商管理学科平级的一级大类专业,这意味着隶属于旅游管理类专业的会展经济与管理专业有了更好的学科地位。正是在这种会展经济繁荣发展和对会展人才需求急剧增长的背景下,积极整合会展教育资源,为我国会展业的发展提供强有力的人才保证和智力支持,使我国会展教育逐渐进入繁荣发展阶段,建设一套高质量和高水准的"高等学校会展经济与管理专业本科系列教材"则成为当前会展教育的现实迫切需要。

在教育部高等学校旅游管理类专业教学指导委员会的大力支持和指导下,重庆大学出版社历时多年在全国开设有会展经济与管理本科专业或方向的学校积极调研,充分论证,并征求高校和行业企业中众多会展专家对本专业课程设置及课程内容等方面的意见,在中国会展教育的开创者和著名学者、教育部旅游管理类专业教学指导委员会副主任、中国会展经济研究会创会副会长、湖北大学旅游发展研究院院长马勇教授,以及教育部高等学校旅游管理类专业教学指导委员会主任、云南大学工商管理与旅游管理学院创院院长田卫民教授的具体策划和指导下,邀请了全国20多所开设有会展经济与管理本科专业的高等学校知名教授、学科带头人和一线骨干专业教师,以及会展行业专家、海外专业师资等参与积极论证,根据教育部发布的《旅游管理类教学质量国家标准》精心编撰而成"高等学校会展经济与管理专业本科系列教材"。

会展领域专业人才的缺乏已成为制约我国会展业大发展的一大瓶颈,该套教材旨在为培养高校会展本科专业人才提供有力的教育支撑,缓解我国会展业大量引进国外人才的局面,真正促进我国会展教育的大繁荣大发展。该套教材着重达到两个目标:第一,完善我国会展专业高等教育体系,在全面总结中国会展产业发展的理论成果和实践经验的基础上,推进中国会展专业的理论发展和学科建设,提高中国现代会展从业人员的专业素养和理论功底;第二,在本科会展教育的过程当中,能够产生强有力的示范效应和带动效应,积极推动本科会展经济与管理专业课程改革与建设的持续健康发展。

本套教材定位于会展产业发展人才需求层次较高的本科教育,是在对我国会展教育人才培养方向、培养目标和教育特色等方面的把握以及对会展发达国家会展教育学习借鉴的基础上编写而成的,具有较强的前瞻性、系统性和完整性。本套教材主要有以下四大亮点:

第一,内容前沿。本套教材尽可能地将当前国内外会展产业发展的前沿理论和热点、焦点问题吸收进来以适应会展业的现实发展需要,并突出会展教育的中国特色。

第二,体系完整。本套教材围绕"融前沿、成体系、出精品"的核心理念展开,将会展行业的新动态、新业态及管理职能、关系管理等都融于教材之中,将理论与实践相结合,实现多角度、多模块组合,形成完整的教材体系,出版精品之作。

第三,注重引用。本套教材在保持本学科基本内容的基础上,注重处理好与相邻及交叉学科的关系,有重点、有关联地恰当引用其他相关学科的理论知识,以更广阔的视野来构建本学科的知识体系。

第四,较高水准。本套教材的作者很多都是中国会展教育的知名专家,学历层次高、涉及领域广,包括诸多具有博士学位的经济学、管理学和工程学等多方面的专家和学者,并且还有会展行业高水平的业界精英人士,我们力求通过邀请知名优秀的专业作者以保证所出教材拥有较高的水准。

在会展教育新形势新背景下,会展本科教材有新的需求,编写一套有特色、高质量的会展教材是一项复杂的系统工程,需要专家学者、业界、出版社等的广泛支持与集思广益。本套教材在组织策划和编写出版过程中,得到了会展业内专家、学者以及业界精英的广泛支持与积极参与,在此一并表示衷心的感谢!

"路漫漫其修远兮,吾将上下而求索。"希望这套教材能够满足会展本科教育新形势下的新要求,让我们一起努力,为中国会展教育及教材建设起到开拓创新的作用,贡献一份力量。

高等学校会展经济与管理专业本科系列教材

编委会

2023 年 2 月

第 2 版前言

体育运动是人与生俱来的本能或需求,具有"事件"性质的体育竞赛运动也几乎同时出现。从人类社会早期具有浓重神秘色彩和仪式感的节事,到一定运行规则基础上具有游戏性质的竞技活动,再到传统意义上的体育赛事活动,以"体育"为核心内容的赛事经历了一个漫长的发展历程。自 20 世纪 80 年代以来(尤其是 1984 年洛杉矶奥运会实现奥运历史上首次商业运营并取得巨大成功后),传统体育赛事活动的经济产出功能日益受到各个国家和地区(城市)的重视。在市场化与商业网络化环境下,利润导向的体育赛事发展模式直接导致了赛事的产业化运作和项目化管理。实践表明,体育赛事产业在满足人们强身健体与休闲需求的同时,也确实给举办地区(城市)带来了可观的经济效益。以奥运会历史上较为成功的 2000 年悉尼奥运会为例,本次赛事为澳大利亚赚取了 4 亿多美元的收入,净增加 10 万个就业岗位。

除了可观的经济效益,受消费主义、娱乐主义和全球化背景下资本、技术以及人才等的流动性(Mobility)增强的影响,"节庆化"(Festivalization)发展的体育赛事还具有间接但更为深远的社会文化效益,如提升国民(地区)居民荣誉感和社会凝聚力以及有效减少社会排斥等。美国著名的后现代主义地理学家大卫·哈维认为,"城市奇观"(Spectacle)的利用是消费主义背景下城市发展的重点由产品的生产到"事件的生产"转换的结果[①]。以奥运会为代表的各类大型体育赛事就是一个城市奇观,并成为重要的旅游吸引物。同时,这类奇观还具有展示和提升城市形象的功能,能够给城市留下更多的遗产。具有"特殊节事"性质的体育赛事也因此被许多城市用来作为城市增长策略的一部分,各国家与城市之间对奥运会、足球世界杯等特大型体育赛事的申办,竞争也日益激烈,其中最具有战略意义的两个利益诉求是"地方促销"和城市"身份构建"。

---

① HARVEY D. The condition of postmodernity[M]. Oxford:Blackwell, 1989.

近年来,随着我国经济与社会文化的发展,体育赛事产业也有了快速发展,赛事的数量与规模也大幅上升。以笔者所在的广州为例,2010 年亚运会的成功举办极大地促进了城市体育赛事产业的发展。据广州市体育局的统计报道,2014 年广州全年共举办国际性体育赛事多达200 项,包括足球、篮球、网球、橄榄球、美式九球、龙舟、马拉松、高尔夫、赛车、乒乓球、羽毛球以及排球等二十几个体育项目。重要的体育赛事包括亚冠、中超广州恒大与广州富力两队主场的多场足球赛事、2014 国际男子职业网球(ATP)挑战赛广州站、2014 国际网联男子巡回赛广州站、2014 年广州国际龙舟邀请赛、2014 广州国际女子网球公开赛以及 2014 广州国际马拉松赛等。广州国际马拉松赛虽然开始于 2012 年,但很快成为具有一定国际影响力的体育赛事,2014 年成功与上海、北京等 14 个马拉松赛一起被评为 2014 中国马拉松金牌赛事,成为广州的重要"城市名片"之一①。

为了顺应产业的发展,体育赛事的策划与运营管理也应运而生,成为一门融合政治(公共事务)、商务以及企业等多个管理领域相关知识与技能的跨行业和部门的高度综合性管理活动。目前,我国的体育赛事管理水平相对落后,人才匮乏,尤其是在体育赛事的产业化与市场化运作方面。因此,培养具有跨行业综合管理知识与技能的人才实为当务之急。本书的编写正是基于这样一个目的的。

全书共 10 章,总体上可分为 3 个部分(编)。

第一编是"概述编",也即本书的第一章"概述",分为三节。第一节简要梳理了体育赛事作为一种社会文化现象的缘起与发展演变过程以及每一个阶段的特点,并重点分析了现代体育赛事发展的特征。第二节从"概念"分析角度阐述了"体育赛事"的定义及其分类,强调了基于不同分类标准下的分类结果及其意义。第三节分析了体育赛事管理中的几个基本问题,包括管理所涉及的基本要素、管理中的知识与技能要求以及管理的"过程性"。

第二编是"策划编",包括教材的第二章"体育赛事的总体策划"和第三章"'体验经济'背景下的体育赛事设计"。第二章从宏观层面讨论了体育赛事的概念与目标规划、可行性分析以及赛事的组织结构规划。第三章是体育赛事活动项目规划与环境设计相关的内容。如今经济的发展已经进入"体验经济"时代,体验在产品与服务的供给及管理方面发挥着越来越重要的作用,这对于以提供"体验"机会的体育赛事来说尤其突出。因此,本章专门开辟一节系统地介绍"体验经济"的概念及相关理论,并以此作为体育赛事详细规划设计的背景支持和理论支撑。

余下的第四章到第十章是第三编"管理编",这是教材的主体内容部分。

第四章是"体育赛事的现场组织运营管理",讨论如何将规划设计好的体育赛事尽可能地按原有计划执行。严格地说,体育赛事的现场组织运营管理是赛事整个组织运营管理中的一部分,当然,作为赛事运营的"临门一脚",也是整个管理中的关键和核心问题。为此,本章第一节专门对体育赛事运营管理进行了总体性和概要性的分析,第二节和第三节分别对现场组织管理中最为重要也最为基本的人员与物流两方面的管理问题进行了分析。最后一节(第五节)介绍了体育赛事活动现场运营的时间与进度管理以及常用的管理工具。

第五章是"体育赛事的财务管理"。对于体育赛事来说,财务管理的实质就是一个成本与收入的控制与管理过程。因此,本章第一节分析了体育赛事的成本与收入的基本问题。第二节和第三节分别讨论了体育赛事资金(含收入)内部来源和外部来源。由于商业化的大型体育

---

① 新浪体育.

赛事的传播权收益在赛事的财务管理中占有越来越重要的地位,所以本章第四节专门对这一问题进行了分析。第五节和第六节分别讨论了体育赛事的预算管理与财务控制。

第六章是"体育赛事的赞助管理"。从内容的性质来看,这部分内容应归入第五章。将这一部分内容专门安排为一章的主要原因有两个:其一,在市场经济高度发达的今天,赞助是体育赛事(特别是奥运会、世界杯等特大型体育赛事)最为主要的运营资金的来源,对赛事的成功举办具有决定性的作用;其二,此部分内容分量较大,专门开辟一章在章节安排上也更为合理。本章首先对体育赛事的可能赞助资源进行了一般性的"盘存",然后重点分析了体育赛事赞助的实施过程,包括赞助市场调研、赞助招商与招标书的制作以及赞助商的选择等问题。最后讨论了赞助商的权益管理问题。

市场经济的高度发达与全球经济的一体化发展使得企业甚至一些非营利性组织非常注重对产品(服务)以及企业或组织本身品牌形象的市场营销。基于这个背景,本书的第七章"体育赛事的市场营销"将营销学基本原理与方法应用到体育赛事管理领域中,分析了体育赛事作为一种特殊类型的节事活动,其市场营销活动的过程、内容、策略组合,其中特别强调体育赛事营销活动与一般产品市场营销活动的不同点。

第八章利用"利益相关者"理论分析体育赛事组织运营过程中的利益相关者类型、特征、利益诉求以及各利益相关者之间的利益冲突与协调。

由于包括体育赛事在内的节事活动在有限的时空范围内集中了大量的人流与物流,同时体育赛事活动的组织与运营具有短期性。因此,体育赛事活动相比其他的商业活动或产业经营等具有更大的风险。基于这一点,本书的第九章详细分析了体育赛事组织运营管理中的风险类型以及风险分析识别和应对的常用策略。

第十章"体育赛事的评估"分为三节,第一节分析了体育赛事绩效评估的相关问题。第二节则从更为宏观的层面分析了体育赛事在经济、社会、文化、环境以及整体形象等几个方面给举办地带来的"外部性"影响。第三节简要分析了体育赛事结束后的相关方案写作与整理问题。

作者近年主要从事节事策划与组织管理方面的教学与研究工作,曾主讲会展经济与管理专业的"体育节事的策划与管理双语(中、英)(必修)"和"节事活动的策划与组织管理(必修)"课程。本书的基本框架与主要内容均为作者在课程教案的基础上整理而成。因此,本书的第一个突出特点是,内容吸收了当今国际上节事与体育赛事领域的最新研究成果,具有较为明显的国际化特征。

当前,无论是在教学与科研领域还是在实践领域,人们对体育赛事管理的理解还基本停留在竞赛管理或赛事项目管理的层次,较少有人关注到体育赛事的"非体育竞技"性特征。本书的一个主要突出点在于,将体育赛事看作"节事"的一种特殊类型,在大的"节事"语境下讨论和分析体育赛事的策划与管理相关问题。这种安排在体育赛事产业化与"节事化"运作的背景下无疑具有更大的理论与现实意义。

在本书第1版的编写过程中,华南师范大学旅游管理学院2011级会展经济与管理专业本科生缪媚和郑绮薇以及暨南大学旅游管理系2013级研究生高志洋(本科毕业于华南师范大学旅游管理学院)帮忙整理材料和绘制图表。在第2版的修订过程中,华南师范大学旅游管理学院2023级本科生潘可欣和我已毕业的研究生李龙创、蒋隆树等人帮忙整理文稿和收集资料,在此一并致谢!

体育赛事早已超出传统的体育竞技范畴,正在成为具有重要的社会、经济与文化意义的事件。虽然体育赛事的历史久远,但是在综合发展语境下的体育赛事策划与管理仍然处在初级阶段。希望本书的出版能助与体育赛事相关的教学与研究一臂之力。由于作者水平有限,书中难免出现错漏之处,恳请广大读者和同行不吝赐教,不胜感激!

陶卫宁

2024 年 9 月

目 录

第一章
概述

HUIZHAN
会展经济与管理

【本章提要】

　　本章具有"导论"性质。首先,本章运用历史学的方法对体育赛事作为一种特殊社会-文化现象的演变进行了过程梳理,分析了其阶段性特征。其次,本章分析讨论了体育赛事的概念性定义与技术性定义(分类)。最后,本章基于管理实践导向,概括性地分析了体育赛事管理的几个基本问题,包括管理涉及的要素和管理人员的知识-技能要求。

【关键词】

体育赛事;起源与发展;体育游戏;体育竞赛;分类;管理要素;管理知识-技能

【学习目标】

1.理解体育赛事起源与发展的大致过程及其阶段性特征。
2.理解体育赛事起源的概念性定义与技术性定义(分类)。
3.整体上了解体育赛事管理活动中涉及的要素以及知识-技能要求。
4.领会休闲经济与体验经济背景下体育赛事的"非竞技性"和公共性。

引导案例

"美丽乡村"里的特殊体育赛事——"村BA"

黔东南苗族侗族自治州的东北部地区在每年的"六月六吃新节"（贵州省非物质文化遗产）期间，各村庄都会举办篮球、斗牛和苗歌等比赛，祈求风调雨顺，五谷丰登。其中篮球赛是最热闹的一项。坚持得最好和规模最大的要数台江县的台盘村，也因此成为十里八乡公认的"篮球赛举办地"。每年赛事期间，其他乡镇的篮球队和观众都会涌向台盘村，从而形成了一项盛大的体育赛事。2022年6月，一段不到5分钟的赛事网络直播短视频让这一民间体育赛事"横空出世"，被网友惊呼为"村BA"。

目前，"村BA"有参赛队伍16支（黔东南苗族侗族自治州下辖1市15县，每个市县派出1支队伍），参赛队员必须同时满足两个条件，即年龄22岁以上和有本地农村户口。16支队伍分为四个小组先进行小组赛，小组赛第一名进行交叉排位赛，赛事持续四天。赛事设有专业裁判，比赛规则完全参照CBA。赛事目前还是公开的，不售门票，因此每年比赛现场被观众围得水泄不通，以至附近的房顶和山坡上都站满了观众。很多篮球爱好者甚至从数百里外专程赶来观战和助威，赛事体现了非常好的公众参与性。"村BA"的接地气和"不讲究"，让大众看到了体育赛事最本真和最美好的样子。当地村民评价"村BA"是没有资本介入的民间篮球，能够给民众带来真正的原生快乐。"如果没有篮球赛，人们可能就去了牌桌、酒桌，有了篮球比赛人们就都走向篮球场强身健体，篮球让人们的生活方式更健康。"有一位村民如是说。

比赛的奖品也非常符合"美丽乡村"的主题：冠军奖励黄牛一头，亚军奖励两只羊，季军奖励两只小香猪。因村寨球队没有大企业赞助，所以冠名赞助的都是区域内的土特产企业，比如龙里刺梨、罗甸火龙果和长顺高钙苹果等。不仅如此，组织者还给现场观众准备了"接地气"的奖品，如西瓜、大米、猪脚等。现场解说员采用罕见的"双语"播报方式，每两句话都要在贵州话和苗语之间进行切换。中场休息时间，没有专业球赛的"篮球宝贝"热舞，取而代之的是少数民族特色歌舞。

目前，每年的赛事直播累计在线观看人数达上亿人次，还有人数不断增长的旅游者到现场观看比赛和旅游，如图1-1所示。"村BA"火速出圈后，当地村民的生活有了显著变化。台盘村居民人均纯收入从2012年的4 360元提高到2021年的15 600元。基础设施如交通和网络等民生工程建设也有了快速发展。"村BA"完全由村民自主进行组织和管理。体育赛事还促进了乡村治理水平的提高。目前，黔东南州和台江县以及台盘乡正顺势而为，利用"村BA"的品牌效应和优势，通过以赛促旅、以赛扶农、以赛促治、以赛纳贤等措施，全面推动人才、产业、乡村治理、基层组织建设等一体化发展，以实现乡村振兴发展新目标。

图 1-1　"村 BA"现场

学习提示：竞技性体育活动终究是体育赛事的核心和标志性内容，当然也是其区别于其他"事件"的核心特征。但是，具体到每一项体育赛事，其形成和发展机制与过程都有其特殊性，遵循着不同的逻辑，呈现出不同的形态；相应地，对各种不同的体育赛事进行组织管理的策略与手段也应该有所不同，涉及的管理要素也会不同。其中，类型化管理不失为一种比较高效的管理思路。本章将就体育赛事的概念、类型以及管理要素等问题进行分析讨论。

第一节　体育赛事的起源与发展

体育赛事是伴随着人类社会的发展而形成和演进的，是人类社会文明与进步的产物。体育的每一个发展历程都与人类社会的变革息息相关。在其历史长河中，体育赛事的形式、内容、功能以及组织运营方式等都经历了持续不断的演变，其发展历程大致经历了以下几个阶段。

一、体育赛事的起源

体育赛事的产生首先要归因于"体育"这种人类活动形式的出现，而体育运动的起源与人类的游戏、劳动、军事以及祭祀等生产生活活动息息相关，同时与人的精神（如休闲娱乐）和健康等内在因素有关。

游戏是在一些简单的规则和形式下开展的活动，往往具备了竞赛的原始形态。早期的人类体育运动竞赛往往是以这种形式出现的，缺乏独立意义。比如，现代足球运动的起源最早可以追溯到公元前 3 世纪流行的一种游戏——哈帕斯托姆，它于 1066 年传入英国，1490 年被正式命名为"足球"。1863 年，现代足球运动在英国诞生。也有学者认为，现代足球有可能最早起源于我国战国时代的"蹴鞠"游戏，如图 1-2 所示。这种游戏当时在民间和军队中流传，属于一种娱乐方式或练兵手段。再比如网球运动，起源于 12—13 世纪的法国，是由传教士在教堂的回廊里用手掌击打一种类似小球的物体，以此来调节刻板的教堂生活而发展起来的。篮球是由美国马萨诸塞州体育教师詹姆斯·史密斯博士发明的一种可以在室内玩的游戏。跨栏跑起源于英国，由牧羊人跨越羊圈栅栏的游戏演变而来。这些游戏后来逐步发展成一种具有规则的竞技，并且在发展过程中不断完善，为体育赛事的发展奠定了坚实的基础。

图 1-2　蹴鞠

　　人类社会早期"游戏"性质的体育运动还具有宗教意义上的神圣性，有重要的符号与精神功能。古希腊诗人荷马在其《伊利亚特》(创作于公元前 8 世纪到公元前 6 世纪)中就曾记述英雄阿喀琉斯为了纪念在战争中死去的朋友帕特洛克罗斯特别举行了一场体育竞赛。当代规模与影响力最大的人类体育盛会——现代奥林匹克运动会便是在古希腊人的宗教祭祀活动的基础上演变而来的。

　　一些体育比赛项目源于人类的生产劳动和对战斗技能的学习。人类为了生存，必须同大自然进行抗争。在这种情形下，体育运动是人类自发地出于生存本能需要的一种身体行为。尤其是在狩猎时代，生产力比较低下，人们都要为获取食物而跋山涉水，在与野兽斗争的过程中，各项技能如搏斗、奔跑、跳跃、游泳以及射箭等，都是必备的技能，也是现代体育项目的雏形。历史记录与考古发现的材料表明，早在公元前 2700 年，中国就有了徒手武术。埃及、亚述与克里特岛等地也出现了弓箭与跳远等运动。随着人类的体质在生产与生活活动中不断得到增强，有意识的体育锻炼由此产生并得到发展。另外，各个族群或部落之间为了争夺有限的资源经常会发生战斗，所以为了更好地生存就必须掌握各项军事技能。例如现代五项、马拉松以及标枪等运动项目的起源就与军事技能的训练密切相关。

　　祭祀是上古时期人们非常重视的仪式性活动，在祭祀中人们会以体育竞技、唱歌和舞蹈等具有原始宗教仪式意义的活动来表达对祖先和神明的敬意。例如我国内蒙古地区的那达慕大会，原本是当地人在开春时为了祭祀神明而举办的竞技大会，其中有摔跤、骑马等各种形式的运动项目。古代奥运会的产生也与古希腊当时社会的政治、经济、文化和宗教有着密切的联系。在奥运会举办期间，各个城邦之间执行休战协议，享受和平带来的快乐。随着时间的推移，祭祀活动的功利性变得越来越弱，同时娱乐性也越来越强。每个人都可以根据自己的兴趣选择一项比赛参加，这对现代体育的发展起到了一定的促进作用。

二、体育赛事的发展

随着社会文明的发展,体育运动不断扩展与完善,逐渐形成了具有现代意义的体育竞技运动。从概念上来看,体育竞赛是在规则的统一约束下,采用公平合理的竞赛方法,运用人体的体能、智慧及所掌握的竞技战术能力,按特定的形式进行的竞技活动过程。与此同时,体育赛事也相应地得到不断发展。美国著名的社会学家杰·科克利在《体育社会学:议题与争议》一书中总结,体育赛事经历了古希腊时期、罗马时期、中世纪以及文艺复兴、宗教改革与启蒙运动等时期近 2 800 年的发展历程,在工业革命时期出现了标准化运动形式,也就是现代意义上的体育赛事。

传统体育赛事组织者对体育竞技活动范围以外的经济、社会、文化乃至科技等环境并不关注。这一方面受传统社会生产力发展低下以及物质与精神生活贫乏的社会环境制约,另一方面也与体育赛事本身的影响力难以溢出竞赛范围有直接关系。早期的体育赛事多流行于社会富裕阶层,强调精英性。赛事参与者的主要目的在于向世人证明他们很成功,有很多时间可以"浪费"来从事闲暇的和非生产性活动。

从 19 世纪中期开始,得益于生产力的高速发展和经济收入的普遍提高,人们有了更多的闲暇时间,参与体育比赛的人越来越多,各个阶层的人们都能享受体育赛事带来的乐趣。各种体育俱乐部开始发展起来,体育运动项目也越来越多样化。赞助商们开始关注体育赛事本身所带来的经济效益,加大了对体育赛事的赞助与投资,促进了体育俱乐部的发展。他们开始成立协会,制定规则,组织联赛(如欧洲的足球"五大联赛"[①]和北美的四大职业体育联赛[②]),对现代体育赛事的推广和商业化发展产生了巨大的影响。进入 20 世纪,尤其是第二次世界大战以后,各项体育赛事呈现出"井喷式"发展,其中西方发达国家的体育赛事更是取得了举世瞩目的成绩。奥运会的商业化运动推动了体育赛事商业化运作的进程。洛杉矶奥运会之后,赛事举办方也纷纷采用洛杉矶奥运会的赛事运营模式,从而拉开了现代体育赛事管理与经营时代的序幕。

随着体育赛事的蓬勃发展,诸多与体育赛事有业务关联的企业开始介入体育赛事的组织与运营,为体育赛事提供各项专业服务。一些企业如我国的万达、乐视体育以及阿里巴巴等也纷纷拓展体育业务,不断打造体育赛事项目,同时引进 NFL、MLB 等国际知名赛事。万达、阿里巴巴和乐视体育三大新锐体育公司分别以广州、上海和北京三大中心城市为基地,逐渐发展成为推动中国体育赛事产业发展的支柱力量。

三、现代体育赛事及其发展特征

无论是从世俗意义上的娱乐活动发展演变而来,还是在宗教意义上的敬神与祭祀活动基础上形成,传统体育赛事一个最为显著的特点就是它的"非功利性"(或"公共性")。公共部门主导成为赛事举办与组织管理的唯一形式。但是,随着时代的发展,经济、社会文化、政治和科

---

① 英格兰足球超级联赛(The English Premier League)、意大利足球甲级联赛(Italian Serie A)、德国足球甲级联赛(German Bundesliga)、西班牙足球甲级联赛(Spanish La Liga)、法国足球甲级联赛(French Ligue 1)。

② NFL(National Football League,美国国家橄榄球联盟)、MLB(Major League Baseball,美国职业棒球大联盟)、NBA(National Basketball Association,美国职业篮球联赛)和 NHL(National Hockey League,国家冰球联盟)组成。

技等元素均已介入体育赛事的发展演变中。体育竞赛活动过程变得复杂起来,其内涵和外延发生了很大的变化,不仅表现出竞技体育和大众体育两个发展向度,而且社会活动中的休闲娱乐类赛事也被纳入许多国家和地区的体育赛事产业发展规划之中。

1.体育赛事的"节庆化"

在市场经济形势日益成熟的条件下,各企业、组织以及普通民众的成本意识也日益增强,投资收益率成为包括体育赛事在内的各类活动需要考虑的关键因素。1984 年第 23 届洛杉矶奥运会是一个极为重要的转折点。洛杉矶市作为唯一一个申办第 23 届奥运会的城市,在获取举办权后的 1978 年便出台了一项法律,不准动用公共资金举办奥运会等大型体育赛事。因此,政府不得不将这次奥运会交给私人以工商企业的方式筹办,同时这也促使奥委会下定决心进行赛事的商业化改革。在成立筹备委员会后,委员会邀请了彼得·尤伯罗斯担任主席,通过民间承包的方式(与企业订立资助协议、出售电视转播权、出售门票等方式)开创了民间承办奥运会的先例。洛杉矶奥运会开创了通过市场运作体育赛事的先例,并取得了可观的赢利。自此以后,商业营销成为体育赛事运作管理极其重要的内容,赛事的电视转播费与广告赞助费等也逐年大幅攀升。在这样一种环境下,体育赛事已经不再仅仅局限于体育竞技活动本身。举办地政府或承办机构在利益驱动和社会公众给予的压力之下,一方面需要有意识地利用当地的经济与社会文化资源扩展赛事的经营管理业务范围,提供以体育竞赛产品和服务为中心的"事件组合"。从体育赛事旅游目的地发展的角度看,举办地也需要围绕体育赛事补充其他各类活动节事,从而使中心节事的效益最大化;另一方面,赛事的组织举办方也在不断地改进体育竞赛的规程以适应大众的消费需求。这个过程即国外很多学者所说的"节事或节庆化"(Festivalization)。从 1988 年汉城(首尔)奥运会开始,以 NBA 球员为代表的职业选手开始参加奥运会的比赛(在此之前,职业运动员是不允许参加此项赛事活动的)。这一参赛人员管理规则的转变也是为了适应市场化的要求:职业运动员的竞技水平无疑比业余选手高,并因此可以提供更为精彩的比赛或表演。以此标志性事件为起点,传统的体育赛事在不到半个世纪的时间里已经快速发展成为超出纯粹意义上的"体育"范畴的节事①。

2.利益相关者关系网络背景下的现代体育赛事

如今,各类体育赛事与举办地的政治、经济以及社会-文化等综合环境产生了紧密的联系,体育赛事的利益相关者网络越来越复杂②。"网络"是由经济与商务活动中的行为主体在主动或被动地参与活动过程中,通过资源的交换和传递活动发生联系的各种关系的总和,简单地讲,网络即"关系"。在全球经济一体化和市场供需结构快速变化的背景下,现代企业为了提高资源的外部整合能力和减少交易成本,经营理念开始从单纯追求内部业务的一体化向"网络化"转型。

---

① 这是一个在英国、澳大利亚等国家广泛使用的术语。在美国与加拿大等国家,情况则有所不同,人们更喜欢直接用"特殊事件"(Special Events)或直接用"事件"(Events)。在中国传统的语汇中有"节庆"和"节日"。本书结合中西文化语境,将"节庆与特殊事件"(Festival and Special Events, FSEs)简称为"节事"。

② 详见教材第八章"体育赛事的利益相关者管理"。

依据企业网络理论[1]，体育赛事也是现代这种庞大而复杂的网络的一个"节点"，是以其为中心的产业链上下游环节中具有参与活动能力的各行为主体在各类资源交换、传递过程中发生联系时所建立的各种经济关系的总和。体育赛事(特别是大型体育赛事)的运作需要不同企业、行业部门之间形成稳定的合作"网络"，如图1-3所示，在降低体育赛事运作交易成本的同时提高交易效率。

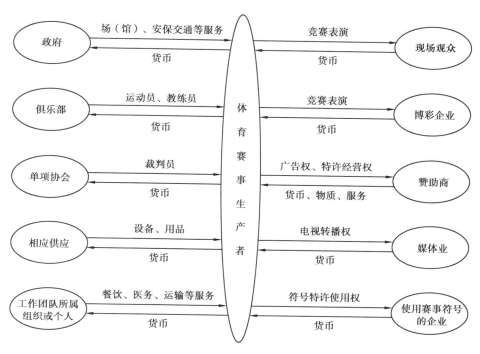

图1-3　网络经济下的体育赛事结构示意图

案例1-1：现代奥运会的兴起与发展

一、奥运会的起源

现代奥林匹克运动会的起源可以追溯至古希腊人宗教祭祀活动中的体育竞技活动。其中最为隆重的就是对众神之首——宙斯的祭祀，古代奥运会就直接源于这一重大宗教活动。在古希腊，体育运动被视为一种崇高的活动。荷马史诗《伊利亚特》(公元前8世纪)中就曾记述了英雄阿喀琉斯为了纪念在战争中死去的朋友帕特洛克罗斯特别举行了一场体育竞赛(这是目前为止有关体育运动比赛最早的记载)。渴望和平的古希腊各城邦之间约定，在奥运会举办期间以神的名义进行休战以达到短暂的和平和减少灾难的目的。从此，"和平"成为奥运会一个永恒的主题和精神内核。

二、现代奥运会的兴起

文艺复兴活动让欧洲人重新发现并宣扬古希腊的体育精神。19世纪后半叶，出现了国际体育交流和比赛，一些国际性的单项体育组织相继诞生，这些为现代奥运会的诞生创造了条

---

① 企业网络理论先后经历了基于交易成本的网络理论、基于资源依赖的网络理论和基于经济社会学的网络理论3个阶段。

件。在希腊国王奥托的支持下,雅典在 1859 年 10 月 1 日组织了第一届泛希腊奥林匹克运动会。虽然这一赛事并没有继续发展下去,但仍然在欧洲产生了很大的反响,也为奥林匹克运动会的兴起积累了经验。

法国教育家顾拜旦是公认的现代奥林匹克创始人,他为奥林匹克运动的诞生和发展作出了卓越贡献。1889年,顾拜旦在美国波士顿举行的国际体育训练大会上提出复兴奥运会的想法,并于 1891 年创办了《体育评论》杂志宣传奥林匹克理想。1892 年 11 月 25 日,他在庆祝法国体育运动协会联合会成立 5 周年大会上第一次公开和正式地提出创办现代奥运会的倡议,阐明了现代奥运会"团结""和平""友谊"等的宗旨和面向全世界的最大开放性。顾拜旦的倡议使现代奥运会具有了鲜明的国际性。

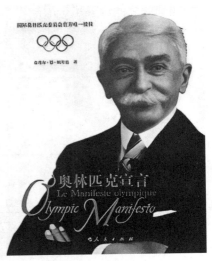

图 1-4　现代奥林匹克之父顾拜旦

1894 年 6 月,巴黎索邦神学院国际体育运动代表大会通过了成立国际奥运会的决议,并从 79 名正式代表中选出了由 15 人组成的第一届国际奥运会委员,顾拜旦担任秘书长。大会规定每 4 年举行一次奥运会,通过了遵循"业余运动"的决议,规定了奥运会的比赛项目(田径、水上运动、游泳、赛艇、帆船、击剑、摔跤、拳击、马术、射击、体操、球类运动等)。1896 年 4 月 6 至 15 日,第一届现代奥林匹克运动会(Olympic Games)在希腊雅典举行。

三、百年奥运的发展概貌

自 1896 年第一届现代奥林匹克运动会举办以来,这一体育盛事已经发展成为全球最受瞩目的周期性重大事件之一。其间,除了在 20 世纪上半叶两次世界大战期间中断,奥运会的吸引力和号召力与日俱增,成为古往今来所有形式的节事活动中的"王者"。表 1-1 为现代奥运会发展年表。

表 1-1　现代奥运会发展年表

届数	年份	国家	城市	国家/地区数量/个	运动员数量/人
1	1896	希腊	雅典	14	241
2	1900	法国	巴黎	26	1 226
3	1904	美国	圣路易	12	651
4	1908	英国	伦敦	22	2 008
5	1912	瑞典	斯德哥尔摩	28	2 407
6	1916	因第一次世界大战取消			
7	1920	比利时	安特卫普	29	2 622
8	1924	法国	巴黎	44	3 088

续表

届数	年份	国家	城市	国家/地区数量/个	运动员数量/人
9	1928	荷兰	阿姆斯特丹	46	2 883
10	1932	美国	洛杉矶	37	1 334
11	1936	德国	柏林	49	3 963
12	1940	因第二次世界大战取消			
13	1944	因第二次世界大战取消			
14	1948	英国	伦敦	59	4 104
15	1952	芬兰	赫尔辛基	69	4 955
16	1956	澳大利亚	墨尔本	72	3 314
17	1960	意大利	罗马	83	5 338
18	1964	日本	东京	93	5 151
19	1968	墨西哥	墨西哥城	112	5 516
20	1972	德国	慕尼黑	121	7 134
21	1976	加拿大	蒙特利尔	92	6 084
22	1980	苏联	莫斯科	80	5 172
23	1984	美国	洛杉矶	140	6 829
24	1988	韩国	汉城	159	8 397
25	1992	西班牙	巴塞罗那	169	9 356
26	1996	美国	亚特兰大	197	10 318
27	2000	澳大利亚	悉尼	199	10 651
28	2004	希腊	雅典	201	10 625
29	2008	中国	北京	204	10 942
30	2012	英国	伦敦	204	10 568
31	2016	巴西	里约热内卢	207	11 238
32	2021	日本	东京	206	11 420

数据来源：2012 年（含）前数据转引自戴光全，张骁鸣.节事旅游概论［M］.北京：中国人民大学出版社，2011.

2016 与 2021 两年数据来源于国际奥委会官方网站.

1908 年伦敦奥运会是奥运发展史上的一个重要里程碑。这届奥运会不仅提出了奥林匹克名言："重要的不是取胜，而是参与。"各项比赛的技术性工作，从制定赛制、编排赛程到选派裁判、组织比赛,均由各单项体育协会负责,规范化程度大大提高。这为后来由各国际单项体育联合会管理奥运会的技术性工作奠定了基础。1920 年,奥林匹克宣言"更快、更高、更强"被正式提出。1930 年以后,奥运会与科学技术的相互结合也取得了重要进展。比如在 1932 年的洛杉矶奥运会上,双镜头照相机、电动计时器、终点摄影仪、大屏幕记分牌以及自动打印机等网络技术投入使用。从 1936 年柏林奥运会开始,录像正式成为对奥运会进行完整记录的方式,并首次对奥运会进行了闭路电视转播。

也是从 1936 年柏林奥运会开始,政治势力开始介入奥运会,这在 1936 年由希特勒统治下的纳粹德国所举办的冬季、夏季奥运会中表现得尤为突出。另外,国家间的政治体系和意识形态冲突、种族主义与反种族主义的斗争等都对奥运会产生了深刻影响。冷战期间曾出现过美苏两大集团彼此抵制对方国家举办的奥运会的情况,而在 1972 年慕尼黑奥运会上更发生了巴勒斯坦解放组织成员劫持并枪杀数十名以色列运动员的惨剧。

奥林匹克运动原本具有"业余"性质,排斥商业化(Commercialization)。但是,随着第二次世界大战后赛会规模的扩大,举办所需要的资金和人力投入急剧增加,导致一些举办城市与国家只能负债运营,其中最为典型的就是 1976 年加拿大的蒙特利尔市因举办奥运会背负了沉重债务的情况(直到 21 世纪初才还清)。到 20 世纪 70 年代后期,提出申办奥运会的城市曾经只剩下洛杉矶一个。也正是在这样一个背景下,洛杉矶市的组委会"痛定思痛",将商业机制引入赛事的组织运营,终于让赛事扭亏为盈。

受 1984 年洛杉矶奥运会成功经验的启发,1980 年出任国际奥委会主席的西班牙人萨马兰奇对奥运会进行了全面改革,尤其是以章程的形式肯定了商业化对体育运动的积极作用,大胆引进市场经济的机制,为奥林匹克运动奠定了一个坚实的经济基础。国际奥委会本着"取之于奥运,用之于奥运"的原则创立了奥林匹克团结基金组织,对整个奥林匹克运动(特别是发展中国家的奥林匹克运动)给予积极的援助。同时,赛会也废除了对参赛者业余身份的限制,对世界上所有优秀的运动员开放,保证了比赛的竞争水平和观赏价值。

与此同时,奥运会的商业化运作带来的巨大经济效益已成为各申办国、举办国以及全球舆论关注的焦点。在商业化经营的压力下,个别申办城市甚至不惜采用贿赂手握投票权的国际奥委会委员的手段来夺取最后的主办权,盐湖城冬奥会申办丑闻即是其中最轰动、影响最恶劣的典型。1991 年,盐湖城与长野争夺 1998 年冬奥会主办权失败后,当时的奥申委主席威尔奇收到了一条来自爱尔兰奥委会主席帕特里克·西克的信息。一些国际奥委会官员和长野做了交易,以 10 万美元的价格把选票卖给了长野。直到此时,威尔奇才知道长野以 46∶42 击败盐湖城的那 4 票是从何而来的。此后,盐湖城"痛定思痛",开始采取类似的方法来再次启动申办工作。在接近 10 年的时间里,威尔奇和助手约翰森向多名国际奥委会委员及其家属以支付现金、礼品、旅行费用,提供奖学金,报销医疗费甚至支付整容手术费用等方式,行贿共计 100 万美元。但威尔奇认为,这是为了培养盐湖城与委员们的私人关系,只不过这种培养方式非常费钱。用威尔奇的话说,他的工作就是赢得 100 位"国王"的心,这一切在当时都是公开的,现在他却成了替罪羊。对他抱同情态度的包括盐湖城冬奥组委会。在上交这份秘密文件时,组委会发言人萧·卡洛琳说:"我们什么也不想隐瞒,我们只想证明,我们是现代奥运会历史上最透明的一届组委会。"

20 世纪 60 年代以后,奥运会举办地开始走出欧美地区。2008 年北京奥运会的成功举办,为发展中国家承办这项最为重要的国际赛事积累了宝贵的经验,为现代奥林匹克运动会树立了一个新的里程碑。进入 21 世纪以来,各个国家和地区之间在政治、经济、文化等方面的联系从来没有像今天这样密切,生活在世界不同地区的人们的接触也从来没有像今天这样频繁。"地球村"一词形象地表述了如今各个民族间的密切关系。作为促进各个国家合作交流的现代奥运会,将承担更多的责任,并被寄予更多的期望。

资源来源:戴光全,张骁鸣.节事旅游概论[M].北京:中国人民大学出版社,2011.

2016 年与 2021 年两届奥运会的信息根据国际奥委会官方网站的相关信息增补。

微课视频:奥林匹克运动会的起源(好看视频)。

第二节 体育赛事的概念与分类

一、体育节事的"概念性"定义

1.一般性定义

所谓"定义",就是用简短和明确的词语揭示概念的内涵与外延以反映对象的本质与特点。"属+种差"是一种常用的基本定义方法:首先找出被定义项的邻近"属"概念,然后找出被定义项与其他同级概念之间的差别,即"种差",最后将二者相加形成定义。

从词源上讲,"体育赛事"这一概念来源于欧美国家,对应的英语词汇即"Sports Event"①。西方一些较早从事节事研究的学者普遍认为,"体育赛事"是"特殊节事"的一个亚类,因此"特殊节事"是最适合的"体育赛事"邻近"属"概念。唐纳德·盖茨认为,"特殊节事"可以从两个角度来加以定义:一是从组织者的角度看,特殊节事是指在赞助人或组织者的日常性例行事务、日常工作或活动以外的一种一次性或不经常发生的活动。二是从事件参与者的角度看,特殊节事则是在消费者或顾客正常的选择范围以外,或日常俗事以外的一个休闲、社交或文化体验的机会。依据这个定义框架,属于特殊节事中的一个亚类的体育赛事可以这样定义:各类运动会或比赛,其中有体育活动。乔·戈德布拉特也持类似的观点,他认为,特殊节事是一次为满足某些具体需要而确立的与众不同的瞬间,它通常与典礼和仪式一起进行。他认为,特殊节事的最重要特征是非日常性。

所谓体育赛事概念的种差,就是体育赛事区别于其他同属于特殊事件范畴的节事活动(如文化庆典、艺术活动、商业庆典、展览会、学术会议、传统仪式等)的特征。这个区别的本质在于:"体育竞技活动"是体育赛事的核心与主题。因此,对"体育赛事"可以作如下概念性定义:以体育竞技活动为主题,一次性或经常发生的短期的集众性活动。对于这一概念的内涵,我们需要作如下理解:首先,体育赛事的本质是以人体运动为载体的竞争性活动(用比赛决定胜负),有别于其他活动(如工作、学习和休闲等)。其次,这种活动的目的在于显示人体运动的竞

---

① 也有一些学者将其表述为"Sporting Event"或"Sports Event"。为了前后一致,本书统一称为"Sports Events"。

争性活动能力大小,并予以公开展示。人体运动和公开竞赛是体育赛事的本质属性。最后,赛事活动性已超出传统的体育竞技范畴,而具有一定的经济、科技、社会-文化和政治属性。

2.经济与管理学角度的"体育赛事"概念

体育赛事还可以从项目管理与产业经济学两个角度进行概念性定义。

目前,体育赛事已成为一项具有典型"投入-产出"性的生产-经营性活动,是一个国家或地区体育产业的重要组成部分。同时,在"消费主义"与"体验经济"背景下,体育赛事已经成为社会生活中的重要消费品和体验产品,因此体育赛事是一个"投入-生产-消费"不断再循环的过程。

体育赛事的生产即体育赛事组织运营与管理者依据一定的程序与规则对投入资源进行组合与配置利用的过程。体育赛事生产部门一般有两种类型:一是集出资和运作于一体的独家生产部门(如 NBA、欧洲五大足球联赛等);二是由出资方和运作方多家经营主体合作而成的生产部门(如"皇马中国行足球邀请赛"等)。体育赛事作为产品,同样是生产者所拥有的、可用于市场交易的资源,包括生产过程中创造的人体运动组合的观赏性服务以及可用于再生产的衍生资源。体育赛事的主要消费主体包括体育竞赛表演的观赏者(基础产品)和将体育赛事各类衍生资源作为其再生产投入品的生产部门,包括现场观众、博彩企业、媒体、各类使用赛事符号的企业以及赞助商等,如图 1-5 所示。

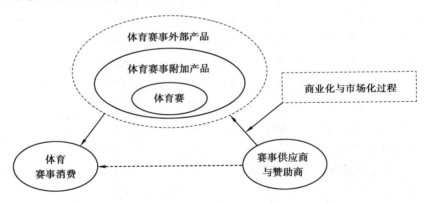

图 1-5　体育赛事产业的要素构成

因此,从产业经济学角度可以对体育赛事作如下定义:相关的直接参与人员(含运动员、教练员、裁判员、竞技科技人员等)以各类运动设备和劳务为投入品生产的、可供人们观赏和消费的人体运动的动作组合产品以及在此基础上产生的可用于再生产的衍生产品(如转播权、广告权、标记特许使用权等)的总称。这种生产经营活动以赛事为核心,涉及门票促销、运动员包装、媒体推广、赞助和广告策划、标志品开发等众多产业与市场活动。

从管理学的角度看,体育赛事可以视为运用项目管理相关的技术与方法对其进行管理的一个"项目",这一定义强调了组织运营是体育赛事成功的关键因素。具体来说,体育赛事是指具有市场营销、项目管理和组织文化背景特征,受运动项目、竞赛规则以及社会经济等多种因素制约的能提供体育竞赛产品和相关服务产品以满足体育消费等多种需求的特殊活动。

二、体育节事的"技术性"定义及其分类

概念性定义便于人们把握事物的本质特征。技术性定义一般建立在概念性定义之上,针对事物的具体形态,通过量化或列举的方法做出更为具体的规定。一般来说,由于同类事物的具体形态在不同历史阶段和不同国家或地区之间往往存在较大的差异,因此量的规定或描述列举也会呈现不同的结果。与概念性定义相比,技术性定义的历史性与地域性更强。

对于某一事物或现象的技术性定义通常通过对其分类进行具体的呈现,分类对于与某一概念有关的理论和实践研究均具有重要的意义。分类通常具有主观性和功利性(即根据研究者的需要进行分类),并无一成不变的标准。本书对体育赛事的分类主要采用国际上比较权威和通行的节事分类法,见表 1-2。

表 1-2 体育赛事的分类表

分类标准	分类结果
举办日程(时间特点)	● 定期/传统体育赛事 ● 一次性(利基)体育赛事
比赛项目与内容	● 单一赛事 ● 综合性赛事
可进入性	● 公开性 ● 不公开性(针对特定人群) ● 准公开性
举办目的(参与主体)	● 观众导向型 ● 参与主导型
专业程度	● 专业 ● 业余
比赛地点	● 室内 ● 室外
影响范围	● 国际 ● 全国性 ● 区域和地方
赛事结构	● 短期的锦标赛 ● 年度的联赛(或冠军赛)
规模	● 超(特)大型 ● 大型 ● 小型

1.传统赛事与"利基(Niche)"赛事[①]

传统赛事有两个最基本的特征:首先,有一个主管团体(组织、协会或联合会等),负责制定和实施一套规则或章程,并以此为基础批准和监督赛事举办方对赛事的运营。这类体育赛事的典型代表就是奥运会,其主管组织就是国际奥林匹克委员会,相关章程即《奥林匹克章程》。另外,男子与女子世界杯足球赛等单项体育赛事和亚洲运动会等洲际综合运动会均属于这类赛事。其次,这类赛事要求定期举行,举办地点可以固定或在不同地方巡回举办,但是通常要求比赛内容与规程要严格标准化。需要注意的是,由于受举办地经济、政治、社会-文化以及新技术等因素的影响,传统赛事通常需要进行调整和转型。但是,这种改变不足以形成一个全新的赛事。

从其产生途径来看,"利基"赛事既可以在一个传统赛事的基础上经过改革或更新而形成,也可以通过将传统赛事地方化或特殊化而形成。后者主要是指那些在不同地方巡回举办的经过与区域经济与文化特色相结合而被精心打造而成的赛事。例如,2010年广州亚运会和2022年杭州亚运会相比其他任何一届亚运会都可以称得上是一次"利基"赛事。2008年北京奥运会当然也是这样。真正意义上的"利基"赛事是指全新创造的赛事。这类赛事有3个主要特点:第一,目标针对性很强,通常主要面向一些特殊的体育、休闲或旅游市场;第二,赛事既可能呈现传统赛事的内容或特征,也可能在形式上是非常规的;第三,通常是一次性的。

从概念上讲,任何传统赛事都是在"利基"赛事的基础上经过演变形成的。一个体育赛事可被生产成既是"传统的"又是"利基的"。如北京奥运会、广州2010亚运会与深圳2011世界大学生运动会等,从赛会本身来看是"传统"的,但对于举办地来讲又显然是"利基"的。

2.观众导向型和运动参与型赛事

根据举办目的与参与主体,可以将体育赛事分为观众导向型和运动参与型。前者如世界杯足球赛、奥运会(夏季与冬季)、上海网球大师赛、F1大奖赛等。这类赛事通常级别和水平较高,运动项目也较为普及,观赏性强,赛事的历史也相对较悠久。因此,这类赛事可以吸引举办地民众和外来旅游者观赛。后者如"安利纽崔莱"健康跑以及各类群众参与型赛事。这类体育赛事的运动项目通常普及率不高,观众较少,举办的主要目的是鼓励大众参与体育运动,增强体质,具有明显的公共性或公益性。

3.根据规模与影响力分类的体育赛事

规模和影响力是最常见的一种分类标准,这一标准通常是根据节事活动组织方的地位和能力来界定的。按照这一标准,最常见的分类是依据地理上的尺度将赛事分为全球性的(如奥运会、世界杯足球赛、世界大学生运动会)、国际性的(如亚运会、英联邦运动会)、全国性的(如全运会)和区域性的(大到如我国的省运会,小到社区性的运动会)4个规模层次。

更为常见的是国外学者莫里斯·罗彻根据节事的参与人数(规模)、目标观众与市场、对赛事进行报道的媒体类型及其信息报道覆盖面以及赛事综合社会效益等标准将节事活动分为"大型"(Mega)、"小型"(Minor)、"标志性"(Hallmark Events)和"重要"(Major)4种类型。相

---

① "利基"为英文"niche"的音译,原本是市场营销学术语,意为"针对专门客户群的或专营的"(形容词)。

应地,体育赛事也可以分为这 4 种类型,见表 1-3。对于这种分类方法,有两点需要特别注意。第一,"标志"即区别某一事物与其他事物的标记(符号),意味着真实性(Authenticity)或独特性。目前,对于标志性体育赛事尚未有一个定型的定义。总的来说,一项体育赛事要成为标志性体育赛事,至少应具有以下主要内涵或特点:第一,体育赛事已经真正地嵌入某一特殊的地方、空间或文化中。第二,体育赛事与举办地社区或目的地有非常紧密的联系,以至于它已经成为地方形象与品牌的一部分。第三,赛事已经成为举办地社区或目的地永久性的惯例,富有传统并因此形成竞争优势(尤其是从旅游发展角度来看)。第四,赛事是地方标志性符号(而不仅仅代表声望或名声),对举办地来说具有象征意义(就像"埃菲尔铁塔"之于巴黎或自由女神像之于纽约一样)。随着时间的推移,标志性体育赛事将与目的地融为一体。第五,标志性体育赛事也可以是在不同地方巡回举办的赛事。但是,它本身应具有足够的吸引力并有在各地都能成功举办的可能,也应具有象征性意义并使参与赛事的人们不是因为举办地而是因为赛事本身而实施行为。标志性体育赛事具有传统、吸引力、形象或名声等方面的重要性,使得举办这项节事活动的社区和目的地能够赢得市场竞争优势和独特卖点。第二,评价一项赛事是否"重要"是一个相当主观的过程,它实质上是一项赛事对于举办地所产生的影响的相对重要性问题,而不是绝对的量化评价指标体系。具体来说,一项以一些量化指标来衡量的体育赛事可能是小型的,但是它完全有可能对一个小型社区或地区(城市)来说是"重要"或"重大"的。盖茨认为,重大活动是指能为东道主创造高层次的旅游产品,具有广泛的媒体覆盖率、崇高的声望或能带来巨大经济效益等综合功能的活动。任何在推动城市和地方发展过程中能显示其独特价值的体育赛事,都可以被称为"重要"或"重大"体育赛事。因此,某一大型或小型体育赛事均可以成为"标志性体育赛事"或"重要体育赛事"。某一体育赛事可以既是"标志性体育赛事"又是"重要体育赛事",两种类型之间可以是重合的。

表 1-3 体育赛事的类型和规模

活动类型		实例	目标观众/市场	媒体类型覆盖面
重大体育赛事		奥运会、(男足)世界杯	全球	全球电视
重要体育赛事	特殊体育赛事	F1 大奖赛	世界/国内	国际/国内电视
		泛美运动会		
	标志性体育赛事	澳大利亚运动会	国内	国家电视台
		中国广州国际马拉松赛	国内	国内/本地电视
社区体育赛事		中国广州车陂龙舟赛	区域/地方	本地电视/报刊
		社区"亲子"趣味运动会	地方	本地媒体

结合前面关于体育赛事概念的解释与分析以及目前国内外学者对赛事分类的理论与实证研究成果,本书以"时间""空间""竞赛项目"3 个体育赛事最为基本的构成要素作为维度,提出一个"三维立体"的系统分类框架图,如图 1-6 所示,以期将目前所见到的所有类型的赛事均囊括在内,具体见表 1-4。

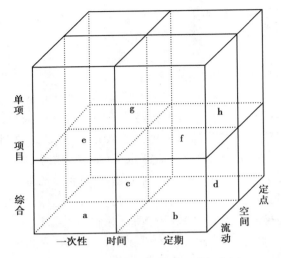

图 1-6 "三维立体"的系统分类框架图

表 1-4 体育赛事的分类表

类型序号"分立方"	特征	举例
a	不定期—综合—流动	—
b	定期—综合—流动	奥运会、世界杯、全运会
c	不定期—综合—定点	—
d	定期—综合—定点	校运会
e	不定期—单项—流动	龙舟赛
f	定期—单项—流动	世界游泳锦标赛、欧洲冠军杯决赛
g	不定期—单项—定点	—
h	定期—单项—定点	四大网球公开赛

从表 1-4 可以看出，一些可能的类型目前尚不能找到典型的例证，但是在未来则有可能出现，表明这个分类框架是开放性的。另外，从此表也可以看出，暂时空缺的类型主要表现在举办时间的"不确定"这个维度上。这一现象表明各级各类体育赛事已经定型化和常规化，一方面体现了体育赛事在经济、文化与社会生活中的重要性，另一方面也体现了许多体育赛事已经超出传统的体育竞技范畴，产业化趋势已经很明显。需要特别说明的是第五类赛事（不定期在各地举办的单项赛事）。一个比较有代表性的例子就是在我国各地举办的龙舟赛。通过各类媒体的报道可以看出，这项传统的民间体育竞技活动在内涵、时间与空间上均已超出了文化范畴（时间上不仅仅是在端午节当天或前后，全年都有各级各类"巡回赛"举办，举办地点也遍布长江以南的南方各地区）。

第三节 体育赛事管理的基本问题

依据系统论的观点,可以将体育赛事看作一个由相互作用和相互依赖的若干组成部分结合而成的具有特定功能的系统或有机整体,可以理解为由围绕竞赛核心的使赛事发生所要完成的各种行为和存在的因素构成。

一、系统化视角下的体育赛事运营管理

所谓运营管理,指的是一系列由设计、安排、指派、监督和控制等构成的系统行动,其目的在于推动整个组织机构的运转,从而能够向顾客提供满足其需求的产品与服务。包括体育赛事在内的节事活动因为具有暂时性、无形性、不可储存性和生产-消费同时性等特点,故其组织运营管理则是指通过协调各种资源,管理者将各种关键因素转化成节事活动产品最终状态的系统化行动过程,如图 1-7 所示。

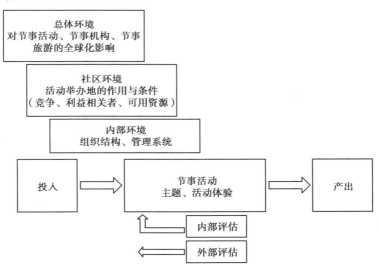

图 1-7 系统化视角下的节事运营管理示意图

体育赛事的管理要素是指赛事运营管理所涉及的各种因素的总和。在体育赛事的职业化、市场化与产业化语境下,体育赛事投资者与合作者对赛事的评价与兴趣更加注重于旅游、经济活动、税收、推广、持续的经济增长、电视覆盖与观众收视率、消费者兴趣、品牌形象、礼遇、新的商业机会和可能的投资机会等方面。体育赛事不仅要满足观众的需要,还要满足政府的目标与规章制度、媒体要求、赞助商的需要和举办社区居民的期望。因此,体育赛事的管理范围在日益扩大;相应地,管理要素的内容也日益增多和复杂化。体育赛事的管理要素可以分为两个大的方面:一是对赛事有基本支撑和保障作用的管理要素(包括人力资源、后勤、信息技术、财政和法律风险管理等);二是对赛事有提升和推广作用的管理要素,要满足其他目的和目标,需要通过赞助、媒体、公关、市场营销和赛事的战略管理来实现(图 1-8)。

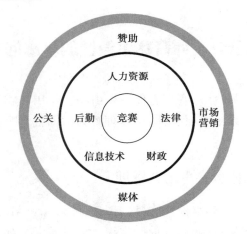

图 1-8　以"竞赛"为中心的体育赛事管理要素层次构成

需要说明的是,这些管理要素会根据赛事的规模与举办目的的不同而变化。对于一般的小型赛事,图 1-8 中的第一层次基本上就是全部的管理内容。对于大型赛事来说(尤其是商业性赛事),第二层次的管理要素就更为重要。规模越大,战略管理和综合营销的地位就越突出。体育赛事的管理通常涉及以下几个方面的要素。

1.人力要素

人力要素不仅包括体育赛事的组织者、管理者和直接参与者,还包括间接的支持者(赞助商与供应商等)及其他相关群体(如媒体、社区居民等)。人力要素既是体育赛事的基本构成要素,也是首要要素。

2.物力要素

物力要素是指体育赛事必须具备的条件。很显然,不同类型的赛事所要求的物力要素是不同的,物力要素的完善与否直接关系到赛事举办的效果。这些要素包括:竞赛的场地(馆)与设施(备)、交通运输设施、安全保卫设施、医疗卫生设施(备)以及媒体转播设施(备)等。

3.财力要素

目前,节事产业化与市场化趋势日益明显;与此同时,赛事的规模也越来越大。在这样一种背景下,体育赛事的举办对经济的依赖程度也与日俱增。赛事的商业化运作也越来越受到主办方的推崇。从其基本构成来看,体育赛事的财力要素主要由赞助性资金和非赞助性资金(公共资金)两大部分构成。

4.技术要素

现代科学技术的飞速发展在体育赛事中得到了充分体现。同时,体育赛事对科技的依赖性也越来越高。大量的高科技设备不但可以使广大观众在第一时间观看到赛事活动,也可以使赛事组织管理者的工作效率大为提高。技术要素包括网络技术、通信技术和相关软件技术等。

二、体育赛事管理中的知识与技能要求

体育赛事的管理需要一定的知识与相应的技能,并直接影响赛事管理的水平。不同类型和不同规模的体育赛事对知识与技能的要求也不一样。另外,不同层次的管理对管理人员的知识与技能的要求也不一样。国外有学者提出,管理者需要"技术""人际关系""概括"三个方面的基本技能以及相应的知识。技术技能包括一定专业领域里的知识和精通度。这类技能具有较强的操作性和具体性,在较低水平的管理层次中尤为重要。人际关系技能包括与他人相处或在集体中工作的能力。概括技能是指管理者必须能够对抽象和复杂情况进行思考和概括的一种能力。具有这类技能的管理者通常处于体育赛事组织与决策的宏观层面,在管理层级上属于顶级管理水平,要求其具有远见和洞察力以及整体思维能力。国外有学者在多年实证研究的基础上,将节事管理者的角色分为"高层""中层""基层"3个最基本的层次[①]。在管理角色的这个"高-中-低"三级分层体系中,节事管理人员所需要具备的各类知识与技能对这些位于不同管理层次的管理人员的重要程度是不同的,如图1-9所示。

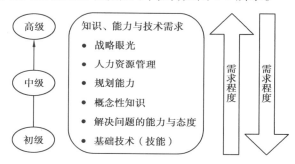

图1-9 体育赛事管理人员所需的知识/技能分类

在节事活动管理领域,希尔维斯等人提出了颇具操作性的"节事管理知识体系"(Event Management Body of Knowledge,EMBOK)概念,这一体系由"管理""设计""营销""运营""风险"5个方面组成。相应地,体育赛事也需要管理人员具备这5个方面的知识与技能,见表1-5。

表1-5 节事管理知识体系(EMBOK)

知识领域	管理	设计	营销	运行	风险
内容与类别	财务管理	食品供应	营销计划	出席者	灵活性
	人力资源管理	活动内容	素材	沟通	突发事件
	信息管理	娱乐	促销	基础设施	健康与安全
	采购管理	环境	宣传	后勤服务	保险
	股东管理	生产	公共关系	参与者	法律与伦理
	系统管理	节目	销售	场所	决策分析
	时间管理	主题	赞助	技术	保安

资料来源:SILVERS, J. R, NELSON. Towards an international event management body of knowledge (EMBOK) [J]. Event Management, 2006, 9(3), 185-198.

---

① "基层"通常指负责具体工作的人员,国外通常称为"Supervisory"。

三、体育赛事管理的过程性

管理者在行使管理职能时,通常以一种连续的方式进行,即一个过程。体育赛事的运作与管理也是这样,具有时间阶段性。这与赛事管理要素的时间顺序性有关。从总体和一般情形来看,这个过程大致要经历"赛事前"(准备)、"赛事中"(实施)和"赛事后"3个阶段。第一个阶段的工作内容与管理对象为赛事的申办(如果需要)和规划设计。第二个阶段则是最为关键的赛事的组织实施与运营。第三个阶段的工作和管理内容则主要是赛事后的评估与总结,为了以后的赛事活动举办总结经验与教训。以规模最大、影响最广也最具代表性的现代奥运会为例,从正式提出申办,经过竞办到赛事结束,通常至少需要11年的时间。

课程思政

大型国际性综合体育赛事的"中国时刻"

2023年7月28日,第31届世界大学生夏季运动会开幕式在成都举行,中共中央总书记、国家主席习近平出席。习近平主席高度重视体育事业发展,在他心中,体育承载着国家强盛、民族振兴的梦想。体育是社会发展和人类进步的重要标志,是显示综合国力和展示国家形象和"软实力"的重要契机。"体育强则中国强,国运兴则体育兴。"用这短短14个字,习近平主席让"体育强国梦"与"中国梦"紧密相连。

资料来源:海外网.

【思考题】

1.以自己亲身经历的或通过网络资源了解到的体育赛事为例,结合本章相关的知识对其类型进行系统分析,再分析它的"网络化"特征。

2.通过网络资源找一部与体育赛事有关的纪录片或现场视频材料,看它是否有"节庆化"特色。如果有,其特征和表现又是什么?

3.结合文中有关体育赛事概念及分类方面的内容对引导案例中的赛事进行分类。

4.现代奥运会是如何一步一步地商业化的? 有何具体表现?

第二章
体育赛事的总体策划

【本章提要】

本章从宏观层面对体育赛事的一些总体性问题进行了阐述与分析。首先,本章对"总体策划"的内涵与常见的规划思路(框架)进行陈述。其次,本章讨论了赛事的概念规划,其中尤其关注主题提出的策略路径与呈现方式。再次,本章讨论了体育赛事总体目标的类型构成及其任务呈现。又次,总体上的可行性分析是体育赛事最为关键的一步,决定赛事是否能够最终举办。本章专门开辟一节对此进行了分析。最后,本章简要分析了体育赛事中人力资源配备以及组织机构设计问题。

【关键词】

体育赛事;总体策划;目标;概念;主题;人力资源;组织机构;可行性分析

【学习目标】

1. 了解体育赛事"总体策划"的含义以及常用的体育赛事总体规划的思路框架。
2. 深刻理解体育赛事的概念规划与主题提炼的技巧与策略。
3. 理解体育赛事总体目标的构成及其性质。
4. 深刻理解体育赛事可行性分析的重要性以及常见的分析内容。
5. 了解体育赛事人力资源配备的特殊性、主要的人员类型构成以及常见的体育赛事组织机构类型。

引导案例

杭州市选择申办 2022 年亚洲运动会

　　浙江省是我国自 1984 年参加奥运会以来每届均有运动员获得金牌的两个省份(另一个是湖北省)之一,具有非常好的竞技体育文化与发展历史。浙江的体育场馆基础良好,体育氛围浓厚,自然环境与人文环境俱佳。杭州拥有黄龙体育中心和各大高校的体育场馆以及正在兴建的奥林匹克体育中心等大型体育场馆,完全具备承接大型世界性综合体育赛事的能力。杭州也有着丰富的举办大赛的经验,先后举办过女足世界杯比赛、"斯坦科维奇杯"洲际篮球赛、世界乒乓球巡回赛总决赛和国际马拉松赛等各类重要赛事以及 2018 年第 14 届世界短池游泳锦标赛,等等。

　　杭州是文化繁荣和经济发达的长三角地区的重要核心城市,与国际大都市上海距离较近,区域位置十分优越。杭州还是世界闻名的旅游与休闲城市。在经济实力方面,2014 年,杭州市经济总量位居全国城市第十位。杭州的第三产业比重已经超过 55%,阿里巴巴的总部设在杭州,互联网经济已经成为杭州经济发展的新引擎。在"互联网+体育"成为体育圈热门话题的今天,对于作为电商先锋大本营和互联网思维聚集地的杭州来说,亚运会和与之相关的体育产业具有超乎想象的挖掘空间和市场价值。亚运会还将增加杭州与亚洲乃至世界各地经济交流的机会,亚运会的各种硬件和软件设施筹备工作将促进投资需求、消费需求和进出口需求,更将直接增加就业岗位,激活区域劳动力市场,对杭州乃至周边地区经济产生新一轮推动。

　　在整体发展战略和居民需求方面,亚运会将成为杭州这一国际名城的又一大"名片",对于宣传城市形象、增强文化交流都有着不可估量的影响。亚运会的筹备、组织工作也将给杭州留下一批赛事运营方面的专业人才。再加上基础设施遗产,杭州将拥有雄厚的体育软硬件实力,在未来将有更多机会举办各种级别的国内、国际体育赛事。筹办亚运会是一个促进城市基础设施升级改造的机遇,杭州将按照亚运会标准布局城市交通、环境、住宿等一系列事关民生的基础设施,并完善各类体育设施。这些设施都将成为亚运会留给杭州的遗产。

　　学习提示:一个城市筹划、举办一项体育赛事需要综合考虑城市的经济、社会与文化等方面的软、硬件条件与环境。赛事的概念、主题、目标以及人力资源配备和组织结构设计等诸多问题都需要建立在这个基础之上,这也是可行性分析中最需要重点考虑的内容之一。对于举办城市来说,无论规划的大型体育赛事是一次性还是规律性地定期举办,面向未来的"遗产"规划都是需要在总体策划中有所考虑的,这既关系到体育赛事本身,更关系到举办城市或地区经济和社会文化的可持续发展。本章即从宏观角度就体育赛事的相关规划设计问题进行讨论与分析。

　　"规划"是指一种具有未来-导向性的工作,是将焦点集中于目的与目标以及如何实现这些目标的途径的一个过程。具体到体育赛事,这一过程的基本内容包括宏观层面上的总体性规划和中、微观层面上的设计两大部分。其中,总体规划主要关注赛事的目标、理念、使命、愿景等一些"概念性"的东西。因此,这些概念的表征或表述通常更为一般化和抽象。战略规划对于那些大型体育赛事尤为重要。这主要是因为,这些赛事通常会有长效的目标,或者举办地区与城市会将本地的经济、社会文化、政治甚至环境的发展等议题与赛事联系起来。相比之下,体育赛事的项目规划旨在为短期或一次性的任务或计划进行筹划,并以更为详细的方式呈现出来,这对于各种类型与不同层次的体育赛事来说均是重要的工作。

值得注意的是,体育赛事的规划也是一个政治过程,或者说是一个政治博弈过程。这一点对于那些公共体育赛事活动来说尤其重要,因为这些赛事通常需要公共资金与资源。因此,这些赛事在规划阶段就有必要考虑要符合清晰的公共政策与法律,以便得到必要的公众支持。

第一节　概述

一、"总体策划"的概念及其内涵

"策划",简言之就是为了解决问题而出谋划策,是一项为了实现特定目标而提出思路与对策并制定出具体实施方案的思维活动。国内外学者普遍认为,策划至少应该具备以下特点:

①是一种事前设计,强调预见性与计划性。

②策划要考虑到管理的需要,甚至有些时候它本身就是一种管理。一方面,管理如果没有策划参与其间,就没有真实的效率可言;另一方面,策划应当能付诸实施,否则它至多只能算作一幅虚幻的蓝图,而不能作为一项实际行动的指南。

③策划一定要有结果,要做出某种明确的决定与选择。策划者需要从各种方案中选择目标、政策、程序和实施的方案。

体育赛事的"总体策划"有两个基本含义:其一,它是指"体育赛事策划与管理"这项系统工程的一个环节。在这个环节中,需要对赛事的理念、目标、主题以及使命(或愿景)等一些概念性内容和赛事的潜在参与者范围及规模等进行宏观思考。创意在这里是一个非常关键的要素,因为它直接决定着体育赛事的吸引力和实施的可能性。其二,它是指上述思考所形成的一个文案,通常以"体育赛事创意策划书"的形式呈现。总体策划方案不仅要包括体育赛事的"5W1H",还要对总体经费、可调用的资源以及可能遇到的风险等问题进行提前总体性筹划。大型体育赛事举办者通常会将本地的经济、社会-文化、环境乃至政治等的发展议题与赛事联系起来,讲求长效目标,因此总体性策划对于这类体育赛事尤为重要。

二、总体策划的基本框架

体育赛事的总体策划者会面临两种策划任务:一种是为全新举办的体育赛事进行策划,还有一种是为那些重复举办的体育赛事进行策划。所谓"重复",既包括定点周期性举办的体育赛事,也包括那些在不同地区轮流举办的体育赛事(最典型的如奥运会)。重复举办的体育赛事的核心和基础性活动项目的内容与规程是不变的,而且大多会受专项体育赛事管治机构(如奥委会、国际汽车联合会等)的管控,几乎没有创意设计的空间。但是,这些轮流举办的体育赛事同时会受到时间与地点两方面因素的影响。因此,体育赛事活动的安排也要尽可能地在规划许可的前提下与举办地的经济、政治以及社会-文化特色相结合,尽量突出地方特色,这样也可以有效地拉动地方旅游业的发展。另外,这类体育赛事举办地还可以策划一系列"外围"节事活动,与中心体育赛事共同形成一个"节事活动组合"。对于这些配套性的节事活动,可以充分调动智力资源进行创意策划。

很显然,这两种策划任务在调动智力资源尤其是在真正需要发挥创意的层面,其工作量的差异是很大的。另外,即便是同一类体育赛事,在规模和节事活动项目内容上也存在差异,因此我们不能指望有一个完全整齐划一的"总体策划"步骤。基于这样的考虑,这里将介绍多种关于"总体策划"的基本思路或"流程",以适用于不同类型和特点的体育赛事。

1.塔什普洛斯的系统规划

塔什普洛斯从"系统"出发来理解活动的总体策划工作。他们将"系统规划"与"活动策划"的步骤进行了比对。"系统规划"是指人们思考、分析和解决问题的常规逻辑,即以了解情况和定义目标为基础,然后做一些有针对性的展开,如调查和收集新的信息,阐明可选择的办法和具体建议,然后再交付执行并且注意事后的回顾与总结。如果节事活动的策划照此模式进行,那么"定义目标"这一步就被认为是最重要的,在这个环节策划者应提出明确的活动概念与目的。接下来的工作与一般的规划工作就比较相似了,如图 2-1 所示。

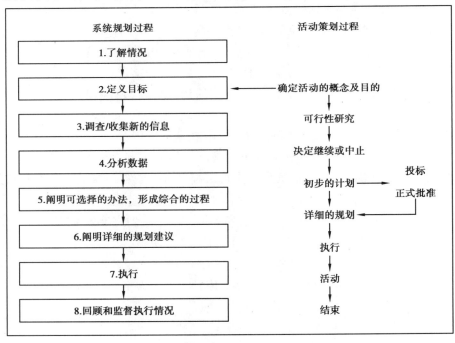

图 2-1　奥运会志愿者人力资源管理规划模型

2.基于管理要素的 EMBOK 体系规划

体育赛事的总体规划设计所包含的要素(或内容)具有明显的圈层性,由里到外可以分为3个层次。最核心层次的要素无疑是"体育活动项目",围绕着它的是"空间"(场地与场馆)、

"赛事消费品"以及围绕这3个基本要素的活动项目"实施运营",这4个要素共同形成核心-基础圈层。围绕着核心-基础圈层的是与赛事活动相关的"商务""市场营销""财务"3个方面,共同构成第二圈层。财务与商务的规划涉及赛事运营的资金或经济来源问题。前者通常是指赛事举办所需资金的预算与筹措,包括获取赞助和公共资金等。后者则主要是指赛事组织举办方利用赛事本身的资源,通过与一些组织或企业进行商务合作以获得经济收益,如赛事转播权的转让、赛事特许商品的开发与经营等。市场营销则是将赛事作为一项产品,通过各种途径将其信息传达给目标市场(包括观众、赞助商和媒体等)的过程。第三圈层是更为宏观和具有"外部性"的要素,包括"危机管理"与"利益相关者"两个方面。体育赛事一个最大的特点就是在有限的时空范围内聚集大量的人流与物流,不确定性与不可预知性在赛事举办过程中是难以避免的。通常一项体育赛事(尤其是大型一次性体育赛事),不太可能完全按照规划设计的那样运营。因此,制定应对各类管理问题的应急规划对于体育赛事来说至关重要。体育赛事涉及不同的人群,对于他们的利益需要进行综合考虑。如何最大限度地发挥各自的最大利益而不损害其他人群的利益也是十分重要的原则。这对于那些以利益为导向的赛事尤其重要。因此,利益相关者管理规划也是体育赛事规划的重要内容。赛事的危机管理与利益相关者管理两方面的规划内容涉及前面两个圈层中的所有要素,它们的规划对于整个赛事来说往往起着"保护"作用,需要从整体或宏观的角度进行。因此,将它们安排在赛事详细规划圈层的最外层更符合逻辑,如图2-2所示。

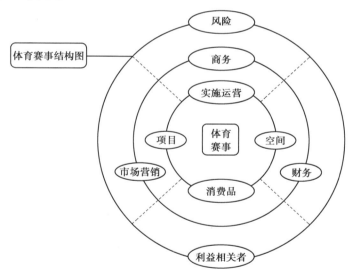

图2-2 体育赛事的详细规划要素及其结构示意图

结合这些要素,希尔维斯根据自己对"策划"与"管理"的深入理解而提出的"节事管理知识体系"近年来在节事活动管理领域引起了广泛的重视与兴趣[①]。这一体系虽然在流程的次序感上不明显,但是在内容的完整性和可操作性上却远胜于前面两个框架。它所显示的"管理""设计""营销""运行""风险"5个方面正是节事活动"总体策划"所应该覆盖的主要内容。

---

① 具体可参见第一章第三节相关内容。

第二节　体育赛事的概念与目标规划①

一、体育赛事的概念规划

体育赛事的"概念"是指某一赛事计划所要办成的"样子",通常这是一项体育赛事总体规划的开始,具有科学意义上的总括性。简单地说,体育赛事概念的形成需要通过回答以下六个问题(简称"5W1H")来完成:

①为什么(Why)要举行这一节事活动?

②利益相关者中有谁(Who)赞成举办这一节事活动?

③确定节事活动举办的时间(When)。策划者必须问自己,整个过程的时间框架是否与节事活动的规模相适应?

④确定举办的地点(Where)。

⑤确定根据以上几步采集到的信息来判断正在开发和提供的是什么样的形式和活动项目(What)。策划人员在满足内部组织要求的同时还要满足顾客和参与者对活动的需求、想法、期望与追求,这绝非一件轻松的任务,因此"What"具有特殊的重要性,只有对"What"进行严肃和认真的分析之后,才能保证其余四个问题在这个答案中同时得到体现。以上 5 个方面综合起来,基本上就可以就如何(How)运营一项体育赛事有一个轮廓式的想法②,见表 2-1。

表 2-1　节事活动 5W1H 规划要素

Why (为什么)?	+Who (谁)?	+When (何时)?	+Where (何地)?	+What (什么)?
创作和组织这项活动最具诱惑力的理由是什么? 这项活动为什么必须举办?	谁会从这项活动中受益? 希望出席的都是什么样的人?	这项活动将在何时举办? 举办的日期和时间是确定的,还是要视变化而定?	最佳结束终点、举办地点和街道是哪儿?	需要什么样的元素和资源才能满足上述各项要求?
=How(怎样)? 请对这"五 W"作出回答,你如何对这项活动进行有效的调研、设计、策划和评估?				

资料来源:戈德布拉特.国际性大型活动管理[M].陈加丰,王新,译.北京.机械工业出版社,2003.

---

① 一般来说,在进行总体策划前体育赛事举办地政府会牵头组建一个组委会,统筹负责规划及其实施。组委会可以是长期的(针对那些在一个固定地方定期举行的体育赛事)或一次性的(赛事举办完以后解散,主要针对那些在某一地区举办一次或者两次之间要间隔很长时间而且这种间隔无法形成精确计划的赛事)。对于新创立或新举办(如奥运会、世界杯等)特大型赛事,有时在正式组委会组建之前还需要一个非正式的组委会,作为一个临时机构以便产生正式的组委会。在有些情形下,一些体育赛事会有自己的主管团体[如对奥运会进行管理的国际奥林匹克委员会(International Olympic Committee, IOC)],它们会通过严格的竞选程序将赛事举办权批准授予某一国家(地区或城市)。赛事组委会则受赛事主管团体和本国政府的双重管治。

② 这一设想最早由美国学者乔·戈德布莱特提出,他认为,成功的节事活动(包括体育赛事)通常需要经过 5 个重要阶段:调研、设计、策划、协调和评价,其中前 3 个阶段需要把握五个"W"。

二、体育赛事概念的主题确定

在体验经济背景下[1]，为体育赛事创建一个合适的主题（或主题群）是体验设计的中心环节。实践证明，在各类节事活动中，人们的体验会受到主题的激发，主题也总会在体验中慢慢浮现出来。寻找主题的关键在于，必须确定哪些是能够经得起考验的、富有吸引力的主题。

体育赛事的概念形成后，通常可以凝练成一个或几个"主题（Themes）"，以体现普遍性的价值、信仰体系与象征意义。主题对赛事组织举办方与公众就赛事的总体（或最基本的）目标和利益进行沟通是至关重要的。在这个基础上，更为重要的是，主题对营造赛事的氛围具有重要的意义[2]。中小型体育赛事通常只需设置一个主题，对于大型体育赛事来说，则可以在一个主题下设置多个分主题。

主题通常会以文字（宣传口号）和各类标志（或符号，如会徽、吉祥物以及志愿者标志等）的方式呈现出来。会徽、会标与吉祥物等象征性符号的设计通常以面向公众广泛征集的方式完成，集思广益，以求达到最佳效果。这些符号可以影响人们的感知、反思和联想，以激起人们对赛事的兴趣与情感。体育赛事历时短暂，需要设计标志符号与主题口号，以期用非常形象简练的方式传达赛事的理念。标志符号和主题口号可以将赛事的精神传递下去，具有一定的持久性，甚至有可能成为城市文化的一部分，见表 2-2。

表 2-2　1990 年以来我国举办国际体育赛事的主题宣传口号

赛事名称	时间	地点	举办主题口号	举办理念
第 11 届亚运会	1990	北京	团结、友谊、进步	团结、友谊、进步
第 29 届奥运会	2008	北京	同一个世界，同一个梦想	绿色奥运、科技奥运、人文奥运
第 16 届亚运会	2010	广州	激情盛会，和谐亚洲	合作、竞争、发展
第 26 届世界大学生运动会	2011	深圳	从这里开始	从这里开始，不一样的精彩
第 2 届奥林匹克青年运动会	2014	南京	分享青春，共筑未来	让奥运走进青年，让青年拥抱奥运
第 18 届世界中学生运动会	2021	晋江	在一起，更出彩	活力、融合、成长、可持续
第 24 届冬季奥运会	2022	北京	一起向未来	绿色、共享、开放、廉洁
第 19 届亚运会	2022	杭州	心心相融，@ 未来	绿色、智能、节俭、文明
第 31 届世界大学生运动会	2022	成都	成都成就梦想	绿色、智慧、活力、共享

体育赛事主题确定的基本技巧与创意方法因赛事的类型不同而有所差异。对于像 2008 年北京奥运会、2010 年广州亚运会、2011 年深圳大运会、2022 年北京冬奥会以及 2023 年杭州亚运会这样需要通过申办的竞技型国际性体育赛事，主题的创建通常可以通过组委会面向公众征集同时结合赛事申办机构中智囊团的"头脑风暴"提炼而成。一些中小型的大众参与性体

---

① 有关"体验"与"体验经济"的具体内容详见第三章，此处暂从略。

② 具体参见第三章相关内容。

育赛事的举办,目的在于活跃群众生活和为公众提供休憩机会,其主题的形成会遵循节事活动领域中的一些基本技巧。

《体验经济》一书的两位作者为这样的主题开发提出了以下几个基本原则:第一,一个好的和吸引人的主题必须能够改变顾客或参与者的现实感。建立不同于日常活动的供人们体验的现实是所有成功主题的基础和核心要求。第二,吸引人的主题应当结合空间、时间和物质,制造出综合性的现实体验。对空间、时间、物质的干预最好都能以一条线索串联起来,形成一种整体感,这样传递出来的信息将会相互增强。通过对空间、时间、物质等感知要素的干预,感受最丰富的地方往往拥有可以改变人们现实感的主题。第三,在一个场所内营建多种地点感可以强化主题。第四,主题还必须符合体验营造企业或机构的特征,符合一般的社会规则和社会认知。这一点其实应该作为一个基本要求。

1.诱导式信息沟通法

诱导式信息沟通法(Persuading-Information-Communication, PerInfoCom)是英国营销专家 E.奥沙利文等人提出的一种营销主题确定方法,是通过主动地与某一特定群体进行反复的沟通交流,从其中反映的个人偏好信息中提炼出在未来产品与服务中可以投入的体验要素,然后形成特定的营销主题。在体验经济的时代,体育赛事活动组织举办方必须重视举办者与参与者之间的双向互动,为参与者的主动创造提供各种便利和自由。

PerInfoCom 的主要途径是"定位"(Positioning),即准确而具体地满足某一特定人群的需求。这一方法的落脚点是主题策划者应该把创作和投射出的主题,最后以人们所喜欢的体验过程和体验环境呈现出来。定位法大致可以细分为 6 个步骤:

①细节(Detail),即详细描述所期待体验需求的具体内容或需求范围。

②展示(Depict),某特定人群正在寻求某种可以带来满足的体验需求。

③描述(Delineate),目标市场受众群体所寻找的确切受益点,"顾客价值"概念可以用来对其进行诠释。

④决策(Decide),试图在活动参与者心中创建的、相关的主题形象或定位。

⑤设计(Design),关键在于找到能够精确实现价值传递的那些将主题具体化的可靠方式。

⑥传递(Deliver),最终呈现出主题具体化之后的体验过程和体验环境,并使目标受众群体获得丰富体验的过程[①]。

2.主题确定的"体验—价值—创意"框架

根据英国学者克里斯·比尔顿的见解,"创意"等于"创新"加"价值"。也就是说,创意的定义依赖于两个标准:一是必须包含"创新";二是必须产生有"价值"的事物。在实践中,这两个标准经常被认为是对立并因此会导致相互矛盾的评价或冲突。

体育赛事主题策划中的"创意"必须是从现实性出发而有针对性地提出来的一些想法、角度、手段、技巧、方式和路径等。它们可以让我们构想出合理的主题以顺利地实现价值传递,同时制造更为丰富的赛事活动参与体验。创意的目的在于提高赛事活动的吸引力,同时降低其

---

① 最后两步已经不再是纯粹意义上的"策划工作",而是执行和管理的事情了。

实施难度。"体验""价值""创意"3 个概念之间可以搭建起一个框架,如图 2-3 所示。从"创意"到"价值"是一个"主题构想"的过程,旨在确认所要传递的那些价值,也就是在企业或机构的价值主张和参与者的顾客价值之间寻找到契合点。体育赛事的观众或参与者对"价值"的"体验"其实就是一个"价值传递"的过程。对创意策划人员来说,目标是要落实价值传递的方式和方法,最终形成丰富的体验环境。换言之,体验环境实际上也可以理解为价值的承载物,而具体的传递过程则是通过体验设计与展示设计来完成的。顾客"体验"所形成的"实施与反馈"又可以为未来的"创意"提供判断和建议,如此一来就能形成一个不断演进和优化的框架,主题策划者通过创意性的构想,可以提高价值传递的效率,并最终提升赛事活动的体验质量。

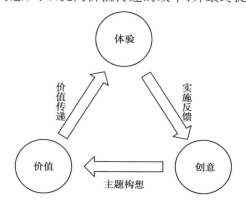

图 2-3　价值—体验—创意框架图

案例 2-1:2010 年广州亚运会的主题与符号系列

　　2010 年广州亚运会的主题口号是"激情盛会,和谐亚洲"。举办宣传口号是"动感亚洲,感动世界"。志愿者口号是"一起来,更精彩"。主办理念是"合作,竞争,发展"。主办的核心目标是"和平、绿色和文明的亚运会"。

　　广州亚运会的吉祥物为五只羊,分别为"乐洋洋""阿祥""阿和""阿如""阿意"。"乐"是主题,其余四个合为"祥和如意",是主题的进一步展现,与"和谐亚洲"的主题口号非常一致。与口号相比,其符合通常要求的具有刺激性和激励作用,能够更为具象地表征与赛事有关的有形或无形价值。从它的特征来看,除了基本的视觉元素,它还要求具有感知的、情感的和行动的力量。从设计过程来看,符号的产生过程不仅是一个知识或技术性过程,更是一个艺术创造过程。

　　广州亚运会文化活动标志的原型取自粤剧中的花旦脸谱。花旦脸谱标志不仅具有浓厚的岭南韵味和鲜明的艺术特色,而且花旦唱念间的飞扬神采和眼神回转的动人瞬间与主题口号中的"动感"相符,而柔和的线条则形象地体现了"和谐"。广州亚运会的环境标志是一片橄榄枝卷曲而成的笑脸,生动地体现出了"和谐"的主题。同时,色彩与形象的组合也传达了广州亚运会倡导的绿色环保的办会理念。广州亚运会的志愿者标识是一个"行走的红心"。"行走"体现了"动感","心"则体现了"爱"与"和谐"。广州亚运会的会徽由一组柔美的上升线条组成,构成了一个造型酷似火炬的五羊外形轮廓。构图以抽象和具象相结合,既体现了广州的城市象征("羊城"),外形上的灵动与飘逸也形象地体现了"动感"的特征。柔和的线条则再次形象地体现了赛事的"和谐"理念与主题。

图 2-4　广州亚运会文化标志

图 2-5　广州亚运会吉祥物

图 2-6　广州亚运会会徽

图 2-7　广州亚运会志愿者标志

图 2-8　广州亚运会环境标志

三、体育赛事的总体目标规划

目标是体育赛事管理过程的行动指南。体育赛事活动通常包含组织(赛事管理机构)目标与赛事活动目标[①]。前者是指体育赛事举办方设计的组织机构本身的未来发展目标。后者则有很多的具体内容与呈现方式,比较容易通过量化的途径来对其进行评价。这两类目标之间是有紧密关联的:每一个赛事活动的目标都应该符合组织机构的目标。组织机构越庞大,保持目标的一致性就越困难。有时候,赛事活动的所有者与其委托的管理机构之间也会有目标冲突,甚至会影响赛事活动的运作和组织机构的成功。根据具体情况,有些体育赛事可以完全按照举办方的意愿设立目标。但是,对那些受专门的赛事管理机构(如奥委会和亚奥理事会等)管治的赛事来说,赛事的举办方还需要遵照这些管治机构的既有目标与任务。通常情况下,这些赛事的举办国家(城市或地区)会根据地方经济、社会与文化等方面的特征将二者结合起来。

案例 2-2:英国谢菲尔德市赛事管理机构的目标监控

英国谢菲尔德市专门设立了体育赛事管理机构,体育赛事管理机构针对每年在该市举办的赛事(通常达到 30~40 场)活动目标制定了一套很清楚的标准,并对其实施情况进行监控,内容包括:

①赛事活动是否促进建立和体育管理机构的长期合作关系,是否促进城市作为重要赛事举办地的发展? ②和体育管理机构或者赛事发起人签订的合约有什么特性? 需要投入多少资金? 而在此阶段,赞助商的介入和投资可以帮助进行决策,即是否启动一项赛事。③尽可能收

---

① 此处具体只讨论后一目标。

集相关信息并分析以前赛事的财务和统计资料,以支持赛事决策。在成本—收益分析中,与预算花费相比较,以评价其他潜在收入来源。④尽管举办重大赛事花费较高,但仍然能带来许多经济利益和其他各种形式的收入,更不用说赛事活动带来的社区自豪感,从而提升本地区在国内和国际上的知名度(城市营销),那么赛事活动是如何实现这些目标的?⑤赛事会给城市经济带来什么样的影响?⑥为了提升谢菲尔德在国内和国际上的知名度,应该进行什么水平的媒体报道,特别是电视媒体报道?⑦通过体育委员会和政府拨款,能获得外部的资金支持吗?⑧本次赛事能否促进体育组织和管理部门将下次赛事活动举办地仍选在本地?并让举办城市成为相关活动的基地,如培训、研讨会、会议等,这种潜力和希望有多大?⑨赛事活动是如何促进本地社区加入体育赛事运动中去的?⑩任命一位体育项目的管理官员使赛事活动取得成功,这两者之间有没有联系?有没有给残疾人运动员提供参赛的机会?⑪赛事活动所处的地位和信用等级是什么?在赛事领域里,公众对它的认知和评价怎样?根据举办日期、运动员的情况和娱乐项目,此项赛事应该属于哪一范畴?⑫依靠现有的资源、工作人员和能够招募到的志愿者,举办城市有能力管理并运作此项赛事活动吗?⑬赛事的时间进度安排是什么?是否需要进行投标准备和规定一定期限,并通过评估确定进度计划在实际中是否可行?⑭城市赛事管理部门是否能够为观众提供高质量的服务并满足他们的需求和期望?⑮赛事能带来什么附加价值?并可以用数量来衡量,如电视报道,估计有多少人入住本地旅店等?

资料来源:MASTERMAN G. Strategic sports event management[M]. Amsterdam:Elsevier, 2004.

目标设置对于那些大型体育赛事的战略规划尤为重要,主要出于两个目的:第一,可以动员和激发所有赛事利益相关者在行动目标上的一致性;第二,可以有效地激励相关人员在目标实现过程中的创新。

体育赛事活动的目标设置即对所希望得到的体育赛事以下几个方面的结果进行计划与设定:一是赛事的规模(如到场人数、收益、需要的工作人员数量、志愿者数量等);二是赛事的声望与市场位置(如“要使本赛事在某一地区成为同类赛事中最好的”);三是市场营销组合;四是财务(如赛事和利润或剩余收益的运用、债务消减、赛事活动的自足性以保证事件的持续或增长等)。总体来看,体育赛事的目标可以分为财务目标与非财务目标,后者对于从事非营利性赛事活动的机构来说是非常重要的。然而,即使是非财务目标,其对赛事活动的财务规划和控制也是有影响的。

目标的表述不仅要求在基本角色方面清晰,同时在关键点方面也必须方向明确;同时,它又必须是一般性的,以便在赛事举办的过程中组织与管理人员以及其他的利益相关者有足够的实现他们创造力的空间和灵活性。

体育赛事实质上是一个“投入—产出”过程。因此,我们可以根据目标设定的内容与性质将体育赛事的目标分为以下 3 种类型:一是投入目标(Input goals)。这类目标集中于如何减少成本或投入以使赛事能够完成。例如,“使赞助商的利益最大化,同时又不损害赛事举办方的利益与使命”。二是产出目标(Output goals)。与投入目标相对应,此类目标的内容是指赛事活动所希望得到的结果或取得的成绩。如“使赛事产生剩余的收益,并以此来发展社区的体育与居民的体育参与精神”。三是规避目标(Avoidance goals)。这类目标是关于如何回避(避免)与赛事有关的负面问题以及减少由此带来的成本,如“减少垃圾排放以防治污染环境”。

案例2-3：环青海湖国际公路自行车赛的"与绿色同步，与环保同行"

新华网西宁7月18日体育专电（记者李琳海） 在家人的带领下，家住青海湖畔的7岁藏族小朋友拉本太在环青海湖国际公路自行车赛（以下简称"环湖赛"）环保公益植被墙上签下了自己的名字，虽然他不知道在家乡种一棵沙棘树到底意味着什么，但从大人们赞许的眼光里，他知道自己做了件有意义的事。

"作为亚洲顶级赛事，环湖赛从举办之初就倡导的低碳、环保精神已通过赛事深入人心。"青海省体育赛事管理中心主任汪宪忠说。据汪宪忠介绍，自2002年环湖赛举办伊始，赛事组委会与地方政府就树立了绿色环保的办赛理念，赛事的主题定为"绿色、人文、和谐"。将"绿色"放在第一位，也正是考虑到了青海特殊的生态地位。汪宪忠说，处于三江源地区的青海省有着良好的户外运动及极限运动发展环境，但"低碳、环保"的体育赛事已成为每一位体育人发展体育赛事的共识。

据了解，为有效改善赛事区垃圾污染问题，保护三江源地区生态环境，今年的环湖赛启用了新型环保热解焚烧垃圾处理设备，以用于沿途垃圾的处理。青海省海北藏族自治州刚察县泉吉乡乡长坎本才让告诉记者，随着环湖赛的发展，牧民的环保意识也在不断增强，他们在观赛的同时，也不忘捡拾垃圾，很多藏族小学生成为赛事环保志愿者。"在全球倡导低碳生活的今天，选择自行车就是选择了低碳生活，希望更多人能与绿色同步，与环保同行。"自行车爱好者王胜说。

资源来源：新华网。

四、体育赛事目标任务的呈现

任务来源于目标，是目标的具体体现或呈现；或者说，一个目标可以分解为很多任务。因此，任务通常要求更为现实、可度量并且具有一定的可操作性。例如，某一项体育赛事在环保方面的目标可以具体化为以下任务：将赛事中的废弃包装材料同比减少50%的质量。对赛事结果的评价通常需要通过对任务完成情况进行评价来实现。

总的来说，体育赛事组织管理中的任务呈现要满足"SMSRT"原则，也就是：首先，目标必须是具体的（Specific），能够用简单和直白的语言清楚地表述出来。其次，目标必须是可衡量的（Measurable），即可以通过一组明确的数据进行衡量，从而评估其是否达到了预期标准。再次，目标必须是经过一致同意的（Agreeable）。由于体育赛事涉及的利益相关者较多，目标也不尽相同，有些甚至相互冲突。任务的呈现需要有一个重要的前提：赛事的所有利益相关者都必须被识别，同时他们的要求需要在这个阶段就被充分考虑以便使他们能够很好地参与到赛事的规划过程中来。为保证各利益相关群体能够为赛事活动的最终目标一起努力，需要保证赛事目标是经过利益相关者的一致同意且不违背任何一个利益相关群体的意愿的[①]。又次，目标必须是可实现的，必须具有现实性（Realistic）。体育赛事的目标制定应根据当下的环境与组织能力，确定可行的目标。最后，体育赛事的目标必须具有明确的时间（Time）。目标的制定需要考虑每一项目标工作完成的具体日期，并以此为标准来约束赛事管理的各项工作。这样才能更好地提高赛事活动的效率。

---

① 这部分内容在第八章"赛事的利益相关者管理"中有详细论述，此处从略。

第三节　体育赛事的可行性分析

可行性分析(Feasibility Analysis)是对前述的概念以及总体目标进行进一步的、更为科学和严谨的决策分析,以保证最初目标的实现,是体育赛事策划与管理的关键一环。随着现代市场经济产业分工越来越细,体育赛事的可行性分析可委托给专门的咨询公司进行,这一分析可以为客户(也就是体育赛事的组织举办方)提供多项可供选择的处理问题的方法或选项。通常,体育赛事的可行性分析过程涉及的环节较多,内容庞杂,因此本节只能在可行性分析的基本结构基础上做一个概略性介绍。

一、体育赛事可行性分析的作用

体育赛事可行性分析的作用是为项目的顺利执行提供依据,包括:

①投资决策依据。一项体育赛事的成功与否以及效益如何,受到自然、经济、政治以及社会-文化等多方面因素的制约。可行性分析有助于认识这些因素和对这些因素进行辩证分析,分析的结果可以成为决策和提出可行性建议的依据。

②资金(包括贷款、政府财政拨款和社会募集款项等)筹集依据。无论是政府、银行还是社会公众,只有在对赛事举办方的可行性分析进行全面细致的评估之后才会执行拨款和放贷等财务行为。

③详细计划与管理规程依据。体育赛事具体的活动方案、规模和流程等一系列详细规划都必须在可行性分析所形成的框架下进行。可行性分析得出肯定结果后,便可以成为这些详细规划的依据(具体见"第二章'体验经济'背景下的体育赛事设计")。

④寻找合作单位(如赞助商和赛事协办方等)的依据。同上面的资金筹集一样,体育赛事的赞助商与合作者只有在确定赛事举办方的可行性分析中考虑到了他们作为利益相关者的利益诉求之后,才会做出后续的行为。

⑤赛后评估依据。体育赛事结束后的综合评估需要比对之前的可行性分析报告,尤其是其中与效益有关的分析。

⑥机构设置与人力资源配置依据。

二、体育赛事可行性分析的主要内容

总体来看,一个完整的体育赛事可行性分析至少应包括以下3个方面的内容。

1.赛事举办(部分赛事还包括申办)的必要性

这一过程具有典型的"目标导向"性质,是对体育赛事举办和申办决策机构所拟定的经济、政治以及社会-文化等方面的"目标"进行"必要性"论证。这是体育赛事可行性分析的前提与基础,目的在于彰显其价值和意义。主要内容包括:是否符合国民经济平衡发展的需要,是否符合产业政策和地区以及部门发展的需要,是否满足市场的需要,等等。

2.赛事投资的可行性

这是一个基于举办地所拥有的各类软硬件资源所进行的分析过程,旨在对计划举办的赛事能否顺利举行进行物质基础方面的分析和评估。

3.赛事举办的合理性

这应包括经济层面的财务分析,分析的基准参考点是"保本点"(具体见第五章"体育赛事的财务管理"),还应包括赛事在促进举办地政治和社会-文化建设方面的相关分析,具体来说,就是要综合考虑众多赛事利益相关者的目标与利益诉求(具体见第八章"体育赛事的利益相关者管理")。从"社会营销"的整体角度看,经济上的可行性评估显然是不够的。必要性的分析需要从更为广阔的、包括社会-文化与环境的角度进行分析。因此,国内外学者提出了赛事综合生态影响评估(Environmental Impacts Assessment,EIA)。这一分析框架强调了"可持续发展"理念,已得到了全世界的认可。赛事本身是短暂的,但是它给举办地社区带来的影响不应该是"稍纵即逝"的,而必须是长远的或具有"遗产"性质的,不仅包括体育设施(设备)等有形遗产,还包括志愿者精神、社区凝聚力与公民精神等无形遗产。

三、体育赛事的环境分析与战略选择

体育赛事不能独立存在或运营,其运营管理的开展需要稳定的社会、经济和政治环境等,同时应该了解影响运营管理的组织结构、员工表现等内部环境,如图2-9所示。

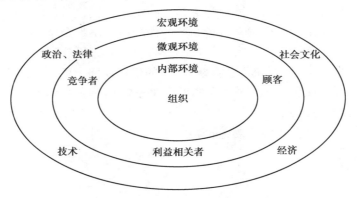

图 2-9　体育赛事运营管理的环境要素

1.内部环境条件分析

这主要指赛事活动的内部组织/机构环境,是体育赛事内部文化环境与物质资源的总和。这类环境要素包括组织机构的企业文化、经营能力、可用内部资源、财务状况、指导思想以及工作作风等。这是一种相对比较容易控制的环境。

2.微观环境条件分析

微观环境条件的分析内容主要包括竞争者、利益相关者和顾客。随着体育赛事的产业化发展,体育赛事的活动内容与主题以及举办的时间与空间均会出现冲突或直接竞争①。因此,举办地政府与相关组织需要对竞争环境进行分析,找准自己的位置。产业化背景下的体育赛事竞争可以推动或刺激赛事活动的多元化。体育赛事的参与者(顾客)和观众(统称为市场)对于赛事活动的满意度与忠诚度可以决定市场需求,从而决定赛事的市场价值。毋庸置疑,市场是体育赛事得以存在的基本要素,是赛事运营的最终对象。可行性分析阶段的市场条件分析工作具有较大的宏观性或战略导向性。由于产品的设计还没有具体化,因此还不可能进行详细的市场调查与消费预测。这里的"市场"不仅包括赛事的一般消费者,也包括参与者、社会公众、赞助商、供应商以及中间商等众多群体。简单地说,市场条件分析就是要分析赛事的举办是否会受到关注或引起人们的兴趣。在"市场导向"的经济环境中,一个最为关键的程序是对赛事的潜在市场效应进行预评估。评估的内容主要涉及赛事的市场需求总体状况,包括赛事活动参加者的大致数量、地区分布、停留时间(可参照赛事计划举办的时间预估)、参与者在活动期间的消费结构等。体育赛事的筹备与管理除了依靠组织举办方机构本身,也离不开其他利益相关者的支持与合作。

3.宏观环境条件分析

宏观环境是体育赛事赖以存在的外部环境。体育赛事的存在与运营依赖于国家的政治、法律、经济、社会文化以及技术。同时,体育赛事也需要各种资源的支持,包括筹备活动的文化资源(素材)、社会资源(如志愿者等人力资源)和技术设备等。

宏观层面的环境条件分析实质上就是对拟举办赛事的可适性(Suitability)进行分析。那些对大型的综合性体育赛事的可行性分析有时需要提升到对举办地的经济、政治、社会与文化等全方位的"条件分析(Situation Analysis)"的高度,以下问题通常需要重点考虑:第一,举办地的人口状况与相关人才储备情况,包括人口的构成(年龄与性别等)、财富状况、兴趣、对新事物与新观点或意识的接受程度等。在总体人口中,能够为赛事提供服务的志愿者数量与质量以及与赛事有关的技术及管理人才的储备情况会直接影响赛事的举办与组织运营,不仅可以有效地节省成本,还可以调动举办地居民的参与积极性。人才储备的充沛与否不仅影响赛事对举办地居民就业的拉动,也可以尽可能避免因雇佣外地人员而导致赛事经济的溢出效应。第二,社会公众支持。这一点对于那些需要公共资金与资源支持的公共体育赛事活动来说尤其重要。为了得到必要的公众支持,在申办和筹办赛事之前对当地社区公众的赛事期望性(Desirability)进行调查了解很有必要。第三,整体经济状况。这是指在经济层面分析举办地是否能承担得起赛事组织运营对财力和物力的要求,实质上这是对体育赛事举办的地方资源条件的分析,或是对体育赛事的可供性(Affordability)进行分析。具体来说,体育赛事规模不一样,所需的资源条件也有很大的差异。对于一个规模较小的体育赛事而言,所处的资源环境和条件是相对固定的,但对于一个规模较大、筹备期较长的体育赛事而言,很多资源环境和条件是可以被创造的。一般来说,赛事的资源条件包括基础设施建设、体育场馆与设施建设、赛事活动所需资金、媒体转播条件、地方接待条件、安保以及地方政府与相关组织机构的赛事运营管理经验等七个方面的软、硬件条件。赛事的组织举办者对成本与收益应有一个初步的估算,也就是要考虑赛事的可获利性(Profitability)。只要所有潜在的利益群体都确信赛事的效益能超过成本,则实施起

---

① 例如近年来在我国国内蓬勃发展的城市马拉松赛就存在趋同倾向,并导致在吸引力上的直接竞争。

来就风险不大。例如,在做出申办 2012 年奥运会的任何决策之前,伦敦专门委托 Arup 公司进行了调查研究。

可行性分析的结果无非两个:可行或不可行。如果结论是否定的,那么赛事总体规划就会结束。赛事组委会或有关政府部门会重新启动新一轮的赛事总体策划,当然也有可能直接取消举办赛事的计划。如果结果是肯定的,那么就会进入赛事的整体结构规划(见下一节)详细规划(见下一章),对于那些受国际或国内专门机构管治的在不同地点举办的体育赛事来说,还要走一个程序,那就是申办(本章附录:2008 年北京奥运会的申办流程)。

第四节　体育赛事的人力资源与组织结构规划

"人"无疑是整个体育赛事组织运营与管理的核心要素。体育赛事(尤其是像奥运会这样的大型综合性赛事)通常需要投入大量的人力资源才能实现目标。依据任务分工和管理目标,体育赛事还需要规划设计组织机构以实现这些人力资源的人尽其用。如何将这些人力资源整合成一支有战斗力和执行力的团队无疑是一项具有关键意义的管理工作。

一、体育赛事的人力资源规划概说

1.体育赛事人力资源管理的概念

"人力资源"(Human Resources,HR)的概念最早出现于彼得·德鲁克于 1954 年所著《管理的实践》一书。人力资源管理是指那些用来提供和协调组织中的人力资源的活动,具有六大职能:人力资源规划、招募和选择、人力资源开发、报偿和福利、安全和健康以及员工和劳动关系。在体育赛事活动的策划与管理中,从组织委员会的成立与管理到志愿者招募与培训,都需要涉及上述人力资源管理中的常见内容。

体育赛事所需要的人力资源通常包括一线员工和二线员工。一线员工是指直接接触节事活动观众的人员,包括:

①赛事组织机构长期聘用的内部工作人员,工作内容涉及赛事活动的全过程。

②志愿者以及为保证赛事活动组织的专业性而临时雇用的具备专业知识能力的人员(如同声传译人员、活动主持与表演人员等)。体育赛事具有很强的时效性,因此大多数赛事活动都需要临时招募工作人员,以节省人力资源成本[①]。这些临时用工有时甚至没有薪酬,因而造成赛事组织机构对其服务质量的控制比较困难,这就需要更好地运用有效的人力资源管理来提升服务质量。一线员工的工作和服务质量与态度决定了赛事活动观众和参与者的体验。例如,负责现场指引的志愿者如果没有及时到岗就会导致某一个场地人群流动出现问题。二线员工很少有机会与赛事的观众和参与者进行面对面的交流,包括组织结构内部负责财务等相关行政工作的行政支持人员、提供各类设施(备)和技术的承包商员工以及技术支持人员等。这些员工所提供的工作和服务往往决定了活动组织的工作效率和顾客的最终满意程度。

---

① 具体内容另见教材第八章"体育赛事的利益相关者管理"。

2.体育赛事人力资源规划的内容与总体流程

这是体育赛事人力资源开发与管理过程的第一步,也是关键环节,通常包括以下几个方面的内容。

①战略规划。这是根据赛事活动发展的战略目标,从可持续发展的角度建立人力资源开发和利用的方针政策和策略,是各种人力资源具体计划的依据与核心。

②组织规划。这一过程涉及赛事活动组织结构的整体框架设计,主要包括组织信息的采集、处理和应用,组织结构图的绘制,组织调查,诊断和评价,组织设计与调整以及组织机构的设置,等等。

③制度规划。这是人力资源总规划目标实现的重要保证,包括人力资源管理制度(如奥运会志愿者管理制度)体系建设的程序、制度化管理等内容。

④人员规划。这是对赛事活动所需员工(包括长期、短期和临时聘用员工)的总量、构成及流动的整体规划,包括人力资源现状分析、人员需求与供给预测和人员供需平衡等。

⑤费用规划。对赛事活动人工成本、人力资源管理费用的整体规划,包括人力资源费用的预算、核算、结算以及控制。要取得良好的人力资源管理效果,体育赛事活动管理者需要遵循如图 2-10 所示的基本步骤。

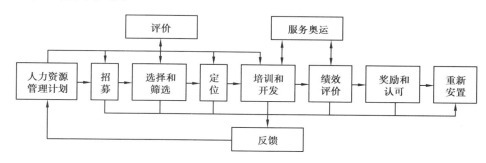

图 2-10　奥运会志愿者人力资源管理规划模型

二、体育赛事的组织机构规划

组织是指由拥有不同权力和负有不同责任的人所组成的集合。组织结构指的是组织在解决分工关系、部门化、权限关系、沟通与协商以及程序化等五个问题时所形成的组织内部分工协作的基本框架。体育赛事的组织结构是指赛事组委会为了赛事的合理运营与管理而将举办赛事的目标分解成不同且相互关联的角色分工而形成的一种管理架构。这些角色会分派给有关个体或集体,并要求他们理解各自的角色功能以及角色之间的纵向与横向关系。因此,从本质上说,体育赛事结构的设计是一个劳动分工的过程。一个合理的赛事组织结构规划是十分必要的。

1.体育赛事组织结构规划的原则

考虑到体育赛事类型、规模与水平等的差异很大,赛事组织结构也应该是多样化的。由于体育赛事具有周期性或一次性的特点,其组织机构可分为常设和临时两种。从一般意义上来说,体育赛事组织结构的形成通常需要遵循以下几个基本原则。

（1）目的—功能导向原则

也就是说，体育赛事组织结构的创立要以赛事举办目的和治理角色为基础，形成要服务赛事的功能与目的。对于那些在各地巡回举办的赛事来说，每到一个举办地实际上在一定程度上也意味着进行一次新的赛事，需要融入地方经济与社会语境。因此，从先前成功举办的赛事中进行结构的简单复制并不一定有效。

（2）运营的专门化原则

最优化的体育赛事结构需要将与赛事有关的活动进行聚类分析，将类似的活动集合在一起形成一个个次单元以便决策和沟通。通过这种方式，负有不同责任并相互影响的经理人员之间的沟通交流就会最大化并能提高沟通的效能，从而形成一个既自治又相互联系的工作组。

（3）沟通效能与效率优先原则

体育赛事管理结构必须有各类联系与联动设置，以便个人就其活动进行高效能的纵向与横向沟通。

（4）增效原则

这个原则也就是我们通常所说的，整体的功能一定要大于个体功能的简单相加。组织结构应该是一个有机体，人员与部门之间通过纵向与横向联系应该使组织的功能有一个"增效"效应。

2.体育赛事组织结构的常见类型

在实践中，赛事的结构通常以图表的形式呈现。图表由方框（或圆框）和连线构成，前者表示任务区，连线则表明不同任务区之间的关系。一般来说，邻近区域之间需要更多的合作和/或协调。体育赛事的组织结构通常有下述几种类型。

（1）直线型

直线型组织结构复杂性较低，适合于规模较小的单项体育赛事。如图2-11所示，体育赛事经理人员集中参于几乎所有的决策过程并因此对赛事活动及其人员具有完全的控制权。这类赛事结构具有以下特点：一是具有较好的灵活性或对环境的适应性。员工由赛事活动管理者统一指挥管理，任务明确。当员工因特殊情况表现不佳或缺席时，管理者可以随意派其他员工来接替其工作，也可以随时重新调配各岗位的工作任务。二是人力费用低。这种组织结构的每一位员工都承担了大量的工作，其人力成本大大低于其他组织结构，降低了因雇用大量专业人员所产生的行政及其他费用。三是对员工的要求高。由于员工人数较少，这种组织结构下的员工常常需要同时完成几种不同领域的工作，这也要求经理人员必须是一个管理理论与技术方面的"多面手"。四是决策制定慢。由于赛事活动的所有决策均需要得到相关管理者的批准，员工不能以其在各自领域的经验解决问题，而是必须向管理者呈报并得到回馈后才可以解决。因此，这种单一的决策制定模式必然会降低工作效率。如果管理者是一个具有独裁型风格的人，其下属就有可能因为他们的技能得不到应有的运用或重视而变得被动和意志消沉。五是专业性低。由于这种组织结构下的员工往往要身兼数职，所以可能不会获得高水平的技能，因为他们没有机会进行专业化的工作。

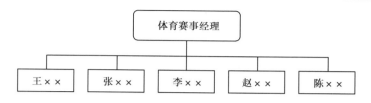

图 2-11　体育赛事的结构示意图

（2）职能型

职能型是体育赛事管理中最为常见的组织结构类型之一。其最主要的特点是根据赛事活动所需分设各职能部门，由各部门经理协调分管相应领域的工作。职责的重叠可以通过详细的结构设计得到解决。图 2-12 是"四大网球公开赛"之一的澳大利亚网球公开赛（"澳网"）的组织结构图。赛事总体上设立活动总经理和赛事总监两个主管。活动总经理下设业务经理负责赞助和证书的工作，媒体行政经理负责媒体相关的行政工作，赛事行政经理负责接待、场地协调、赛事协调等相关工作，销售经理负责企业产品的销售工作。赛事总监主管公关宣传工作，下设公关经理负责旅游、营销等相关工作。

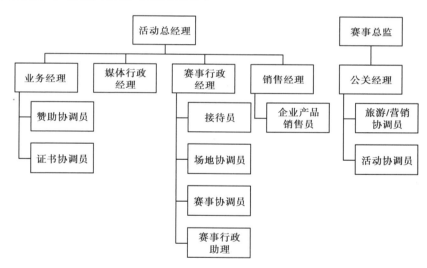

图 2-12　澳大利亚网球公开赛组织结构图

职能型结构的主要特点在于：首先，个体或群体可以安排专门的工作任务，分工明确，从而可以有效地避免职责的重叠现象出现，从而提高工作效率。其次，可以根据赛事管理的需要比较容易地增加新的功能区。最后，由于该组织结构需要各团队的协调合作，因此，如何进行有效的沟通、合理分配各职能部门的工作、加强各部门之间的理解、及时了解其他部门的工作进程等都是其顺利完成工作的关键。

（3）项目矩阵型

项目矩阵型组织结构适用于有多个活动场地、多场活动同时举办的体育赛事（最有代表性的就是在某个国家的不同城市同时举办的世界杯足球赛）。体育赛事组委会可以将项目组织机构（活动场地）与职能部门按矩阵的方式组成如图 2-13 所示的组织结构。

支持系统	分委会			
	场地A	场地B	场地C	……
通信保障				
交通				
安保				

图 2-13　基于活动(或项目)的“矩阵”赛事结构图

矩阵中的每个成员都受项目(或活动)经理和职能部门的双重领导。根据不同项目的性质和活动内容,职能部门负责人在保证项目的职能服务的同时,通过配置工作人员以提供相应的职能服务,在每个场地安排独立的工作团队,包含交通、安保推广、设备等。如北京奥运会同时在 6 个城市超过 30 个场地举办,各赛事的项目经理应与职能经理共同沟通,根据不同的比赛类型需要进行人员配备。该组织结构要求项目主管负责所有工作的组织与安排,因此项目主管需要具备较强的领导能力,同时要能与职能主管进行良好的沟通,以确保每个环节的顺利进行。

对于这类结构而言,从全盘(或总体)上让整个赛事顺利运营而不出现赛区间的协调或者职权方面的问题是一个主要的挑战。相应地,一些基础性服务如安保、交流以及技术支持等,都要求贯穿所有的赛事活动与赛区。每一位执行这类服务的员工或者被安排到某一个赛区,或者被要求在各个赛区进行巡视。每一项基本的服务都必须有自己的委员会,或者至少有一个监督员。他们与负责具体赛事运营的委员会是分开的。这种类型的赛事结构的主要优点在于,每一个赛区内的工作人员会直接受到任务的鼓励,有助于组织内的交流与合作。

(4)多元结构型

多元结构型组织结构又称为多组织(或网络,Multi-Organizational or Network)结构(图 2-14),是建立在现代产业分工和市场化基础之上的一种新兴的组织结构。体育赛事组织举办方将一系列产品与服务通过现代合同等契约方式转让给外部的企业或组织。实际上,这种组织结构还有一定的“虚拟”(“隐形的”)性质,即在赛事活动中工作的员工并非受雇于赛事组织举办方,只是合同承包公司的员工,与赛事举办方只是保持一种合作关系,赛事结束这个松散的组织就会解散。

这种类型的结构主要有以下几个方面的优点:第一,体育赛事是短期的,赛事组织举办主体通常没有能力也没有必要维持大量的人力资源。这种组织结构所找寻的是专业的合作团队,因此大大减少了完成某项工作所需的人力与物力成本。如通过寻找餐饮公司合作,可以减少因准备餐具、场地所产生的额外费用。同时,由于每个项目均是以合同打包的方式进行核算,对于经费的使用也更易于计算。第二,承接这些产品与服务的公司或组织通常掌握了某一领域内较为先进的技术与经验,能有效地保证赛事的顺利进行并为消费者提供优质的产品;第三,赛事预算会变得更为精确,因为一系列成本的控制都通过合同的形式让渡给了相关企业;

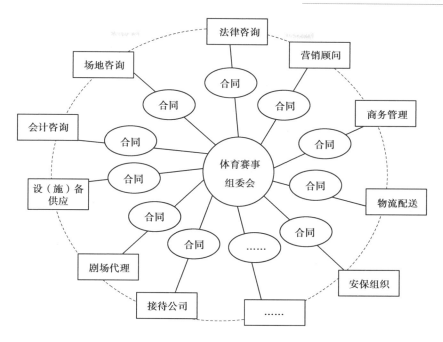

图 2-14　复杂的多组织网络赛事结构图

第四,赛事的决策层人员可以精简,这使得决策的效率很高。缺陷则表现在:第一,赛事主办主体与那些合同企业之间的关系比较松散(虽然有合同制约),质量监管难度大,因此服务的可靠性与监控需要与合同企业进一步沟通,以及选择信誉度高的合作公司来完善。第二,各合同企业的员工有可能缺乏对赛事的详细了解。这些与赛事举办组织合作的组织机构或企业的员工可能只是在活动当天参与活动中,对赛事活动的历史、目标以及前期策划等情况知之甚少。这会降低赛事活动的服务质量,以致不能有效传达赛事活动的精神。如何通过各合作公司的传达与培训,让所有员工更好地理解该赛事活动,是赛事管理者需要重点考虑的问题。

微课视频:共享奥林匹克荣光——北京 2022 申奥成功 21 周年(央视网)。

课程思政

"丝路经济带"沿线国家体育赛事的策划

"一带一路"(The Belt and Road, B&R)是"丝绸之路经济带"和"21 世纪海上丝绸之路"的简称。2013 年 9 月和 10 月中国国家主席习近平分别提出建设"丝绸之路经济带"和"21 世纪海上丝绸之路"的合作倡议。"一带一路"是促进共同发展、实现共同繁荣的合作共赢之路,是增进理解信任、加强全方位交流的和平友谊之路。中国政府倡议,秉持和平合作、开放包容、互学互鉴、互利共赢的理念,全方位推进务实合作,打造政治互信、经济融合、文化包容的利益共同体、命运共同体和责任共同体。

体育赛事凭借其独特的文化、精神载体性与国际影响力,成为创建"丝绸之路经济带"的重要一环,因此对"丝路经济带"沿线国家体育赛事的策划,作用举足轻重。首先,在经济上,大型国际体育赛事能够吸引大量游客和投资,出现带动餐饮、住宿、娱乐等多行业繁荣发展的增长效应,促进各国在资金流动、经济贸易上的交流发展;其次,在政治上,体育赛事是国家面向世界的重要名片,不仅能够提高举办国的国际影响力,而且能够与其他国家建立紧密的联系与合作,推动国际关系和谐稳定;再次,在社会上,体育赛事会产生大量的就业岗位,从而改善民生,并且激发国民的爱国之情与民族自豪感;最后,在文化上,体育赛事积淀了各国竞技体育的文化与精神,为沿线各国的文化交流提供了重要平台。

目前,"丝路经济带"沿线国家体育赛事的策划可以依照如下思路进行:第一,赛事应定位为促进"丝绸之路经济带"沿线国家体育、政治、经济、文化全面合作与交流的平台。目标包括增强国家间的民心相通、推动体育产业与经济的发展和提升沿线国家在国际体育赛事中的参与度与影响力。第二,在赛事的组织架构与运作管理方面,可以成立"丝绸之路经济带"沿线国家体育赛事组委会,成员包括沿线国家相关政府职能部门、体育领域研究人员等;成立志愿服务组织,在举办地及沿线国家招募志愿者,并进行相关上岗培训和考核。同时设定合理的组织架构,如职能型组织结构,确保赛事运作的顺畅与高效。第三,在资金筹措与财务策划方面,可以成立专项基金,资金来源包括沿线国家按比例分担、企业赞助、捐赠等,确保赛事的资金需求得到满足。制定详细的财务规划,包括赛事筹备、举办、宣传、回顾等各个环节的预算与支出计划。第四,赛事项目与规则设定是其中的核心内容。在体育赛事策划过程中,举办方应当根据沿线国家的体育优势项目与参赛能力,设定合理的赛事项目,确保大多数国家都能参与其中,从而达到促进国家间友好往来的目的。同时应当制定统一的赛事规则与标准,确保比赛的公平、公正与规范性。赛事的内容要争取在结构上多元化,举办类似于文化展览、交流等的活动,丰富赛事内容,提升赛事的文化内涵。第五,赛事的筹备机构与组织要制定全面的宣传策略,提升赛事的知名度与影响力。可以利用媒体、网络等多种渠道进行宣传,也可以邀请国际知名运动员与媒体参与,增强赛事的吸引力与关注度。第六,策划投入实践后,即赛事进行后,要及时对赛事进行评估,包括赛事效果、经济效益、社会效益等方面的评估。收集各方面的反馈意见,为未来赛事的策划提供借鉴。

资料来源:

杭兰平,王松,邢金明,等.举办"丝绸之路经济带"沿线国家体育赛事的型构逻辑与方案设计[J].西安体育学院学报,2021,38(3):336-341.

附录:2008 年北京奥运会的申办流程

国际上对体育赛事的申办是出现在 1984 年洛杉矶奥运会之后的事。以尤伯罗斯为首的运营团队使 1984 年奥运会赢利后,奥运会与其他各类赛事(不仅仅局限于高端赛事)都成了激烈追逐的对象。夏季奥林匹克运动会是全球最大型的体育赛事,它的申办涉及的过程与要素是最全面的,因此该赛事的申办可以作为其他赛事申办的重要指南。依照国际奥林匹克委员会的程序规定,北京奥运会的申办经历了以下 4 个步骤。

一、预申请阶段

IOC 最终是将申办权给予城市而不是国家（或者说是各城市直接角逐赛事的举办权而不是它们所在的国家）。在一国之内可能有多个城市有意申办（如美国当年就有旧金山、纽约、休斯敦和华盛顿 4 个城市提出申办 2012 年奥运会）。所以，IOC 会提前 6 个月（距离申办届奥运会举办年 9.5 年）通告各国奥林匹克委员会，以在这个时间之前向 IOC 报告本国的申办城市（只能是一个）。

15 万美金的申办费用要求在 1999 年 8 月之前交付 IOC。这笔费用实质上是申办城市公开使用"2008 年第 29 届奥运会申办城市"的使用费，也可以让申办城市接触奥运知识管理项目，并有资格参加申请城市研讨会。

二、候选资格批准

被 NOC 提名的城市仍然是申请城市，直接被 IOC 授予候选城市。在正式进入竞选阶段之前，需要经过以下程序：

接受 IOC 的问卷咨询（要求在 2000 年 1 月 15 日之前提交），需要回答的内容包括以下 7 个方面：

①申办动机、概念和公共观念。被询问的城市需要说明建设新设施的动机以及这些设施在赛后利用的长期策略。另外，还需提供地图，标出新的和已有的设施。公共观念即公众对申办赛事的支持率，城市需要提供民意测验并报告结果，特别要求提供反对意见的详细信息。

②政治支持。提名城市要求提供政府支持状况的信息、赛事的管理者（如果获胜）。政府、NOC 以及权威人士需要提供能证明他们支持赛事举办的信件。

③财务。每个申请城市需要提供详细的赛事预算信息，包括政府捐助资金的数量和获取竞选资格后每个阶段的资金花费计划。

④比赛地点。提名城市需要提供现有的和计划中的详细比赛地点信息，包括这些比赛地点是暂时的还是永久的。其中一个最为重要的内容是奥运村和国际新闻中心的特别计划。

⑤生活设施。主要指接待设施状况与接待能力。

⑥交通设施。提名城市按要求提供现有和计划中的新交通设施和各类交通工具的信息。其中，计划中的新交通设施要求加快施工进度。

⑦基本状况、后勤及举办经验。这部分要求提供举办时预期的人口数量、气象情况、环境状况及影响、安全责任与资源等。IOC 还要求提交近年举办主要国际体育赛事的经验，特别要求列出近 10 年来 10 个主要体育赛事的名单。

以上 7 个主题都由 7 个问题组成。所有问题要求用英语与法语两种语言回答，并且不能超过一页。文件要求非常简洁，并强调事实的重要性。另外，提名城市需要提供问卷的 50 份副本。提交的问卷由 IOC 执行董事会领导下的 IOC 管理机构及招募的专家进行评估。这一阶段没有正式的报告会，但专家有可能对提名城市进行访问，也有可能不进行访问。

三、竞选与资格确定

被接受的候选城市要提交一份候选资格文件给 IOC，必须在 2000 年 5 月 18 日—11 月 15 日完成。文件由专门的委员会进行评估，成员来自国际联盟、IOC 和各国 NOC 成员、运动员委员会和国际残奥会的代表以及 IOC 的专家。2001 年 1 月底，IOC 开始参观所有候选城市。

2001 年 5 月将评估报告提交给 IOC 执行董事会,经过慎重考虑与评估后正式宣布提交给 IOC 会议的候选城市。

提交文件并被 IOC 接受后,候选城市可以开始在全世界范围内宣传推广自己。候选资格文件为各城市提供了对先前提交的问卷内容进行加工润色的机会。IOC 有一个《候选城市手册》,用于指导文件的准备。具体的内容包括三卷。第一卷内容包括国家(含地区和候选城市)的特点、法律方面、习俗和移民手续、环境保护的气象、财务、市场营销等几个部分。第二卷内容包括一般体育概念、体育、残奥会、奥运村等。第三卷内容包括医疗卫生服务、安全、生活设施、交通、技术、通信和媒体服务、奥林匹克主义与文化、担保等。最终的选举会议在 2001 年 7 月召开。每个城市都要进行申办演说,由 IOC 进行多轮投票,最终产生一个获胜城市。

四、大型体育赛事申办需要注意的关键问题

上面以奥运会为蓝本列举了大型体育赛事申办的基本过程与工作内容。这无疑是一个十分复杂而"漫长"的过程,申办过程中需要把握以下几个方面的关键因素。

1. 申办书与演说

申办书的内容准备要非常充分,并尽量显示与其他竞选城市的区别。例如,悉尼在申办 2000 年奥运会时就在申办书中强调"绿色"理念以及对运动员的照顾理念。同为这一届的竞争城市北京则在人权问题上受到国际社会的质疑。北京在第二次申办奥运会时(2008 年),则聘请了国际上知名的公关公司 Weber Shandwick 作为自己的沟通机构,显示了申办沟通的重要性。该公司在与 IOC 沟通时,尽量将城市与政治分开,特别彰显北京与中国发生的巨大社会变化,而且强调拥有世界上最多人口的国家应该得到承办奥运会这一人类最大的体育盛会的机会。

2. 利益相关群体问题

这一阶段,竞办城市需要说服利益相关群体赛事的举办收益会大于成本。在制订一个沟通计划之前,通过调查研究了解各种看法是必要的。这类研究有两个作用:首先,它提供了一个基准点;其次,它为沟通活动提供了很好的内容。加拿大的多伦多在申办 1996 年奥运会时,就受到了社会公众的抗议和反奥运会示威的阻碍。抗议者认为,当贫穷与无家可归仍然是城市发展面临的最大挑战时,不应当把钱花在体育赛事上。虽然多伦多在当时的竞选城市中处于领先地位,但是最终还是输给了美国的亚特兰大。

3. 政治风险分析

任何方面的政治冲突都会影响主办权的授予。政府方面的缺位或人员变动也有可能影响政府对申办工作的支持。

4. 知识信息

对申办过程和专家评估进行详细了解是十分重要的,但也许只有通过亲身体验来了解,才有实际意义。所以,先前申办成功城市的直接经验对候选城市来说是十分宝贵的知识信息。例如,加拿大的温哥华在申办 2010 年冬奥会时就运用了卡尔加里(成功申办了 1988 年冬奥会)的专家意见来获得了主办权。有学者通过对 400 个主要体育赛事组织者的访谈与研究,发现增加成功机会的关键因素都与掌握较多的知识信息有关。除了了解申办过程和专家评估的细节外,还需要了解主管机构和它现有的公司合作者。例如,像 IOC 这样复杂的赛事主管机构

就有各种级别的赞助者和供应者,在赛事申办批准方面,它们也有一定的影响力。因此,了解这些合作伙伴的商业计划是十分必要的。申办的过程实质是竞争,因此了解竞争对手是首要问题。

5.管理

除了有经验的管理者,申办团队也需要领导者与名义上的领袖。任何层次的申办,都是人力因素决定成败。申办大型体育赛事通常会用到团队中在国家或世界上有影响力的人。如英国在申办 2006 年世界杯(失败)时,就用了 1966 年世界杯夺冠时的功勋球员 Bobby Charlton。中国在申办 2008 年奥运会时就用了获得乒乓球比赛"大满贯"并受时任国际奥委会主席萨马兰奇接见的著名运动员邓亚萍。

6.沟通

战略沟通固然重要,但是建立一个强有力的品牌也是很有意义的。品牌有助于沟通的整齐划一。赛事规模越大,参与其中的合作伙伴和机构组织就越多,因此,传递统一信息的重要性就更加突出。打造品牌的关键是创造主题和标志,并且能融入申办内容中。

7.申办的成本管理战略

大型体育赛事的申办需要投入大量的资金,成本很高。申办奥运会本身就是一个代价昂贵的冒险举动。申办的结果有成功与失败两种可能。如果失败,那么这些成本就成为"沉没成本"。从赛事经济的可持续发展角度来看,这些成本必须被识别出来,并为今后的申办提供直接的参考。申办过程中积累的经验与教训会经过评估分析作为以后申办的参考。许多城市持续申办奥运会并利用既往的经验实现了最后的成功。我国的北京也是经历过一次失败(申办 2000 年第 27 届奥运会)后才获得成功的。这种失败换来的经验与教训不仅对于一个连续申办的城市有直接的积极作用,对于一个国家内部的其他城市也有很好的借鉴作用。例如,英国的曼彻斯特市先后申办了 1996 年与 2000 年奥运会,但都没有成功。申办委员会对这两次申办的经验与教训进行了总结与反馈,为本市成功申办 2002 年英联邦运动会提供了有益的借鉴。

对于申办所发生的费用有两种处理方法:一是将其当作已经计算在内的风险,由筹集的申办基金支付。伦敦 2012 年奥运会的申办,费用高达 1 300 万镑。因此,申办之前获得各利益群体的支持就显得非常重要。二是通过申办本身达到目标,也就是说申办城市要将赛事的申办过程本身看作一个城市经济与社会文化发展的契机,或利用其产生积极的政治影响与利益,并且要有明确的目标。在第二种情形下,赛事的利益相关群体对赛事的支持率就会高得多。如果当地居民能认识到即使失败也会在短期内获得益处,那么支持率也是会升高的。所以,无论成功与否,这个过程本身就是一个有价值的计划。意大利的都灵与古巴首都哈瓦那就是两个典型的案例。都灵市在申办 2006 年冬季奥运会时并没有期望获得成功,而是想借此机会发展城市。获得成功后,IOC 需要花时间与该城市一起更全面地考虑设施建设问题。这对该市的体育软硬件建设都会产生长远的影响。申办成功后,城市的发展目标就已经改变了。哈瓦那参加了 2012 年奥运会的申办,但从没有想过会赢。该市申办策略的一部分就是促进该市旅游业的发展,还有可能为解除美国的禁运进行游说①。

---

① MASTERMAN G. Strategic sports event management[M]. Amsterdam:Elsevier, 2004.

【思考题】

1.以 5 人为单位组建一个策划小组,为你们所在的城市策划一项公开的非营利性的体育赛事活动,策划的内容要求涉及本章所阐述的几个主要方面。

2.试根据任务呈现时要满足的 5 个条件("SMART"原则),写下 3~5 个大学期间你要实现的目标,并以小组为单位,探讨如何充分利用"SMART"原则的深层含义来制订你的目标。

第三章
"体验经济"背景下的体育赛事设计

【本章提要】

　　本章基于"体验经济"背景对体育赛事详细规划与设计的相关内容进行了阐述。第一节总体上对"体育经济"作为一种经济形态进行了分析,并在此基础上重点分析了体育赛事中常见的体验类型,又从理论层面简单分析了体育赛事体验与设计的关系。第二节阐述了体育赛事空间环境的设计要素,内容包括举办场地的类型分析、选择需要考虑的因素、场地的功能性环境设计以及情境与氛围设计等几个方面。第三节是关于体育赛事活动项目的设计,内容包括活动内容的设计、情绪与情感的引导以及活动规则的设计等几个方面。

【关键词】

体验经济;体育赛事体验;设计;活动项目设计;体育赛事环境设计

【学习目标】

1.理解"体验经济"的内涵及其在当代经济与社会发展中的重要性。
2.了解体育赛事的体验及其意义。
3.掌握体育赛事体验设计的内涵及其主要的工作内容与设计方法。

引导案例

广州国际马拉松赛的详细策划案

广州国际马拉松赛(简称"广马")是经国家体育总局、广东省人民政府和广州市人民政府批准,由国际田联和国际马拉松及公路跑协会备案的中国高水平马拉松赛。

"广马"于2012年创办,每年的11月下旬在广州举办,2013年被中国田径协会评选为银牌赛事,2016年1月9日在中国马拉松年会上荣获中国马拉松金牌赛事。

1. 路线设置

"广马"的赛道主要沿珠江两岸设置。比赛路线贯穿了广州的"老四区",沿路有花城广场、中山纪念堂、陈家祠、广州塔、赤岗塔、会展中心、海心沙等广州新旧地标性景点。赛事路线集中展示了珠江两岸最具岭南特色的人文风情,最具羊城历史的风景名胜,最具时尚气息的文化潮流,被国际田联公认为当今世界马拉松赛最美赛道之一。

2. 赛事活动组合设计

截至2023年,"广马"已经发展成为一个综合性城市节庆,除了标准的全程马拉松赛,组委会还设计了"半程马拉松""迷你马拉松"("亲子跑")和马拉松博览会等节事会展活动。

花城广场(起点)—临江大道(东行)—车陂南路折返处(靠近黄埔大道)折返—临江大道(西行)—猎德大道—花城大道隧道上方折返—猎德大桥—阅江路(东行)—阅江路与会展中路交会处折返—阅江路(西行)—滨江东路—滨江路折返—滨江路—艺苑路—艺洲路—滨江路(西行)—洪德路(南行)—人民桥—沿江路(东行)—大通路(东行)—谭月街—晴波路—海心沙—海心沙一号桥—临江大道—花城广场(终点)。

图 3-1　广州国际马拉松比赛线路图

学习提示：场地选择、空间安排以及环境设计等是体育赛事详细设计与规划的核心和关键内容。设计需要结合地方特色和赛事的具体内容（类型）进行灵活安排，还要与城市的经济和社会文化的发展结合起来，从活动项目设计方面鼓励社区居民的参与。本章即就这些与体育赛事相关的详细问题进行阐述与分析。

在第一章讨论特殊节事的定义时我们知道，国内外学者普遍强调特殊节事是一种"体验机会"，这突出了节事活动的本质属性，体育赛事作为节事活动的一个类型也不例外。综合众多学者对节事的定义，可以提炼出两个突出主题：其一，节事不是那么简单恰巧发生的，它们必须经过创造才会出现；其二，经过创造的结果是，节事为利益相关者提供了某种体验。在现代消费经济社会与体验经济时代背景下，"体验"是消费者在购买商品与服务时的一个起关键作用的核心因素。正是基于这一原因，本章将体育赛事设计放在体验及体验经济背景下讨论。

第一节 体验经济

一、"体验"概念及其内涵

体验是指在产品或服务的提供者对购买和消费的过程加以具体化和多样化处理的基础上，消费者通过自己主动、积极和自由的消费行为而获得的一种专属于个人的现场感受和事后记忆。体育赛事参与者能够在赛事组织举办方提供的产品和服务的基础上，通过自主的"再加工"获得专属于自己的体验。体验必然是个人性的，个体在身体与心理上的差异将直接导致最终形成各种千差万别的体验。体验涉及参与者的感官、情感、思维、智力与知识等因素。同时，体验又是一个社会建构过程，具有社会性。在实际生活中，体验也经常指这个过程本身（动词）。从市场营销的角度看，体验是产品或服务的生产者凭借产品或服务提供的一种"额外的品质"，这种品质超越了产品或服务本身的实际用途。

体验概念的构成性要素包括"认知""情感""意动"3个维度。认知维度的要素包括个体对某一事物或现象的知晓、感知、记忆、学习、判断或理解等。情感维度的要素包括个体与某一事物或现象相关的情绪、感情、偏好和价值观等。意动维度的要素即指个体与某一事物或现象的态度有关的行为意向性。

根据认知心理学，体验的水平可以分为以下3个层次：一是基本体验，指对某一刺激物的反应，但是这种反应并不在记忆中停留很长时间，因此不会对消费者产生充分的影响。二是值得记忆体验，是相关的情感会在一段时间后被回想起来。当发生某种体验后，即使人们已经想不起来具体的过程，也无法说清到底为什么，但他们还是能在另一个时间和地点至少记得当时很喜欢那种体验。并不是每一次体验都需要有强烈的记忆，但它制造的正面记忆越多，持续时间越久，那么它创造的价值也就越大。三是升华的体验。这种体验会对消费者的态度与行为产生持久的影响。

派恩和吉尔摩还认为，人们参与体验的维度是多重的，如图3-2所示。他们分析了其中两种最重要的维度。

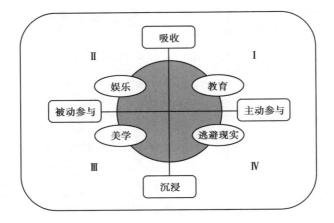

图 3-2　体验领域图

　　图中坐标横轴对应的维度是"参与者的参与水平",左端表示"被动参与",指的是参与者无法直接对体验项目施加影响,这在体育赛事观赏体验中体现得较为典型,观众在体验时只能作为观察者。右端表示"主动参与",指的是参与者可以对体验项目施加个人影响。例如,参与式体育赛事中的竞技活动的参与者就属于这一类型,他们能够亲自参与整体体验过程的创造。不过,这两种参与水平之间的界限有时并不是很明显,例如对那些在旁边观看滑雪比赛的人来说,他们并不是静静地待在那里只看不动,并不是完全地被动参与,他们也为整个体验过程提供了视觉和听觉活动。

　　图中坐标纵轴对应的维度是"参与者和背景环境的关联",这种关联可以把参与者和体验活动结合在一起。上端表示的是"吸收式",指的是体验活动远距离吸引参与者的注意力。下端表示的是"沉浸式",指的是顾客全身心投入体验活动中成为其一部分。换句话说,如果是体验"走向"参与者,如看电视或者坐在看台上观赏足球赛,那么对参与者来说它们就是吸收式体验;与此相反,如果是参与者"走向"体验,比如进入大众参与性公众体育赛事的喧闹和狂欢,那么他们就是在享受沉浸式体验。"吸收"更多的是一种心灵体验,而"沉浸"更多的是一种身体体验。当表演占据人们的注意力并进入他们的脑海时,人们就会"全神贯注"于这种体验;而当人们实际或虚拟地"融入"这种体验时,他们就会"沉浸"在这种体验中。

　　从两个相互交叉的维度(或两个连续体)衍生出 4 个体验领域或体验范畴:娱乐性(Entertainment)、教育性(Education)、逃避性(Escape)和审美性(Esthetics)。它们被描述为"相互兼容的领域,经常混合在一起形成独特的个人际遇"。"教育"体验应是参与其中的学习者与促进教育的教育者之间的互动。根据《牛津英语词典》,"娱乐"指的是以令人愉快的方式吸引人的注意力的行为。在"审美"体验中,个人沉浸在节日或活动环境中,而不对其产生任何影响,让环境(而不是他/她自己)保持原样。"逃避现实"的体验需要更强的沉浸感。匈牙利裔美国心理学家契克森米哈赖(Csikszentmihalyi)将这种沉浸感状态称为"心流"(Flow Experience)。这一体验要求参与者和客人们全部主动地参与进来。在许多赛事中,组织举办方会设计很多模拟比赛情境,让一部分到场人员模拟体育竞赛活动(如模拟赛车装置的使用),让消费者达到这种体验效果。足球流氓也是这种类型体验者的一个另类表现。他们的主动参与性表现为"攻击性",但是兴趣点并不在体育赛事举办方设计的项目活动上。对于这类"逃避现实者",举办方则需要通过合理的活动项目设计积极地疏导他们的负面情绪,也要采取适当的方式规范他们的行为。这四个"E"综合起来称为体验内容的"4Es"模型,最终混合形成独特的个人体验。

二、体育赛事的体验

体育赛事体验是实际到场或通过媒介参与和观看赛事所获得的一种身心一体的感受,是参与者内在心理活动与外在感知客体所呈现的表面形态和深刻含义之间的相互交流或相互作用后的结果。体育赛事体验是人们生活中众多体验的一种。因此,这些体验不仅具有一般意义上的类属性特征,也有其特殊性。

1.体育赛事中的一般性体验

这类体验是指可能在各类节事活动中出现的体验,它们可能与个体的心智态度及其所处的特殊环境有更大的关系,通常有下述几种具体形式:

①娱乐与消遣。这是各类节事活动给人们带来的最为常见与普遍的体验。在"消费主义"与"娱乐至上"观念的影响下,众多节事活动的举办都以此为最主要的目的。

②对现实生活的暂时逃避。这类体验对体验者本人来说不是意义深刻的,通常也不是值得记忆并具有"升华"价值的。

③新奇与刺激。

④归属感与共睦感(或交融感,Communitas)。这类社会性的体验可以在生活中人们相聚在一起时出现,但是节事活动可以集中和有目的地促使这类体验的形成。有时候,一些社会与文化组织或团体也专门为此目的设计举办一些节事活动,或利用一些节事活动来达到增强归属感与凝聚力的目的。

2.体育赛事中的特殊性体验

(1)竞争与休闲性体育参与体验

除了竞技体育范畴的"赢"给参与者带来的成就感与愉悦,体育赛事还能给参与者提供如身体上的快感、自我通过比赛而对某一比赛项目有更熟练的掌握所带来的满足感、比赛本身给予的新奇与刺激感,以及通过比赛认识朋友与加强友谊或分享体育"亚文化"等很多社会文化方面的体验。

(2)赛事观赏与体育"迷"体验

体育赛事给观众带来的最为常见的体验之一是娱乐、对运动和激烈比赛场面形成的"奇观"(Spectacle)欣赏,有时候也能激发起情感(例如球迷观看自己支持的球队获胜或被击败时的体验)。通过观看比赛也可以获得与朋友一起远足、寻求个人平衡等社会体验。

以上两类体验是体育赛事中最主要也是最为关键的体验。在体验经济背景和市场导向型经济环境中,想办法提升体育赛事参与者这两方面的体验水平,对体育赛事的规划设计与运营管理人员来说是一项十分重要的工作。

(3)文化体验

通常意义上这是指寻求知识、学习、理解和欣赏某些文化的过程。与前面的那些体验相比,这类体验无论是在精神上还是在认知上都更为深刻。需要强调的是,这类体验并不能出现在所有的体育赛事中,而是比较容易出现在以下几种情境中:第一,对于有一定举办历史并因此形成了赛事本身的文化的赛事来说可能更具有意义。很多时候,这些赛事的参与者就是想通过这种方式来体验赛事的"亚文化"。第二,在地方文化元素基础上开发出来的体育赛事,因具有比较独特的地方特色,也有可能为赛事活动的参与者提供体验异域文化的机会,如中国各地的龙舟赛。第三,那些在世界各地巡回举办的大型体育赛事,虽然体育比赛项目受主管体育组织的严格要求,但是围绕赛事所举办的各类节事活动已经越来越多地融入了地方文化(较为典型的就是赛事的开闭幕式上的节目展演)。各举办地也以此作为推广地方文化与旅游目的地形象的一个重要舞台。无疑,观众从中可以直接体验这些文化。

(4)节庆与"嘉年华"气氛

在地方经济文化发展"节庆化"的大背景下,传统体育竞技比赛的这种特色也越来越明显,体育"赛事"已经演变为体育"节事"(或"节庆")。除了上文所提到的体育赛事开闭幕式中的文化展演活动,各举办城市与地区还会利用这一机会在赛事期间(有些大型赛事活动甚至在申办和准备阶段就已经开始)举行各类节事活动,当地居民与旅游者在参与这些节事活动时可以体验一种节庆与"嘉年华"的氛围。

(5)宗教与精神的体验

这两者存在细微的区别。后者主要与个人的信仰有关,这种体验强调某人对个人生活意义的寻求,通常可以描述为狂喜(Rapture, Ecstasy)、精神超越(Transcendence)、宗教性质的天启(Revelation),表现为更深层次的心灵或精神体验。这种性质的体验在体育赛事中并不多见,而在那些传统的具有悠久历史的大型赛事的开闭幕式上有可能体验到。一个最有代表性的例子是观看奥林匹克运动会圣火采集仪式所获得的体验。

(6)世俗性的朝圣

从一般意义来讲,这是一种特殊的旅行,其目的是去到那些对个体或群体具有特殊意义的"圣地(Sacred Place)"以获得一种精神与心灵上的体验。这类体验与其他的精神或情感性体验最大的不同在于,需要通过对一些仪式的参与来获得体验。这些仪式本身对参与者有深层的意义。另外,地方本身也是关键的,它们所具有的意义也是传统和持久的。

对于那些有特殊兴趣的人群或亚文化群体,一些体育赛事是"必看"或"必须参加"的,具有极重要的符号意义。例如,美国波士顿马拉松是世界上最古老的马拉松比赛之一,也是最早的城市马拉松赛。目前,这一赛事是全球六大顶级马拉松赛之一(其余5个分别是东京、伦敦、柏林、芝加哥和纽约),是马拉松爱好者心目中的顶级殿堂。很多马拉松长跑运动的爱好者为了获得这一赛事的参赛权而努力,并以一种"朝圣"的心理状态去参加比赛,如图3-3所示。

图3-3 波士顿市区的龟兔雕塑

（7）艺术美感体验与娱乐体验

许多体育赛事被描述为娱乐事件。它们已经成为消费主义一个合理的宣泄渠道。人们通过对这些赛事的参与可以获得短暂的娱乐。

3.体育赛事之于个人的意义（或价值）

"意义"是一个带有评价性的概念，对于体育赛事来说，就是参与者从赛事中获得的利益（或价值）。或者说，是体育赛事对个体的需要、动机以及期望等的满足，或者是个体从与体育赛事有关的体验中获得的专属于个人的利益。从根本上说，意义是一个解释（或诠释）体验的途径和过程，是一个个体化建构的过程。意义不仅是对过去体育赛事经验的解释，也是对将要参加的赛事的一种假设。对生产或制造体验的体育赛事管理人员来说，他们已经意识到必须让消费者沉浸在赛事里并使事件对他们产生意义。节事体验领域的学者经过多年实证研究，总结出的如下15种最富有"意义"的体验情形，同样适用于体育赛事的体验。

①成就：达到目标并取得成功，一种满足感。

②美丽：欣赏以及感官上或精神上的愉悦。

③社团：与其他人的联系或归属感。

④创意：创造永久贡献。

⑤义务：自己履行一种责任的意思。

⑥启迪：通过逻辑或启发，人们可以清楚地懂得体育赛事之于个人的价值。

⑦自由：切实的没有任何不想要的限制的感觉。

⑧和谐：无论在自然中、社会中或对于一个个体来说，整体与部分之间平衡和愉悦的关系。

⑨公正：平等的保证与没有偏见的对待。

⑩唯一：周围的事物都是独特的感觉。

⑪补偿：弥补或从过去的失败或损失中解脱出来。

⑫安全：免于担心失败和损失的自由。

⑬真实：诚实的和完整的。

⑭证实：对自我作为一个有价值、值得尊重的个体的认同。

⑮奇迹：对所展示的，超过一个人理解范围的创作的敬畏。

三、体验经济

《体验经济》一书的作者派恩和吉尔摩从"产品"的层次差异角度观察和分析后发现一个规律：产品的市场定价能力，与竞争地位的高低和对顾客需求满足的相关度有着正相关关系。早期的产品可能是传统的初级产品和一般产品，当它们能够因顾客需求而推出定制化服务时，就会比其他产品占据更好的竞争位置，也就更有定价优势。服务经济出现后，派恩和吉尔摩进一步发现，如果企业创造的产品越来越符合个体消费者的愿望和需求，可以更好地在高度同质化的竞争产品和服务中建立自己的差异性，那么它就可以提升其产品的价值，进而提高对企业和个人用户的收费价格。体验经济便是在这种企业的创新竞争日益激烈而残酷，同时消费者的消费偏好和消费习惯又在不断变化的环境中应运而生的。当企业有意识地以服务为舞台、产品为道具来吸引个体消费者时，体验便产生了。和初级产品的可互换性、产品的有形性、服务的无形性相比,体验的独特之处在于它是可回忆的。

体验经济是指商品和服务供给者将"体验"概念融入其生产、销售、客户关系管理以及市场营销等过程以使消费者获得个性化体验的一种经济形态,是一种继农业经济、工业经济与服务经济之后的第四种经济形态,见表3-1。

表 3-1　人类历史中经济形态类型演迭

经济形态		农业经济	工业经济	服务经济	体验经济
	经济提供物	产品	商品	服务	体验
	经济功能	采掘提炼	制造	传递	舞台展示
	提供物质性	可替换的	有形的	无形的	"事件"/记忆/联系
特征描述	关键属性	自然的	标准化的	定制的	个性化的
	供给方法	大批量储存	生产后库存	按需求传递	现场展示
	卖方	贸易商	制造商	提供者	展示者
	买方	市场	用户	客户	客人
	需要要素	特点	特色	利益	突出感受

在体验经济环境中,"体验"不仅是产品与服务的一个不可分割的组成部分,也是消费者的消费内容之一,同时可以作为一种营销手段。与传统的市场营销途径相比,体验营销具有一种将用户与产品或服务的情感联系起来的力量。在上述的经济形态演变过程中,体验在营销中的角色有一个从"鼓吹者"到"提升者"再到"制造者"的转变,其作为营销的一种工具,作用由低到高越来越重要和突出,如图3-4所示。在作为"鼓吹者"时,营销人员为了提升其产品的可销售性,将体验作为一种外在的营销手段。此时,体验是临时的,尚未成为产品的一部分。当体验成为"提升者"时,服务的生产者利用体验来提升消费者的满意度,并以此来区别于市场上竞争对手的产品与服务。在这一类型里,体验已经成为产品或服务的一个不可分割的组成部分,体验本身的内容与特点直接影响产品的销售与顾客满意度等。在"生产者"角色中,产品与服务的提供者创造体验环境,使他们的产品与服务成为此体验环境中的一个组成部分,并最终在这种环境中促成合作。

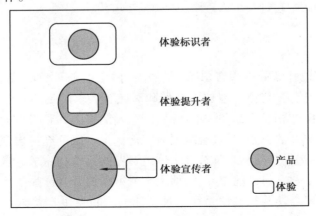

图 3-4　体验在营销中的作用角色

四、设计与体验

1.设计

设计是指一个以消费者为中心,通过了解他们的需求同时结合各种外部环境因素以为他们创立问题解决方案的过程。设计可以用来创造内在的针对购买者的价值或表明他们的生活方式。与设计经常成对出现的还有一个词,就是"创意",在英文中有两个对应词"creative"和"idea"①。第一个是形容词,有创造性的、有创造力的和创新的之意。后一个是名词,是指一种想法(思想)或理念(观念)。克里斯·比尔顿认为,创意的定义依赖于两个标准,即"创新"与"价值"②。但是,在现实中这个标准经常会被人们对立看待,有可能导致相互矛盾或评价冲突。正因为如此,创意总是一个艰难的过程。

2.体育赛事的体验设计

在体验经济时代,产品和服务提供者从单向的供给方转变为愿意更多从消费者的主动性、自由度去考虑的开放的供给方,特别是在体育、休闲与娱乐等节事活动领域。这一时期的体验显然是需要有所计划和设计的。作为特殊事件的一个主要类型,一般节事活动的设计理念与原则也可以适用于体育赛事。在消费主义和休闲经济时代背景下,体育赛事的休闲功能也越来越被强化。休闲是四个主要特殊节事活动的类型之一③,即使是商业性节事,体验中的"愉悦"部分仍是被保留的。因此,休闲体验的处理方法可以直接用于节事体验设计中,其模式可以作为策划、评估和分析的工具。

体验设计是体育赛事成功举办不可或缺的要素,有相对固定内容与竞赛规程的传统赛事(包括在一地或多地巡回举办两种情形)和一次性(或全新创造的)赛事("利基"赛事)都是如此。体育赛事的设计实质上就是设计人员有意识地去构建让人们作出决定的那个体验,同时分析和解读人们对节事和现象的看法,并最终提供人们所期望得到的体验。正是在这一意义上,有学者甚至强调节事活动(当然包括体育赛事)本身是不存在的,直到某个人实际策划并开始思考如何能将其传送出去,才开始了一个节事。以奥运会为例,就有学者认为其是经过设计的对个人、国家、文化和历史都有相当重要意义的"事件"。申办时,参与竞争的城市都试图突出奥运会在其城市可能会成为什么样子,这是赛事利益相关者可能都会感受到的体验的诠释。

体育赛事的体验设计有两个最为基本的要求:创造性与独特性,二者的结合形成赛事的"风格(Style)"并因此使赛事具有很好的识别度。从消费者的角度看,每一项体育赛事给他们所提供的体验机会与结果都不应该是相同的。在体验经济时代,设计人员在进行体验设计时需要特别注意消费体验行为展开的维度、传递的要素以及具体化的对象。施密特等人结合消费者的体验维度和生产方的供给要素对不同的体验策划给出了相应的思考维度,见表3-2④。体验传递应该融入以下一些元素:沟通、视觉(标识)与语言传达、产品呈现、品牌合作、空间环

---

① 方便起见,本章统一使用"设计"一词进行相关表述。
② 克里斯·比尔顿.创新与管理:从创意产业到创意管理[M].向勇,译.北京:新世界出版社,2010.
③ 其余3个类型为个人事件、文化事件和组织事件。
④ SCHMITT B. Experiential marketing[M]. New York:Free Press, 2000.

境、电子媒体与网络以及参与者。参照这一理论,节事活动领域的体验设计主要涉及场地、活动项目、现场装饰、道具和场景、音效与灯光以及多种效果等具体化对象。

表 3-2　体验矩阵

体验供给要素	战略体验模块的5个体验维度				
	感官	情感	思考	行动	关联
■ 沟通					
■ 视觉(标识)与语言传达					
■ 产品呈现					
■ 品牌合作					
■ 空间环境					
■ 电子媒体与网络					
□ 参考者					

资料来源:SCHMITT B. Experiential marketing[M]. New York:Free Press,2000.

第二节　体育赛事的空间环境营造

《体验经济》一书的两位作者派恩和吉尔摩提出,活动的主题要能够改变参与者的现实感(即建立不同于日常生活的供人们投入、学习、娱乐和感受的现实),这是所有成功主题的基础。现实感的建立依赖于对空间、时间和物质等感知要素的干预,吸引人的主题应该结合空间、时间和物质制造出综合性的现实体验。另外,主题还必须符合一般的社会规则和社会认知。

体育赛事参与者的体验是通过空间环境(主要包括活动场地和地理位置)、管理系统和人3个要素相互作用而形成的。体育赛事的设计者必须在清楚地了解为谁而创造(目标对象属性)的基础上,提供一个框架并借此使提供者和接受者都能从某一环境中推导出其意义。环境本身是这些实体和人类空间创造和操纵的结果。体育节事的设计者要深刻理解含义的派生方式,并知道如何展示相互作用,同时让节事含义不断地被诠释。环境设计包括实体上和空间上的方案,而构成场地的物质条件应该是独特的并能给人带来美学上的享受。与一般性产品设计的市场导向原则要求一致,体育赛事的场地与空间设计重点也应该放在如何理解顾客的期望、参与性质与程度等方面。

一、举办场地的类型

体育赛事的举办场地有很多种,这需要根据赛事的目标与项目活动特征来确定。从功能的类属上来看,体育赛事的场地通常可以分为以下几种大的类型。单项赛事可以选择其中的一种,大型综合性体育赛事通常同时需要这几种基本场地类型。

1.人群聚会式场地

人群聚会式场地是指将观众与参与人员集中在一个封闭(如室内篮球馆等)或半封闭的空间(如室外足球场)内,赛事活动在中央区域进行,而观众围坐在四周。

2."点—线"结合的场地

这类场地在体育赛事中较为常见,也是比较重要的一种,通常是用来举行马拉松、赛车等类型的赛事。这类场地将沿某一规划线路进行的赛事活动行进,并与一些"节点"地区的活动场地结合起来。观众主要集中在这些节点地区,包括开始点和结束点以及重要的途经点,也有一些观众分散在沿途。

3.开放空间

这类场地通常是指公园、广场或街区。人员的自由流动是这类赛事空间最大的特点之一,但有时也会出现一些次区域用于人口聚集(性质如第一类)、行进或进行其他活动。公众的聚集是这类空间规划设计的一个重要考虑因素。

二、举办场地选择需要考虑的因素

体育竞赛活动进行的空间除了上述的要依据活动本身的特点,还需要考虑其环境(或区位)因素。从地理学的角度来看,"区位"即某一空间之于其他空间的"关系"。基于这一点,赛事举办地点的选择还需要重点考虑以下几个方面的指标。

1.可见性

为了吸引消费者与人群,可见性是赛事举办地点选择的一个关键因素。这对于那些在公开空间里举办的赛事更为重要(在室内举行的赛事可能更多的是依靠消费者对场地的知识以及其可进入性)。一些大型体育赛事举办的目标之一是吸引媒体的关注,易上镜头的背景以及最佳的转播角度的选择可能是需要考虑的关键因素。有些赛事则需要特殊的开始、结束途径和地点。这在马拉松比赛的起点、终点与路线的选择方面表现得最为典型。例如广州国际马拉松赛的起点与终点均选择在城市"新中轴线"的中心区域——花城广场。花城广场是广州的新地标,不仅媒体曝光率高,也是最受媒体关注的城市景观[①]。

2.可达性(可进入性)

比赛地点的可达性实质上是一个交通是否便捷的问题。赛事参与人员如何到达比赛地点,人流的类型与方式等都是地点选择时需要考虑的因素。如果可达性有可能出现问题,则赛事举办方需要提供从交通集散中心到比赛地的穿梭巴士等短途交通工具。

---

① 具体参见本章开头"引导案例"。

3.中心性

中心性主要是指一个地点之于目标市场或客户群体的可达程度与可见程度。例如,在一些社区体育赛事中,通常将赛事举办地点选择在社区空间范围内的中央区,以最大限度地实现可达性和可见性。这样对居民参与节事会有很好的推动作用。

4.地点的集中性

盖茨与戈德布拉特等人对特殊节事的定义只关注了"时间性",即时间上与日常生活的不一样。但是,从理论上讲,要想对节事做出全面的了解,就必须对它与社区之间的关系有某种理解。因此,有学者对先前特殊节事的典型定义进行了拓展,强调了节事的"地点性"或"空间性"。还有学者从旅游发展的角度,将这个空间因素具体到旅游目的地与节事的关系上。

赛事举办地的选择需要考虑周边地区或城市内其他旅游吸引物和服务等的位置关系。对这一要素的考虑主要是基于扩大赛事参与者(包括旅游者)的消费项目并且最大可能地刺激当地经济的发展。例如,将赛事举办地选择在海滨、江边或旅游吸引物内部,就比较容易给赛事消费者提供更多的消费活动项目。这一要素的规划设计对旅游者来说更为重要。有些旅游者事先并不知道某一赛事活动的举办,但是由于他们旅游活动的区域接近赛事举办地,因此就非常有可能被吸引过来。

5.合适性

合适性指的是地点的选择是否会对当地社区造成环境、社会以及经济上的负面影响。例如,一些体育赛事会产生噪声、交通拥挤、乱扔垃圾、强光刺激等现象,会对周边居民的生活造成一定的影响。一些体育赛事的比赛场地是需要付费(租金)的,因此必须考虑地点选择的成本问题。安保、通信、公用设施等也必须考虑。另外,地点选择对消费者产生的成本(如交通时间、停车费等)也都要在规划设计考虑的范围之内。体育赛事是一项涉及很多服务的特殊节事活动,尤其是公共服务。通常来讲,赛事举办方不太可能亲自提供所有的服务。因此,举办地邻近地区或交通便捷地区的设施(备)和服务的完备和方便程度可以让赛事的举办节约很多不必要的成本。

如果说上面关于地点的选择更多的是从地点间的位置"关系"的角度考虑的话,那么地点本身的特点则主要用来评估它是否适合或有能力举办赛事活动。前者是从更宏观的地理学角度分析,而后者则从某一地点的空间范围及其内部结构特点的角度考虑。

6.容量

比赛地点空间对人流量的容纳能力是一个十分重要的安全因素。如果容量有限,或者管理不力,一定空间范围内聚集大量的人群可能会导致拥挤。在出现突发事件时,会造成人群的慌乱,甚至导致踩踏事件发生,引起人员伤亡。因此,容纳能力对于那些在室内或封闭空间里举办的赛事来说尤为重要。

对于赛事的组织举办方来说,为了获得更大的经济效益和社会影响力,通常会通过各种途径扩大赛事参与人员与观众的数量。赛事规划设计人员也想基于最大可能的人流量来选择比赛地点,但是这种策略需要耗费很大的成本,也具有很大的风险。因为,一旦计划的参与人员与观众数量明显低于预期水平,则会导致实质性的损失。

微课视频:赛区选址用心,冬奥效应带动白色经济(哔哩哔哩)。

三、体育赛事举办地的功能性环境设计

一个可能给到场者提供积极体验的地方或地点应该能清楚地呈现它是关于什么的,可获得的活动是可以理解和可进入的。这就是所谓的环境的易读性(Legibility)。体育赛事举办地的空间设计应该达到让观众与参与人员很容易地根据自己的体验、消费以及工作需要等,高效率地在空间内部流动的目标。在赛事举办所涉及的空间范围内,功能区、路线、方向、特殊和关键地点(如一些危险地带、赛场出入口等)的标示或指示系统应清晰可读。比赛场地的空间范围和赛事的规模越大,这个要求就越高。对于一些大型赛事,有时候需要规划一个"现场交流图"以备查用。

美国当代非常著名的人本主义城市地理学家凯文·林奇(Kevin Lynch)的"城市意象"理论对体育赛事举办场地的空间设计有非常好的直接指导作用。该理论认为,城市形态主要表现在道路(或路径,Paths)、边界(Edges)、区域(Districts)、节点(Nodes)和标志物(Landmarks)等5个城市形体环境要素之间的相互关系上。凯文·林奇的城市意象理论认为,城市居民习惯于运用这5个要素来认识城市和组织他们的城市意象。空间设计就是安排和组织城市各要素,使之形成能引起观察者更大的视觉兴奋的总体形态。凯文·林奇强调城市环境的可读性,主张在保证实用性和安全性的同时,城市环境还应该有能力为人们创造一种特征记忆。

"道路"是指观察者习惯或可能顺其移动的路线(如街道、小巷、运输线等)。其他要素常常围绕道路布置。这在体育赛事中是指人员流动的线性空间,在设计时应该对道路连接的各区域、节点或标志物等有明确的方向指示,特定情况下还要有到达这些目的点的距离标示。"边界"是指不作为道路的线性要素,通常由两面的分界线(如河岸、铁路、围墙等)所构成。边界的标示可以让赛事消费者清楚地识别他们所在的区域相对于其他区域的位置,对消费者有一种将要退出某一区域或进入某一空间的提示作用,对一些危险区域或关键区域则有一定的警示作用。"区域"即地段,是指一种二维的面状空间要素,人对其意识有一种进入"内部"的体验。区域在体育赛事中经常是指各类活动集中进行的空间,也是赛事消费者体验的主场域。"节点"是指城市中的战略要点(如道路交叉口、方向变换处、城市结构的转折点、广场等)。它使人有进入和离开的感觉。在体育赛事中,这些节点通常有可能是观众的出入口、现场验证中心等,通常是人流集散最为频繁的空间之一,因此非常容易出现拥挤现象。"标志物"是指城市中的点状要素,可大可小,是人们体验外部空间的参照物,但不能进入,通常是明确而肯定的具体对象(如山丘、高大建筑物、构筑物等)。在体育赛事中,这些标志物可能是一些标识、符号、条幅或临时搭建物等。其功用主要体现在能被场内所有人看见并在流动过程中用来作为参照物。

除了空间上的指标性标识,法律法规上的警示标志、各类设备设施的操作指示或说明等也需要明确和易于识别。标识的设计需要依据赛事消费者的阅读特点与习惯。符号指示的可靠性也非常重要,即标识与其所指示对象或空间等应相符。例如,某个设施已经移走或某个空间的功能有所改变,那么,相应的标识符号也应该更换。

四、体育赛事场地的情境与氛围设计

情境是指人们在行动之前所面对的情况或场景,是由人和行为、角色关系、时间、地点等要素共同形成的。情境对体验具有十分重要和关键的作用,可以引导甚至设定消费者对客体的意义。体育赛事的体验可以通过情境设计来影响甚至操纵。与其他特殊节事一样,体育赛事举办的场地或空间必须设计成一个特殊的情境,以使在某一时间段内人们可以在这些空间里获得超出日常生活范畴的特殊体验。这是体育赛事成功的关键因素之一。

1.多媒体环境与技术的应用

在体育赛事的情境设计中,借助多媒体环境与技术的审美设计具有重要的意义。颜色、声音、气味和影像等能对人的感觉器官产生刺激,有助于吸引观众的注意,将主题、内容等信息传递给观众,并引导观众参与其中。基于这一要素的感知设计是将在各种感觉上的元素综合在一起,并对体验形成整体性影响。

近年来,可投射出三维影像的全息图在节事活动的环境设计中得到了广泛应用。这一新技术可将二维的影像投射到三维的介质上,影像、视频、声音、嗅觉、灯光、材质等媒介共同作用可以营造"沉浸感"(Immersion)的虚拟环境。在这一技术的使用中,设计人员需要将播放的内容配合主题与概念进行精心设计和制作,使用得当的技术与设备进行呈现,并需要专业人员的指导,最终达到预设的效果。逼真的视觉体验与震撼的音效可以成功制造"惊喜"效应,给观众留下深刻印象。

2.体育赛事的"主题化"氛围制造

氛围(或气氛)是所有节事活动设计的一个重要元素。体育赛事都有自己的主题,如何对举办空间进行主题气氛的营造以创造丰富的、有吸引力的和难忘的体验,是体育赛事设计团队需要全面考虑的问题。与体育赛事主题有关的口号、标语、吉祥物、会徽与会标等需要在人流比较集中和关注率比较高的地点或位置放置或张贴,以突出主题与赛场气氛[①]。

3.互动科技的应用

在塑造和强化空间体验方面,数字多媒体与交互技术的应用在各地节事活动设计中的运用日益普遍。交互科技已经从早期基于屏幕的图像界面、传统的微软与苹果界面发展到多元化的移动多媒体设备与系统的应用。相较于传统的多媒体展示,互动科技的实用性、可达性、社交性、美感等因素既影响着参与者的体验,也可增强观众的参与程度。观众可以采用不同的输入形式主动地获取相应内容,计算机也可借助其他的设备输出反馈。

功能性与实用性是交互设计中最重要的设计原则之一。多数成功的交互系统具有明确的含义,可以将其使用目的清晰地传递给用户。如今的交互技术不仅需要注重其功能性的质量,也需要满足人们的审美特质。相较于静态的展示形式,基于硬件的互动展示形式能为观众提供更多的亲身体验形式,参与者可以通过按压、拉动、驾驶、踏步、质量、高度、呼吸、眼球动态、

---

① 与主题口号和标语等相关的内容具体参见第二章。

语音、影像等操控方式控制数字界面或硬件设备。参与者的输入控制可以根据人的多种感官体验进行设计。

目前,增强现实(Augmented Reality)技术可以通过三维显示技术、交互技术、多种传感技术、计算机视觉技术以及多媒体技术等,将虚拟物体与真实环境紧密结合,增强用户对真实环境的理解,打造超越现实的感官体验。近年来,身体感知在节事活动体验设计中日益显现出其重要性。"具身化设计"(Embodied Design)即首先考虑如何让人们拥有一种全方位的"亲身在场感"。新型具身化、智能化的空间将满足个人、社会与环境的多元化体验需求。这对于特别强调"身体"参与的体育赛事来说,更具有特别的意义。

案例3-1:北京奥林匹克中心区冬奥会景观布置

奥运脚步越来越近。作为冬奥3座竞赛场馆、8座非竞赛场馆的所在地的朝阳区,大街小巷利用各种文化元素为"双奥之区"营造出了浓郁的冬奥氛围,讲述着冬奥的中国故事。此次景观布置以"双奥盛典,闪耀朝阳"为主题,以奥林匹克中心区为核心,着重北中轴、长安街延长线"两轴",贯穿火炬传递路线、24条奥运专用道和奥运专用线"三线",辐射周边。整个布置通过"奥运精神的盛典""世界和平的盛典""中国发展的盛典"3个层次,诠释奥林匹克中心区"双奥盛典"的景观主题。

北土城路和北辰路交会处的景观小品名为"盛世华章",淡蓝色的冰山基座以小海坨山为原型,冰墩墩、雪容融在冰山上玩耍,展现出"共赴冰雪之约,共庆双奥盛典"的寓意。鸟巢西门的景观小品则是奥运五环标志,彰显其作为全球唯一一个双奥盛会开闭幕场馆的地位。此外还有"冰雪盛会""双奥庆典""双奥迎新""一起向未来"等景观小品,如图3-5所示。

主媒体中心前面的"喜迎冬奥"以冰山造型为基座,基座上布设冬奥会、冬残奥会双吉祥物造型,营造出"红火喜庆中国年、热烈精彩冬奥会"的氛围,如图3-6所示。

图3-5 "一起向未来"景观用
冬奥元素讲好中国故事

图3-6 主媒体中心前冬奥会
与冬残奥会双吉祥物造型

夜幕降临,行道树上如晶莹雪花般的灯带被点亮,奥林匹克中心区更加璀璨夺目。1 700余延米树挂灯饰,打造出了闪亮的中轴线景观大道和奥体中路,整条道路如同进入了冰雪世界、灯的海洋。奥林匹克中心区外围,主要围绕林萃路、大屯路等19条道路做景观布置,共悬挂道旗1 728面,"五环+会徽"的红色道旗在彰显冬奥形象的同时,也透出浓浓的春节气息。同时铺设有机覆盖物3.9万余平方米,装饰花箱2 000余个。

朝阳区还将设置 12 处区级重要景观节点。其中奥林西路、北辰西路、科荟路、林萃路、奥体中路、长安街花钟 6 处将以冬奥元素为主；神路街停车场、朝阳公园南门、北京朝阳站、武圣东路及 CBD 部分区域、朝阳门环岛、杨闸环岛等区域以春节元素为主。全区还将在 52 条重点道路悬挂灯笼灯饰，装点 25 座过街天桥。

长城元素的景观如图 3-7 所示。

图 3-7　长城元素的景观让北京市民充满"我家门前办冬奥"的自豪和喜悦

同时，朝阳区还将围绕 CBD、三里屯、亮马河、朝外等重点区域设置 7 条亮丽街，结合商圈特点，营造春节璀璨亮丽的节日氛围。目前，奥林匹克中心区冬奥景观布置已完工，其他区域将在近日完工。不久后，冬奥主题灯光秀将在奥林匹克中心区、大望京区域、CBD 三地上演，共同演绎"迎冬奥庆新春 享未来"冬奥春节主题。

资料来源：北京日报（有改动）。

第三节　体育赛事的活动项目设计

体育赛事活动项目是指在时间上计划好的和已经有了"剧本"的一个或一系列活动的总称。活动项目是体育赛事规划设计的主体和最为核心的内容。从项目的内容与形式来看，体育赛事的核心或最基本的活动应该是体育竞技活动。但是，单纯的体育竞技活动只能给参与者与观众提供有限的体验，通常不足以成就一项赛事，而是需要与其他的节事活动和支持事件进行组合包装以形成一项体育赛事。从构成上看，现代体育赛事实际已经成为一个"节事组合"（Events Portfolio）。与处于中心位置的体育比赛活动相比，那些相关与支持活动则可以进一步提高赛事的吸引力，也可以为观众与参与人员创造更多的附加利益。在体育赛事的竞争性市场上，也可以增加某一赛事的竞争优势[1]。

体育赛事的活动项目设计需要有详细的"剧本"。在第一章中，我们将体育赛事分为传统体育赛事和"利基"赛事两类。对于传统体育赛事而言，其活动构成可以大致分为"规定动作"和"自选动作"两大类。规定动作通常是由某个体育专项管理组织决定，有比较严格的内容、形式、执行程序以及评估标准，举办时只需要严格按要求执行即可，不需要规划与设计过程。在这种情况下，活动设计的重心就在于围绕中心体育赛事活动的"自选动作"进行规划设计。对

---

[1]　当然，体育竞技活动也可以基于相似的目的，作为一个要素组合到其他节事活动中去。那么，这时这项节事活动就不能再称为体育赛事了。

于新创立的体育赛事,因为没有"规定动作"的要求,所以活动设计可以按照全新模式呈现。

目前,奥运会、亚运会与世界杯等大型体育赛事的举办地对体育节事活动的规划设计极为重视。其目的是想借此机会最大限度地让赛事旅游者(包括当地居民)参与和了解赛事,并进一步推广地方文化与旅游目的地形象。例如举办一些群众参与性的游戏比赛活动,增强居民与旅游者对某一体育竞技活动的了解与兴趣。围绕中心赛事举办各类娱乐活动,努力提高居民对体育赛事的参与程度。此外,还有各类商业活动与文化活动。所有这些活动的目的就在于,打造一种节庆气氛,增强体育赛事的吸引力,促进地方经济与文化的发展。

一、基于体验者类型的活动项目设计

促进和优化参与者的体验是体育赛事活动项目设计的终极目标。前述"体验领域"分析模型可以为活动项目的设计提供很好的理论支撑。

1.赛事及相关活动中的"互动"设计

体育赛事中的人际互动是活动项目设计需要重点考虑的内容,气氛在很大程度上也与人员间的互动有关。这方面的设计需要考虑以下几个基本问题:第一,体验之于参与者来说是自发的还是促成的?第二,是由具体还是不连贯的情节构成?第三,来宾的角色是旁观者还是参与者?第四,由参与者引起的效果是暂时的还是转化(或升华)了?第五,参与者之间的互动引起的效果是维持了活动,还是产生了愉悦?

2.活动项目的规则设置

规则是广义上的关系的一种,它通过一定的强调性作用于人与人之间的互动。规则是体育赛事活动项目设计的关键构成元素之一,包括法律、仪式、行政规章制度及游戏规则等。除此以外,还有一些可能通过非常复杂和微妙的关系来引导相互作用。它们在指导互动活动以及这些相互作用如何被展示的过程中起着一定的作用。规则也会被编成法典或仪式,另外也有需要被了解的日常规则。我们可以使用规则设定参数进行管制。这对于体育赛事来说有明显的必要性。

3.活动项目的结构设计

活动项目的结构包括时间和空间两个方面。时间上的结构是指活动的"时间"关系(前、后或同时举行)。空间上的结构则是指活动举办地点的空间和位置关系。

二、情绪与情感的引导

人们的许多生活方式、生活过程与内容都是被那些给人们留下带有情感印象的具体节事构筑支撑的。情绪是我们对情感的感觉,依附于节事、人物、产品以及服务。情绪的这种依附性有助于我们识别过去的时光和曾经有意义的时光、人与地方场景等。这意味着,当人们通过通用观点来分解事物时,以社会或者文化为基础的指标就会产生巨大的情绪。

从一般意义上讲,庆祝、纪念以及嘉年华等活动是对那些具有通用文化意义的主题的分享。这个过程可以帮助人们形成归属感或"共睦感"(Communitas)。当这种氛围建立后,狂欢活动就会形成并具有极大的感染力。

情感刺激物的运用对体育赛事项目的设计具有重要作用。这方面设计的要素通常包括仪式化、重要政治人物或名流的直接宣传或宣讲、选择性的信息与解释以及壮观景象(Spectacle)的制造。这种情感刺激通常在政治和爱国主义情境下,或者在宗教以及亲近群体内部更容易形成,情感反应的形式有爱国主义、荣誉感、狂欢、宗教热情等。总体来说,情感刺激多表现为一种整体上的气氛(Ambience),并由此感染参与者以产生情感反应。

案例3-2:世界首创"数控草坪"打造"最美花园"——杭州亚运会闭幕式

10月8日晚,杭州第19届亚运会闭幕式在杭州奥体中心体育场(大莲花)举行。亚运会开幕式以水为串联,通过"科技+艺术",缓缓打开一幅亚洲各个国家(地区)各美其美、美美与共的画卷,并留下了诸多令人难忘的经典时刻。闭幕式主打一个简约,75分钟内通过4个短片、2个节目和1个嘉年华,表达欢庆之意和惜别之情。

闭幕式恰逢中国二十四节气中的"寒露",正是杭州荷桂交替的时节。两个节目也由此为名,一为"璀璨共此时",二为"荷桂共生辉"。赛会主创人员借荷花和桂花,惜别八方来宾。

每一位运动员都是英雄。4个短片中有两个分别为"精彩瞬间"和"感动瞬间",主要呈现运动员在比赛中创造的动人时刻。杭州亚运会闭幕式副总导演崔巍说,欢庆的是运动员在赛场上取得了优异的成绩。赛事期间,大家结下了很深厚的友谊,惜别,是为了更好地再见。在"记忆之花"中,将集中呈现运动员们所留下的感人瞬间,以此致敬运动员们的拼搏精神。而嘉年华,就是一个轻松、快乐的大派对。运动员在入场仪式结束后,并不会马上退场。他们将和志愿者们在闭幕式的舞台上,一起唱歌,一起合影。浙江5个协办城市,也将在嘉年华环节进行花车巡游表演。最后,在灿烂的数字烟花和芬芳的桂花香中,结束这场非常有温度的派对,如图3-8所示。

图3-8 "记忆之花"

10月5日晚最后一项田径比赛结束后,比赛设施将被拆除,然后进行演出设施布设。主创团队排了排时间,大概只剩下24小时。届时,留给闭幕式舞台的,只有一块草坪,很干净,但很单调。这将是全世界第一块数控草坪,也是杭州亚运会首创。沙晓岚介绍道:"草坪看似很平常,其实里面藏着近4万个发光点。闭幕式上,草坪将配合演出,产生花朵、浪潮等图案。同时,我们还将通过AR技术,让电视机前的观众能真实地看到这个美丽的花园。"沙晓岚表示,闭幕式将通过打造"最美花园"来表达和合文化。当晚,许多量身定做得非常可爱的牛、象等动物人偶都将一一登场。

沙晓岚认为,闭幕式不只要表达惜别之情,还要构建一幅人与自然和谐发展的画面,表达构建亚洲命运共同体、人类命运共同体之意。闭幕式上,"数字火炬人"将再次来到大莲花和大家见面,而且到那个时候,它已经有了自己的名字。闭幕式上,有了名字的"数字火炬人"将会和现场所有的观众、演员共同完成一个很棒的情感表达动作共同见证杭州亚运会火炬塔的熄灭,最后在天籁般的童声中缓缓离开,如图3-9所示。

图3-9　"数字火炬人"签名活动

杭州亚运会闭幕式执行导演秦一文介绍,这次最大的亮点,就是通过科技手段完成视觉表达、空间构建,实现技术与自然融合,与场地呼应,与人情互动,让所有人看到一场有故事、有情感,有视觉奇观,又有精神共鸣的闭幕式。

资料来源:"央视网"转载杭州第19届亚运会"微信"公众号.

课程思政

体育赛事设计与中华"吉祥文化"元素传播

体育赛事不仅是体育竞技的舞台,更是文化交流的窗口。我国传统的"吉祥文化"反映了各民族人民对美好生活的向往,具有非常好的审美性和娱乐性。将吉祥文化融入体育赛事的规划设计,不仅增强了民族自豪感和文化自信,还提升了中华文化的国际影响力。以下将以北京冬奥会为例,探讨体育赛事设计与吉祥文化传播的深度融合。

体育赛事中的吉祥文化设计大致可以依循以下几个路径展开。

体育赛事的会徽、吉祥物等视觉元素可以深度融合如龙、凤和祥云等图案,以展现中华文化的独特魅力和深厚底蕴,还可以同时利用意象吉祥文化,如神话传说和民间故事中的吉祥元素,传达美好寓意。北京冬奥会的会徽"冬梦"(图3-10)将中国书法与冰雪运动巧妙结合,既展现了冰雪运动的动感,又彰显了中国文化的深厚底蕴。

一、通过赛事场馆内外的装饰、雕塑、壁画等景观元素,巧妙融入吉祥文化符号,营造浓厚的文化氛围,使观众在观赛过程中感受到中华文化的博大精深。另外,组织举办方还可以在赛事现场设置吉祥文化互动体验区,如传统手工艺展示、吉祥图案绘画等,以增强观众的参与感和文化认同感。延庆国家雪车雪橇中心赛道的"雪游龙"以其独特的造型和寓意,赢得了国内外运动员和教练的赞叹。

二、依托赛事中有形、无形产品进行体验。这主要是通过设计并销售具有吉祥文化特色的赛事纪念品和衍生品,如吉祥物公仔、印有吉祥图案的服装等,让观众在赛后仍能延续对赛事文化的关注和热爱。整个赛事被看作一次无形产品的体验,使参与者融入赛事氛围,体验传统吉祥文化的魅力。北京冬奥会在赛事现场设置了如传统手工艺展示、吉祥图案绘画等区域,且吉祥物"冰墩墩"和"雪容融"以国宝大熊猫和传统红灯笼为原型,其可爱的形象迅速成为全球顶流,被海内外大众追捧,如图3-11所示。

图3-10　北京冬奥会
的会徽"冬梦"

图3-11　北京冬奥会吉祥物"冰墩墩"(左)和
冬残奥会吉祥物"雪容融"(右)

三、依托体育赛事媒体进行宣传。赛事的组织主办方可以邀请主流媒体对赛事吉祥文化进行深度报道和专题节目制作,讲述吉祥文化背后的故事和寓意,提升公众对吉祥文化的认知度和兴趣。北京冬奥会就通过制作专题节目、邀请明星运动员代言等方式,达到了这种效果。

四、依托赛事促进相关产业发展、转化。赛事的组织主办方可将吉祥文化与现代文化创意产业相结合,通过体育赛事吉祥文化的传播,实现传统文化的创造性转化和创新性发展,为传统文化的保护和传承注入新的活力和动力。图3-12即为北京冬奥会文创产品设计。

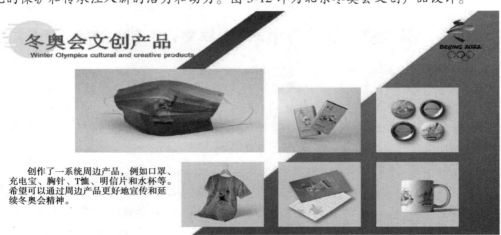

图3-12　北京冬奥会文创产品设计

资料来源：

1.当冰雪之约遇见中国文化(中国财政网)。

2.展现中华文化的底蕴与格局(人民网)。

3.侯军毅,由文华.体育赛事吉祥文化传播研究[J].体育文化导刊,2016(7):197-201.

【思考题】

1.实地考察一个体育赛事或通过网络等资源,分析其体验设计及其得与失。

2.以你所在的学校(或学院)或家庭所在的社区为单位策划一个小型的群众参与性体育赛事活动。

3.结合文中的相关理论与概念,具体分析"广马"案例是如何体现体育赛事的规划设计理念的?

第四章
体育赛事的现场组织运营管理[①]

【本章提要】

　　本章专门讨论和分析了体育赛事的"临门一脚",即最后的现场实施过程。这一过程的关键在于对两个"流"即"人流"与"物流"的管理,本章即以此组织安排相关内容。首先从总体上对体育赛事的现场组织管理的基本问题进行了概述,包括核心概念及其内涵、现场组织管理效果的影响因素以及现场运营系统的构成要素。第二节与第三节分别就人员流动管理和物流管理进行了阐述。最后一节则从管理策略层面分析了如何对体育赛事的现场组织进行进度管理以及相关策略和管理工具。

【关键词】

体育赛事;现场组织管理;人员流动;物流;进度与时间管理

【学习目标】

1.理解体育赛事现场组织管理效果的影响因素。

2.了解体育赛事现场组织管理的主要管理要素及其特性。

3.掌握体育赛事现场组织运营中的人员流动与物流管理的主要内容与要求。

4.掌握体育赛事现场组织进度管理的主要策略与管理工具。

---

① 从总体上看,体育赛事的组织与运营管理是一个庞大的系统工程,涉及很多方面。本章专门分析和讨论体育赛事的现场组织运营与管理,其他与赛事相关的运营与管理及其各个环节详见第五至第九章。

引导案例

厦门CBA全明星周末赛事交通组织规划

2023年CBA"全明星周末赛"在厦门市凤凰体育馆顺利举行。此次赛事也是该馆建成运营以来举办的第一场大型赛事,面临着诸多困难,如体育馆所在的翔安新城体育会展片区目前还处于开发建设阶段,周边基础配套很不成熟,尤其是在公共保障方面,工作任务重、难度大、挑战多。

为保障该项赛事成功举办,市国土空间和交通研究中心(下文简称"中心")主动靠前服务,抽调专业技术力量成立赛事交通组织规划专班。中心从赛前、赛中和赛后等各个环节,深度参与、科学预测和合理规划,连续半年为赛事提供交通筹备服务。体育馆参与赛事协调工作会议10余次,现场踏勘调研20余次。最后,赛事组织举办方在公安交通管理局、体育局、交通局、轨道集团以及公交集团等多部门协同配合下,圆满完成了2天赛事期间的交通保障。

1.制定交通组织方案,合理规划各类人员、车辆有序进出

比赛期间人流车流密集,体育馆周边的交通会呈现超负荷状态,势必导致交通拥堵。因此,中心针对运动员、媒体、工作人员以及观众等不同类型人员流动的交通需求,对凤凰体育馆周边道路制定分级交通管制措施,由内及外的优先顺序分别为:持证车辆、公交车、大巴车、出租车和网约车、小汽车。

为了鼓励公共交通出行,中心提出协调临时开通地铁3号线体育会展站,建议开通7条临时公交专线衔接岛内外各区和重要交通枢纽,开通2条公交线路接驳地铁站及远距离停车场,保障更多人员通过公共出行进入场馆,减少附近车辆拥堵情况。同时,中心分类组织各类车辆有序进出,合理规划人与车的行动线,做到人流和车流尽量分离,以保障行人安全及场馆周边道路畅通。在场馆周边道路、场馆内、停车场、观众集散广场等还新增赛事临时指引标志,引导人员和车流有序进出。

2.运用先进技术进行科学精准的预测,保障交通运行顺畅

中心运用大数据分析匹配观众的来源分布,同时根据客源留宿特征等二手资料以及网上问卷调查等一手材料,预测观众的主要去向和出行方式。中心还通过技术模拟出关键节点疏散情形,充分分析赛事期间可能出现的交通状况,预判可能出现的突发情况,完善交通组织方案。在赛事期间,专班现场保障的同时,也通过现场观察,检验交通组织方案的成果,在赛后仅用了45分钟便完成观众疏散工作,符合规划时提出的时间目标。同时,观众规模、出行方式、人员动向、车行流线等均与赛前规划保持高度一致,误差不到5%。

3.开展交通引导志愿服务活动

中心积极响应市资源规划局开展"学雷锋,践行动"志愿服务系列活动的号召,组织志愿服务队开展赛事交通组织技术服务和交通引导志愿服务活动。在赛事期间,中心志愿者们放弃周末休息时间,每天几乎坚持工作到晚上十一二点保障任务完成后才回家。

4.赛前—赛中—赛后的过程性管理

在赛事举办前,中心逐一排查交通管制节点、重要集疏运道路、持证车辆停车场、临时停车场、赛事公交专线、地铁接驳线以及交通指引标识等交通设施建设及服务配套落实情况,及时发现问题。赛后在交通重要卡口,实时查看现场人流进场、离场情况,并提供交通引导服务,有力保障了赛后大规模客流的有序疏散。

资料来源:"厦门如何为2023CBA全明星周末赛进行赛事交通组织规划保障"(有改动。)北京"橙光线"市场顾问有限公司"微信"公众号"橙光线赛事橙长中心"。

学习提示:对体育赛事的现场组织管理实质上就是对各种"流"的管理,包括人流和物流以及起连接和支撑性作用的信息流,其中尤以人员流动的管理最为紧要。而且,这些"流"的管理活动之间是紧密联系的。本章的核心内容即是讨论和分析以这两个"流"的管理为核心内容的体育赛事的"临门一脚"的现场组织运营问题。

体育赛事的组织运营可以从广义与狭义两个角度来理解。前者是指整个体育赛事从正式规划开始到执行结束的全过程。从这个意义看,体育赛事组织运营就是本书所涵盖的全部内容。后者则是指体育赛事的相关组织管理部门与人员依据提前规划设计好的流程将赛事活动呈现出来的一个过程。在前面的章节中,我们学习了体育赛事的总体规划和详细设计,下一步就是进入本章所要讨论的这一关键的"临门一脚"。

第一节　体育赛事现场实施管理概述

一、相关概念与内涵

体育赛事的现场组织实施是指将人、商品货物和设施设备等在正确的时间内顺利和准确地移动到正确地方的过程,是一个组织机构依据事先的规划设计将赛事活动呈现出来的过程。经由这个过程,体育赛事组织主办方可将有关的资源与投入转化为一系列期望的结果。体育赛事的组织工作也必须提前规划,甚至要早于事件的规划与设计过程。这对于危机、安保以及参与者的体验等关键领域来说尤为重要。因此,从理论上讲,赛事的组织工作应该是一个规划的结果,而不是事前没有任何计划的"快闪"(Flash Mob)。这一过程有时也被称为"流程"。国际标准化组织在ISO 9001:2000质量管理体系标准中将"流程"定义为:"一组将输入或投入转化为输出的相互关联或相互作用的活动。"国外的相关文献中将这个过程也译为"后勤(Logistics)管理"。在英语中,"Logistics"(组织工作、后勤、物流)一词来源于希腊语"logistikos",意即"计算的科学或理念",意味着"合理"。在现代一般意义上,这一概念是指任何一项经营活动的细节处理。

二、体育赛事现场实施的影响因素

一般来说,体育赛事的组织工作受以下4个主要因素的影响。

1.规模与产出的体量

这主要是指与赛事参与人员的数量和需要完成的事务量有关的因素,与赛事的目标规划有直接关系。

2.赛事的复杂性与活动的多样性

这主要是指需要提供给赛事消费者的服务与产品(如座位和活动项目等)的类型。不同类型的活动与事务对赛事活动管理人员的知识、技能以及情感等方面的要求不同。一般来说,赛事的复杂性和活动的多样性越强,现场实施与管理的难度就越大,相应地,风险系数也就越高。

3.赛事的不确定性

体育赛事是短期内将人流、物流和信息流等集中到有限的空间内,这一基本属性就决定不确定性是赛事本身内含的。这通常涉及体育赛事的到场人数与到场方式、赛事顺利举办的成本消耗、各项活动实施的结果(参见前述影响因素3)、项目执行所需的时间以及技术要求等多个方面。

4.赛事现场的人员互动情况

体育赛事现场是一个社会,个体之间、个体与集体(组织)之间以及集体(组织)与集体(组织)之间互动的方式与特质也会对赛事的现场组织实施产生直接甚至决定性的影响。在这些互动中,最为重要的是不同活动(或项目)之间基于业务的协同合作与沟通。另外,赛事消费者与赛事活动和服务产品的生产者之间的供求关系互动也是赛事顺利举办的影响因素。赛事参与者之间的互动则有利于现场气氛的形成,对提升消费者的体验质量也很重要。

三、体育赛事现场组织运营系统的构成要素

体育赛事现场组织运营系统的3个构成要素是有形的"人"(即与赛事有关的所有现场人员)与"物"(产品、商品、货物、设施/设备)以及无形的"信息"。体育赛事现场组织与管理即是对这3个"流"的管控。其中,信息流是赛事组织运营人员或部门之间就人流和物流进行交流的内容,贯穿于这两个管理领域之中,也是赛事组织运营工作的重要支持系统。信息的流动是无形的,依赖于前两个要素而存在。在现代信息社会,信息的及时有效传播也是体育赛事成功举办的关键。目前,移动互联网与数字技术已经极大地提高了体育赛事信息的传播速度与效率。在体育赛事的组织运营过程中基本上能做到信息传播的"无纸化"。

国外有学者将体育赛事的物流与后勤管理内容分为4个部分:观众(体育赛事消费者)相关的物流管理、场地相关的物流管理、运动员相关的物流管理和(移动的)设施(设备)相关的物流管理(图4-1)[1]。体育赛事的举办也是一个"时间"过程,所以也有一些学者基于"时间"要素将体育赛事的组织运营管理分为3个次系统,分别是供给(Supply)次系统、在场或现场(On-Site)次系统和赛事结束(Shutdown)次系统。

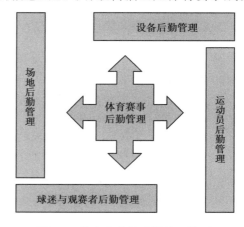

图4-1 体育赛事的后勤管理体系

---

① DAVID M H, NICO S, TIM B, et al., An application of the sports logistics framework: the case of the Dallas Cowboys, Journal of Convention & Event Tourism, 2020(22): 2, 155-176.

第二节　体育赛事现场的人员管理

体育赛事的举办要求在短期和有限的空间范围内聚集了大量的人流,包括比赛参与人员、工作人员(含志愿者)与官员、观众(含赞助商的工作人员)和媒体工作人员,等等。在第一章中,这些人员均被统一看作赛事的"消费者"。他们的流动涉及到场、在比赛地空间范围内的移动和离开(撤出)3个阶段。体育赛事现场人员的管理是指在赛事举行期间,管理者对所有到场的人员提供的咨询、引导与监督等工作,内容包括嘉宾接待、出入场指引、服务咨询、应急管理和人员疏散,等等。体育赛事现场的人员管理不仅会直接影响赛事的顺利举行,也会影响到场人员的赛事体验质量。根据到场的人员类型,体育赛事的人员管理可以分为以下几个部分。

一、现场人员管理的要素

在上述所有的体育赛事到场人员中,最具有集群性质的群体是赛事参与者与消费者(有些赛事这二者是合二为一的)。因此,这个管理只针对这一部分人群。对这类人员的科学管理是有效规避或减少人身安全、财产安全以及其他风险发生的关键环节,因此具有十分重要的意义。集群人员管理有4个需要重点考虑的要素。

1.人流量

对于那些通过门票、证件查验和身份认证等方式对人员进行控制的封闭型体育赛事来说,人流总量可以比较精确地在事先进行确定,因此也比较容易进行人流的管控。对于一些开放性的公众可以自由参与的体育赛事活动来说,人流量则有比较大的不确定性。为了尽可能地减少这种不确定性,通常可以通过利用先前赛事的经验数据(对定期举办的赛事)或通过类似赛事活动之间的横向比较来对人流量进行评估。

2.人员流动的空间特征

这一要素与上一章中阐述的体育赛事举行场地的空间特点有关。人群聚会式的场地多用于封闭型体育赛事,人员的管控尤为重要。因为在这类空间内,极容易出现人群的拥挤、混乱甚至发生踩踏事件。在"点—线"结合或开放式空间内,人员的分布比较分散,对行为的管控比较难进行,但是相对比较安全。

3.人员流动的时间特点

这主要是指赛事消费者到达现场的时间分布特征。有时候大量的人流是在短时间内"涌进",有时候则是在一定时间限度内缓慢地陆续到达。前一种情况比较容易出现人员的拥挤和突发事故[①]。所以,从管理角度来看,现场组织管理人员应该给观众及其他人员进入比赛场地预留足够的时间。

---

① 这一部分的具体内容详见第九章"体育赛事的风险管理"。

4.消费者的期望

消费者对某一产品或服务的期望是事前基于所获得的赛事相关信息而形成的,因此具有先在性。体育赛事消费者(特别是观众等赛事的直接消费者)的期望值与他们的消费实际体验水平之间的差额决定其满意度。体育赛事举办前,为了尽可能吸引公众与市场的注意力,举办方总是想方设法地通过各种途径进行赛事的营销推广,成为潜在市场的主要信息来源。这些信息可能会让潜在市场形成对赛事体验的过高期望。因此,体育赛事的营销方式与程度会直接影响赛事消费者的期望并最终影响他们的满意度。

二、现场人员管理的主要内容

1.观众的组织管理

对于观赏类的体育赛事而言,现场观众的组织管理是人员管理的重点和关键所在。为了确保安全,通常在体育赛事活动的入场处配备有安保和安全检查人员,进行入口登记、安检、检票或签到工作。与此同时,现场相关工作人员还可以发放赛事活动的相关资料(如活动程序册或日程表、座位指引图以及与赞助商有关的宣传资料,等等)。另外,需要特别提醒的是,针对有特殊需求的观众(如残障人士),现场应建设专门的设施,同时配备专门的工作人员为其提供各种便利与服务。例如,美国节事活动组织设计中落实伤残人员保护法规定情况的综合检查表内容包括:

①在赛事举办前对来访人员进行调查,以确定采用的接待方式。
②在宣传手册或散发物品中应写有:"如需要特殊接待,请在下面注明"的字样。
③对集会地点或场所进行检查,确定在活动举行之前有哪些缺陷需要弥补。
④设立轮椅停放区。
⑤为那些需要手语翻译的人设立明显的标志线。
⑥帮助残疾演讲者建立进出讲台的通道。
⑦为视觉障碍残疾人提供舞台活动的听力提示服务。
⑧选择那些已经安装扶手,或可以为身体虚弱的人提供扶手的场所作为集会地点。
⑨为乘坐轮椅的残疾人提供高度相适宜的餐桌。
⑩如果在涉及一个人与美国残疾人保护法相适合的活动环境时碰到其他问题,应及时与美国司法部取得联系,以求得到解决。
⑪对职员进行培训,使他们能为残疾宾客提供更好的服务。

2.赛事参与者的组织管理

从概念层面看,依据不同的体育赛事类型,赛事的参与者包括专业运动员与一般大众参与者,需要采取不同的管理措施。相较而言,对大众型的活动参与者的管理难度更大,需要综合运用多种策略,比较常用的有以下两种策略。

（1）前瞻性管理策略

体育赛事具有时段性特征("赛前""赛中""赛后")。赛事举办时现场的人流量和特点与赛前举办方的有关活动直接相关。例如,在市场营销方面,赛事的组织举办方需要运用科学的营销方式进行赛事的宣传与推广,使消费者在获得准确信息的基础上形成合理的期望。在票务销售方面,可以运用计算机预订系统等现代科技手段进行提前销售。一些体育赛事的参与者或观众的登记注册也可以利用网络与计算机技术在前期完成。

(2)排除与等待管理策略

虽然体育赛事举办方的现场组织管理人员可以为人员的到达预留充足的时间,但是在各类体育赛事活动(尤其是大众参与型体育赛事)中,现场的排队与等待现象还是很常见的,会直接影响他们的整体体验质量。因此,如何对排队和等待人员进行管理是体育赛事人流管理的一个重要环节。

排队理论(Queuing Theory)也称随机服务系统理论,是通过对服务对象到来及服务时间的统计研究,得出这些数量指标(等待时间、排队长度、忙期长短等)的统计规律,然后根据这些规律来改进服务系统,使得服务系统既能满足服务对象的需要,又能使机构的费用最经济或某些指标最优。排队理论可以很好地运用到体育赛事人员管理中,依据相关的研究成果,常见的排队与等待管理方法有:

①尽量错开赛事消费者的到达与离开时间。

②在场地外围地区进行到场人员批量分类集合,为他们开辟一定的专门活动空间,如美国NBA比赛中经常在球场外的公路边或停车场等公共空间里为球迷设立专门的活动区,让他们在那里进行"车尾派对"(tailgating)(图4-2)。实践证明,这种管理方式可以有效地控制体育赛事参与者到场和离场的速度,具有良好的管理功效。赛事组织举办方也可以在排队等候区设置各类休闲娱乐项目让排队人员参与,以减少他们因为枯燥的等候而产生的焦虑与烦躁情绪。

③利用计算机票务预订系统等技术避免到场购票人员排队。

④将时间与地点具体化,让排队与等待的人员有清晰的认知。例如,通过语音与电子屏幕显示等方式及时为排队等候的人员提供需要等待的时间与现有等待人数等信息。

⑤为人们提供利用额外花费以减少排队和等候时间的选择。

⑥为特殊顾客预留座席或入场时间。

⑦增加现场售票的摊位或售票亭。

⑧当人流量较大且超出预期时,需增派工作人员加强管理。

图4-2 车尾派对

案例 4-1：从无到有，"超级碗"用了 52 年时间

"超级碗"是美国国家橄榄球联盟（NFL）总决赛的赛场名称，一年一度的冠军赛比赛地。这一赛事通常在每年 1 月最后一个或 2 月第一个星期天举行，参与球队为该赛季的美国橄榄球联合会冠军以及国家橄榄球联合会冠军。多年来，"超级碗"都是全美收视率最高的体育赛事电视转播节目之一，并逐渐成为美国一个非官方的全国性节日。

"超级碗"总决赛虽然是重大的体育盛事，但是在中场休息的间隔时间里，观众往往因为直接等待时间较长，无事可做而感觉特别无聊。后来组委会为了活跃中场气氛和"填充"观众的空闲时间，请了一些大学乐队来表演。但是因为中场秀往往太过沉闷，不够嗨，并没有产生预期的效果，甚至还出现到了比赛下半场观众流失的现象。

"超级碗"中场秀最早出现在 1970 年的第四届"超级碗"比赛中，Carol Channing 成为首位参加中场秀的艺人。到了 1992 年，FOX 电视台在中场休息期间做了一个恶搞小视频，没想到产生了意外之喜，让下半场的收视率大增，这也让官方人员发现，中场秀是绝对不可忽视的桥段。1993 年，"超级碗"请来了流行乐坛的著名歌者迈克尔·杰克逊，演唱了著名的 *Billie Jean* 以及 *Heal the World* 等歌曲，成为"超级碗"历史上的经典演出，结果不出所料，收视率提升了8.6%。自此以后，"超级碗"中场秀请来很多大牌明星表演，因此也成为流行文化界的年度顶级盛事之一。

资料来源：新京报。

微课视频：1993 年"超级碗"迈克尔·杰克逊中场秀（哔哩哔哩）。

三、工作人员的组织管理

各职能岗位的工作人员，应按照人力资源的规划方案，由各部门管理者进行统一协调与监控，并协助解决现场出现的各种问题。所有现场人员应在赛事开始前的培训中进行现场勘察，确保各类人员熟悉自己的工作区域，同时了解活动现场的基本情况。通过配备对讲机等通信工具，各部门之间以及部门内部成员之间可以及时、流畅地进行沟通。

四、嘉宾与 VIP 的组织管理

对于这类特殊人员，赛事的组织管理方需要安排陪同人员、礼仪和翻译等人员做好现场接待工作。对于这类人员，通常需要安排特殊的通道和专门的休息场所。另外，还需要设置签名板（签名墙）、纪念板，以及预留足够的让他们与普通观众互动的空间与时间。嘉宾与 VIP 是特殊的观众，其座位安排应遵循国内与国外的相关礼仪，按照他们的职务、社会声望或地位进行排序，通常以中间座位为点，面向体育比赛场地，在"左为上、右为下"的原则下安排座次。

第三节 体育赛事的物流管理

体育赛事物流是指为了举办各种体育赛事所消耗的物品从供应地到接收地的实体流动过程,以及根据实际需求提供的延伸服务。从工作的内容看,体育赛事物流的规划与管理主要涉及物资的运输、装卸、搬运、存储以及具体的配送等诸多环节,包括根据需求方的要求所提供的各种延伸和增值服务。物流涉及整个体育赛事的物资供应与保障。因此,有一个完善的物流系统是体育赛事成功举办的关键因素。

体育赛事物流的组织与管理的工作内容及其复杂程度与赛事的规模(持续的时间长度和涉及的空间范围大小)与性质(单项还是综合)有关。小规模的赛事涉及的物流量小,工作环节与程序比较简单。大型体育赛事(尤其是像奥运会与世界杯这样的特大型赛事)的物流工作则要复杂得多。大型体育赛事的物流规模往往较大,服务成本也较高。

一、体育赛事物流的基本特征

体育赛事物流的组织与管理有以下 3 个方面的基本特征。

1.空间上的相对集中性与分散性并存

空间方面除了相对集中,由于不同的体育项目对比赛条件的要求不同,导致体育赛事物流服务的空间性比较强。以 2008 年北京奥运会的举办为例,虽然北京是体育项目的主赛区,但是足球、帆船等比赛项目仍不得不在其他省市进行,体育物流服务的空间性明显增强。

2.时间上的集中性与时序性

对于大型体育赛事来说,虽然赛事举办的时间并不长,但是物流服务的过程远远不止体育赛事举办的这一段时间,而是贯穿于赛事筹备、举行和后赛事整个过程中。因此,其物流可以分为赛前、赛中以及赛后等 3 种形式。

赛前的物流管理主要是针对大型体育赛事比赛所需的设施(设备)。这些设施(设备)可以按照所有权的性质分为购买类和租借类设施(设备)。购买类设施(设备)可以通过"交钥匙工程"由施工方负责安装、测试,最后由举办方负责验收,所以不需要考虑物流的组织和管理。租借类设施(设备)可由出租方负责使用前的物流组织和赛后归还的物流组织。从工作重点来看,对于这些购买和租用的设施(设备),重点不是物流的管理,而是固定资产的管理。

赛中的物流管理主要针对日常生活用品和比赛用消耗品的供应、运输及存储。这一阶段物流管理的核心是供应链系统。供应链系统的功能是,根据比赛日程表和比赛项目所需物料清单表,对比赛项目按日程进行分解,得到每日比赛所需的配送清单,配送清单通过供应链管理系统送交给各个大型体育赛事供应商或生产商。

赛后的物流管理主要是对赛事举办后的各种物资、设施等进行妥善的处理。

3.不确定性

体育比赛的结果具有不确定性(尤其是那些竞技性强的竞赛活动)。这会给赛事的物流活动带来不确定性。除此以外,体育赛事所涉及的诸多因素(如交通、居住、休闲与饮食等)均很难在赛前进行预测。实际上,赛事进行过程中能够预测到的物品通常只会占总需求的 60%。因此,这需要在物流服务中建立快速应急机制,以及时提供应急物流服务。

二、体育赛事物流服务模式

根据体育赛事的规模与类型,物流服务模式通常有 4 类。

1.自营配送模式

这一配送模式是指赛事承办方自行组建自己的物流系统,通过自己的物流管理团队制订有针对性的物流配送计划,利用已有的物流设施和条件自给自足地进行物流配送,所以又称为"第一方体育赛事物流服务模式"。这一模式的优势在于,举办方在物流的路线优化、时间安排及运输方式等方面具有较强的自主性,同时可以对整个配送过程进行有效监控。劣势在于,采取自营模式的赛事承办方需要投入大量的人力、资源和资金,以建设和维护物流配送所需的固定资产等,赛后还容易导致部分设施或设备长时间闲置,造成资源浪费,成本较高。因此,这种服务模式通常适用于小型的单项体育赛事,物流系统复杂的大型体育赛事一般较少采用这种模式。

2.供应商提供物流服务模式

这种模式即由货物或商品的供应商为体育赛事提供物流服务的模式。在这一模式中,供应商使用其物流服务系统为体育赛事提供商品与货物的物理位移和增值服务,所以又称为"第二方体育赛事物流服务模式"。与第一种模式相比,这类服务模式在资源消耗与使用效率上有了很大提高,同时服务的可靠性和服务质量都较有保障,在资源配置方面也有一定的优越性。但是如同第一种模式之于赛事举办方一样,这对于供应商来说也需要耗费大量的物力与财力来构建自己的物流服务中心,从而给一些中小型企业带来巨大的压力。

3.第三方物流服务模式

在体育赛事举办过程中,物流并不是赛事的主要方面。考虑到物流组织管理需要投入大量的人力、财力以及物力来完成,所以,现在越来越多的体育赛事承办方开始把物流服务外包出去。由此便有了第三方物流商业运作模式。这是一种完全社会化的物流服务模式。这里的第三方是指拥有自己的专业物流服务设备和管理技术的专业物流服务企业。例如,2008 年北京奥运会的海外物流部分承包给了德国辛克公司。体育赛事物流的第三方配送模式的优点是遵从市场原则,可以促使提供配送服务的第三方企业的服务质量不断提高,技术不断改进。这种模式的缺点则在于,缺乏对物流配送过程的监控和灵活性,一旦配送过程出现问题将影响赛事的运营。这种模式适合于各种规模的赛事,比自营配送模式的效率更高,目前在国内外大型体育赛事中应用比较广泛。

4.第四方物流服务模式

这是一种最新的社会化、集成化和信息化的体育赛事物流服务模式。这种模式通过为体育赛事提供物流系统设计、物流服务集成网络和电子商务以及相关的信息咨询等,将第一方、第二方和第三方的物流过程集成起来,然后利用这四方的物流服务设施去实现体育赛事物流的控制管理、运输管理、配送管理、客服管理、信息管理、采购和仓库管理及网络管理等全方位的集成化体育赛事物流服务。这种模式能实现体育赛事物流服务成本的降低和对体育赛事过程的有效控制。这需要物流服务企业有强大的资源实力、整合资源的能力以及服务链的管理能力,是未来发展的一个趋势。

三、信息智能化时代的体育赛事物流管理一体化

体育赛事物流管理一体化就是通过整合物流各环节的资源和作业,集成各阶段的物流运作、物流信息和物流职能,使体育赛事中货物、商品以及废弃物等在一体化的物流通道中准确、合理、快捷而有效地移动,从而在保证体育赛事顺利开展的基础上,获得一定的经济与社会效益。

体育赛事物流管理的一体化主要体现在 3 个层面①:一是就体育赛事的供应商而言,形成采购、运输与配送、仓储、维护及回收处理的闭环物流服务链,组建专业化的物流企业,形成全过程的物流控制,并将信息服务贯穿于物流服务链的全过程。二是就体育赛事本身而言,从订单采购、订单接受、商品维修、回收处理到其他相关服务,面对的都是一个窗口,不仅便利,还可以降低采购成本、节约开支、延长商品或物资的使用寿命,符合新时代"绿色物流"的发展要求——低碳、环保、安全。三是就物流产业而言,有效地整合了物流产业的实力,能充分利用现有的资源,减少了物资浪费,提高了产业的整体服务水平,如图 4-3 所示。

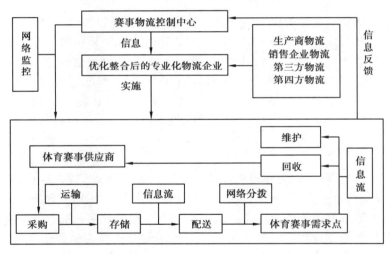

图 4-3　体育赛事一体化物流服务运作框架图

要实现体育赛事一体化物流服务,需要建设好两个基本平台:一是强有力的硬环境。就整合物流企业而言,首先要有体育赛事供应商专业化的物流服务,能对公司内部的采购、仓储、运输以及售后服务部门进行统一整合,形成完整的业务链。其次通过整合各个物流企业的硬件设施如仓库、运输车辆等,或引入全国物流服务网络的物流战略合作伙伴,实现对体育赛事的快速、直接配送,及时维修与迅速回收等服务,还要有应对与赛事物流相关的突发事件的能力。二是有绝对实力的软环境。在 IT 行业迅速发展的时代,要想使体育赛事跟上社会发展的步伐,实现信息化、网络化、智能化、自动化和绿色化等,必须要有强大的软环境作为支撑。

---

① 牛丽丽.基于 IT 时代的体育赛事一体化物流服务模式研究[J].物流技术,2013,32(5):104-106,120.

第四节 体育赛事组织运营的绿色管理

如今,越来越多的产业开始关注绿色环保的概念,节事活动领域也不例外。目前,许多节事机构也纷纷加入相关的绿色节事组织中,如绿色会议产业委员会(Green Meetings Industry Council,GMIC)、绿色联盟(Convene Green Alliance,CGA)、绿色节事协会(Association of Green Meetings & Events)等。[①]

一、绿色体育赛事的概念

国际节事管理领域里的著名专家戈德布莱特(Goldblatt)将"绿色节事"定义为:通过环保的方式长期致力于创造超凡体验的节庆与特殊事件,其中包括绿色体育赛事。这一概念的内涵关注"革新""节约""教育"3个核心价值。革新是指创造性地运用新兴的战略与绿色技术以提高能源的利用率,促进环境保护。节约是指负责任地使用自然资源并使浪费最小化。教育则是指通过策划难忘的事件来体验推广对待能源与环境的道德行为。

二、打造绿色体育赛事的主要途径

1.减少环境污染

体育赛事活动现场通常会对环境造成各种污染,例如因交通而产生的汽车尾气、制作舞台特效时使用的烟花、现场售卖食品饮料留下的生活垃圾以及开放活动场地搭建帐篷等都可能对赛事活动现场的周边环境造成污染。为了体育赛事活动的可持续发展,组织管理人员的首要目标是通过各种方法减少因赛事活动造成的各种环境破坏。

(1)垃圾回收

这一环保措施的最有效和成本最低的办法是让观众自觉回收垃圾。赛事的现场相关管理人员可以通过现场引导、回收奖励、宣传手册等方式鼓励观众对垃圾进行分类回收。比较常用的管理策略如安排专门负责引导观众进行废物最小化的工作人员、设计创意十足的废物收集点、让观众利用废物制作艺术品(如使用铝罐制作艺术群雕)、饮料杯押金计划(交还杯子后才能领回押金)以及在一次性物品上贴写标签引导观众处置,等等。当然也可以根据相关法律法规强制性地让观众或活动参与者自行带走、放置和分类各种生活垃圾。可安排相应的工作人员与垃圾处理机构共同对赛事活动中的垃圾进行及时处理。

(2)鼓励环保交通(绿色出行)

赛事组织管理人员可以在活动前期通过宣传和筹备公共交通的方式,鼓励更多的参与者和现场观众使用环保型的交通工具(如采用新型燃料驱动的公共汽车、自行车等)以及步行。这除了可以有效减轻汽车尾气所导致的大气污染,还可以解决停车场紧缺等相关问题。

---

① 张骁鸣,郑丹妮,林嘉.节事活动策划与管理[M].广州:中山大学出版社,2014.

（3）控制噪声

体育赛事活动由于充满竞技性，现场观众以及参与者可因刺激和紧张制造出比较大的噪声。因此，控制噪声对于体育赛事的现场组织管理来说至关重要。例如，应尽量避免在晚间举办相关活动、尽量选择远离居民区的场地，等等。

（4）减少对活动场地的破坏

体育赛事活动通常需要较多的现场设施与设备，其中一部分需要现场搭建。赛事组织管理人员应制定严格的场地管理条例来减少因设施搭建以及观众踩踏等对场地造成的破坏。例如，通过围栏防止观众或车辆破坏草地、使用可降解的环保材料搭建现场，等等。

2.采用绿色技术

（1）使用可再生能源与高效率设备

体育赛事现场所需的各种能源（尤其是电能）可以通过可再生能源来提供（包括太阳能、水能、风能以及生物能源等），体育赛事管理者可以根据活动现场的实际情况进行选择。另外，赛事的相关管理部门还可以提高现有能源的使用率，如使用可以达到相同照明效果的 LED 灯、节能灯来替代传统灯泡，使用节能减排的交通工具来替代传统的交通工具，等等。

（2）选择采用"绿色"技术的合作伙伴

赛事的组织举办方在前期规划时就要考虑与绿色酒店、绿色食品供应商以及绿色交通公司等协作，通过共同的努力，致力于让赛事活动的各项必需资源与能源消耗项目都遵循绿色环保的原则。在这种合作机制中，对于那些大型体育赛事来说，建设绿色供应链是一个很重要的管理措施，供应链的结构如图 4-4 所示。

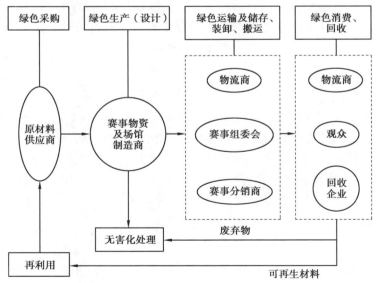

图 4-4　大型体育赛事绿色供应链

3.宣传环保理念

体育赛事活动是对观众进行绿色理念传递的绝佳场所。管理人员在现场通过各项措施对观众进行"绿色教育",有助于观众更好地与活动举办地进行良性互动,进而在保护当地环境的前提下促进活动的成功举办,实现活动和当地社区的可持续发展。宣传绿色理念通常可以通过以下途径来完成:

①现场发放印有环保理念的宣传手册。

②采用环保材质的纪念品、商品、设备等。

③结合赛事活动内容,开设相关环保主题的展览或现场摊位。

④将部分活动收入捐助给环保机构或协会。

⑤以名人或嘉宾宣传的方式,呼吁观众重视绿色环保。

"碳中和"是全球应对气候危机,促进可持续发展目标实现的重要理念。国际奥委会自1992年受邀参加联合国环境与发展大会以来,一直积极介入全球气候事务,严格要求各届奥运会的组委会乃至主办城市加强低碳、绿色办赛,强调要综合运用多种举措,实现赛事相关碳排放净零,履行缓解气候变化的责任。围绕这一工作,国际奥委会响应《联合国体育促进气候行动框架》等公约,发布了《国际奥委会可持续发展战略》《国际奥委会奥运会碳足迹方法》等一系列政策,设计了碳排放计算、减少、消除与补偿的管理框架并予以推进,降低了奥运赛事对环境和气候的影响[①]。国际奥委会应对气候问题的历史进程及里程碑事件如图4-5所示。

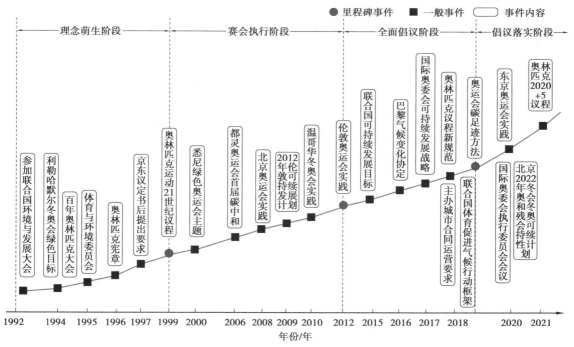

图 4-5　国际奥委会应对气候问题的历史进程及里程碑事件

---

①　任慧涛,易剑东.大型体育赛事碳中和管理:国际奥委会的倡议[J].北京体育大学学报,2022,45(2):25-38.

案例4-2：成都世界大学生运动会对绿色低碳理念的践行

成都大运会开幕在即，从场馆建设到赛事保障，成都大运会在筹办过程中更加凸显绿色、低碳的办赛理念。

据成都大运会组委会的介绍，为保障赛时绿色出行，大运会期间将使用1 340台新能源大巴和1 100余台新能源小车作为交通服务车辆。此外，龙泉驿赛区还配备了50台氢燃料车，用于赛事专项保障。目前，相关车辆已陆续完成调试并交付使用。

四川台记者王星现场报道："我身后正在调试的车辆正是为成都公交集团交付的最后一批大运会保障公交车。大运会期间，这些车辆将由成都公交集团（大运会项目组）统一调配，确保城市公共交通的顺畅运行。"在场馆建设方面，环保理念同样得到了充分体现。以成都市新都区的香城体育中心为例，该场馆是大运会水球项目的比赛场地。在建设初期，香城体育中心就融入了海绵城市的设计理念，外围路面采用透水混凝土铺装，在实现高效渗水、透水，保持路面干爽的同时，还能将自然雨水收集起来循环利用。此外，场馆的坡面屋顶设计能够汇聚雨水，并与下沉式的渗水绿化带相结合，将雨水引入场馆下方的储水器。经过净化处理后，这些雨水可作为场馆的日常绿化用水。预计该场馆全年节水量可超过3 000吨。

此外，成都大运会还将借鉴北京冬奥会的成功经验，在赛后发布《成都大运会绿色低碳办赛报告》，总结提炼典型案例，形成大运会绿色低碳实践遗产。

资料来源：央视网。

第五节　体育赛事的进度与时间管理

作为阶段性的特殊事件，体育赛事运作管理受苛刻的时间与空间资源的约束，是一个时间和空间动力过程，不同时段之间和不同功能区域之间有紧密的内在联系。某个时间点或某一个工作环节的小变化都有可能导致赛事发生一系列的关键性变化。体育赛事的成功运营要求工作人员与管理人员必须在规定的时间内，有效完成不同阶段、不同性质与不同要求的任务，并确保各项工作之间的前后衔接。

体育赛事的进度安排指的是赛事的各项工作按照特定的时间计划完成，总体上应包括事前的筹备、赛事的现场实施和后期评估的所有工作的时间安排。合理的进度安排是减少开支和提高效率的有效途径。总体来说，体育赛事组织运营的进度安排有以下几个目标：

①明确各项工作开始、完成与结束的时间。

②保证各项工作尽量在最短的时间里顺利完成。

③加强对各部门工作进展的了解与协调。

④提醒各职能部门按规定时间完成工作。

⑤对员工工作进行监督。

⑥识别工作与节假日的时间冲突，并及早做出调整。

⑦减少时间与经济成本。

一、体育赛事进度的安排与管理

进度安排的主要工作内容就是通过一系列预期计划,协调与确保各个行为要素在指定的时间与地点得以实施。进度安排的总时间需要协调整合同步或分步进行的各项工作,进而计算所有工作完成所需的时间。总体来说,体育赛事运营管理的进度安排设计需要经过识别工作内容、分析工作时间和决定工作顺序3个步骤。

1.识别工作内容

包括体育赛事在内的节事活动通常由各项具体的工作所组成,因此体育赛事的进度安排的设计首先需要对各项工作内容进行全面的识别。项目管理领域里常用的工作分解结构(Work Breakdown Structure,WBS)也适合于体育赛事进度设计与管理,其基本工作原则就是将抽象、覆盖面大和操作难度大的工作分解成具体、易管理和易操作以及检验的具体工作,见表4-1。

表 4-1　WBS 分层类别

控制	层	描述	目的
决策层	1	总项目	工作授权与解除
管理层	2	子项目	预算编制
	3	活动	进度安排
技术层	4	任务	内部控制
	5	工作包	
	6	工作单元	

（1）WBS 的构建

体育赛事活动的工作内容不仅多样,而且具有层次性。见表4-1,WBS 可以分为总项目、子项目、活动、任务、工作包、工作单元等,根据工作的可控情况决定是否分解到下一层次。WBS的构建层次决定了体育赛事工作项目分解的深度。经验数据显示,通常可以分为3~6个WBS层次。通常管理层工作分解程度较低,所管辖的事务较多。技术层需要知晓工作的具体实施任务,因此分解得较为详细,属于分解层次的底层。在构建 WBS 时,应注意某一级别的工作任务为下一级别工作任务之和,且每项任务均有负责的人员或团队。

①总项目:决定了整个赛事活动总体工作目标与任务,能够给予或解除工作授权。

②子项目:根据不同阶段、地点等同步举办的分级项目,如奥运会不同场地举办的比赛。这一部分通常要考虑预算编制的问题,从而更好地对项目经费进行分配。

③活动:主要为基于子项目的各种具体活动,需要考虑各项工作的进度安排,包括开始、进行、完成的时间与内容等相关信息。

④任务:根据不同活动内容所安排的各项任务,通常由职能部门主管根据工作的类型与领域进行协调分配。

⑤工作包:完成一项具体工作所要求的一个特定的、可确定和可交付的独立工作单元,需

为项目控制提供充分而合适的管理信息。

⑥工作单元:具有全面、详细和明确的文字说明的具体工作任务。实际工作的实施者能够清楚自己的具体任务、努力的目标和所承担的责任。

从工作分解的方式来看,WBS 的构建层次可以分为:自上而下法、自下而上法和追溯法 3种。自上而下法是指从目标与任务出发总体考虑各项工作,并依此逐步分层,直到落实到具体的工作单元底层。自下而上法则是先从底层实际的执行情况考虑,不断进行归纳,最后总结出活动的总体任务与目标。追溯法是借鉴以往或类似体育赛事活动的 WBS 结构图作为工作分解的依据。

(2)WBS 编码

对分解形成的工作进行编码可以非常清晰和简洁地阐释每一项活动所属的工作层次以及与其他工作的关系。为保证代码对赛事所有涉及的人员具有共同的意义,在设计 WBS 编码时,应考虑所有信息能够自然地通过 WBS 编码进入应用记录系统。

一般来说,WBS 结构的每一层次代表代码的某一位数,通常可以用数字或者字母加数字的方式来呈现。第一位数表示处于第一层的整个项目,第二位数表示处于第一级的子项目,第三位数表示下一层次的主要活动项目,以此类推。通常管理层的数目小于 9,项目过于复杂时,可以加入字母代码来更好地表达各工作要素含义。图 4-6 是以某一体育赛事所举办的嘉宾宴会为例的 WBS。

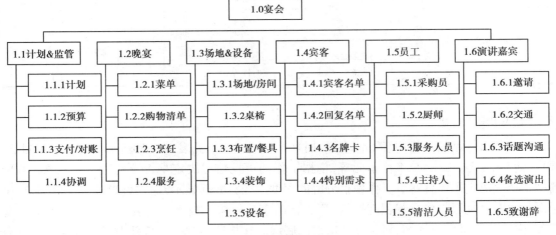

图 4-6　嘉宾宴会 WBS 编码示例

(3)WBS 的职责分配

体育赛事活动和项目任务的完成通常会涉及实际负责人、咨询者或知会者 3 类主体。线性责任图(Linear Responsibility Chart, LRC)是将分解的工作单元落实到有关部门或个人,并明确他们在组织工作中的关系、责任和地位的一种工具。通过 LRC 的职责分配,体育赛事各部门工作人员可以更清楚自己部门的任务与职责,同时明确其与各部门之间的工作关系,进而提高整体机构的工作效率。表 4-2 是 WBS 的职责分配(线性责任图)的一个示例。

表 4-2　WBS 的职责分配（线性责任图）

WBS		学术组	行政组	财务组	宣传组	现场管理
1.会议前期筹备	1.1 邀请嘉宾与参会人员	○	▲		●	
	1.2 制作会议手册与展板	●	○		▲	
	1.3 准备会议纪念品		▲	●		
	1.4 准备嘉宾讲稿与议题	▲	●		○	
	1.5 布置会场			○	●	▲
	1.6 人员招募与培训		▲	○		●
	1.7 接待安排		●	○		▲
	1.8 场地与餐饮预订			▲		●
	1.9 媒体宣传	○	●		▲	
2.会议期间	2.1 记者会	○			▲	●
	2.2 现场服务		●			▲
	2.3 旅游安排		▲	○		●
	……					
3.会议结束	……					

注：▲＝负责；●＝参与；○＝同意/告知。

2.分析工作时间

（1）影响工作时间的因素

在上述 WBS 的基础上，相关管理部门需要分析各项目完成的工作时间，并根据项目的先后顺序估算完成这一体育赛事所需的总时间。时间估算通常需要考虑可调动的资源、工作量、可用人数以及工作的时间冲突等因素。通常体育赛事管理日程的工作时间主要有人员、物资和其他不可预估 3 个方面的影响因素。

首先，各类工作人员的工作效率与办事的熟练程度等直接影响了体育赛事活动的工作时间长度。此外，如果人力资源管理不当（如出现员工招募、培训、监管不力等情况），很大程度上也会影响赛事活动的进程。其次，物资因素主要指赛事的活动经费以及设施、设备等。最后，各类不可预估的因素（如天气情况、活动内容变更和突发事件等）都将影响赛事活动的总进程。例如，会议活动受邀嘉宾由于个人原因需要临时更换嘉宾，赛事活动的进度安排应根据更替嘉宾的情况进行更改。如果找不到替代嘉宾，可能会缩短会议日程，从而影响整个赛事活动的时间安排。

（2）确定工作时间的方法

体育赛事进度管理中的工作时间决定法通常包括如下几种：一是经验类比法。通过比较以往或相似的节事活动为估算节事活动时间提供更切实的参考。二是专家判断法。这一方法也称德尔菲法，是指通过咨询业内专家与学者的相关意见，综合评估得出活动项目的完成所需时间。三是"三时"估算法。所谓"三时"，就是工作任务完成的乐观时间、悲观时间和正常时间。管理人员可以根据概率的方法得到平均值，从而估算最贴近实际的准确时间。

3.决定工作顺序

（1）决定工作顺序的影响因素

体育赛事的工作项目与任务不仅分属不同的职能部门管辖，众多的工作任务之间还存在平行、交叉和先后等复杂的关系。而且，每项工作任务的时间长度不同，因此协调各项工作的先后顺序会更加困难。为保证每个需要预先完成的任务都得到合理的安排，管理者需要根据体育赛事的日程要求按时间先后顺序列出所有活动，主要依据以下几种工作项目之间的关系。

首先是逻辑关系，也就是因果上的先后关系。这要求在安排工作顺序时要考虑活动发生的自然顺序，厘清每一项工作开始的必然条件，然后按照先后顺序分配工作任务的时间。其次是职责关系。工作分解后的各项任务需要落实到具体的个人或团队，并通过线性责任图对这些任务进行职责分配。每一项任务可能需要不同的职能部门负责执行、协助、审批、告知等工作，这些部门的职责关系协调以及工作效率也将极大地影响工作的时间长度。最后是约束关系。这些约束条件包括资金配备情况、员工构成情况、活动日程的硬性规定、赞助商的要求等内在与外在约束情况。如需要较多工作人员参与活动的纪念品制作工作，只有在招募志愿者之后才能更有效率地被完成，那么该工作项目的时间安排应在活动的筹备后期。一些体育赛事的活动日程通常为固定的日期，因此所有工作的时间安排应以活动开展时间为指标，然后按各项工作顺序确保活动如期开展。

（2）决定工作顺序的方法

目前，决定工作顺序的主要方法为关键路径法（Critical Path Method，CPM），具体又可以细分为"节点法"与"箭线法"（又名双代号项目网络图）两种方法，如图4-7、图4-8所示。

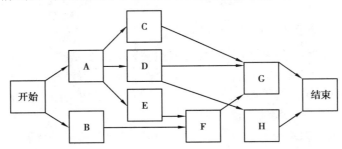

图4-7 节事活动工作顺序管理节点图

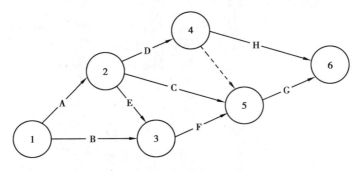

图4-8 节事活动工作顺序管理箭线图

上面两图中的大写英语字母代表已经分解好的节事活动各项工作或任务。节点法通过有箭头的线段对分项工作（或任务）进行联结，以帮助节事活动管理者迅速厘清它们之间的进程与逻辑关系。在箭线法中，节点（标有阿拉伯数字的圆圈）表示前一项工作的结束或开始，箭线表示活动（或工作），通常只适合于表示"结束—开始"的逻辑关系。

二、体育赛事的时间管理

任何一项活动或项目的成功与否都需要从时间、质量和成本 3 个方面进行评价。所谓体育赛事的时间管理，是指通过最短的时间完成各项任务的工作安排。时间管理的核心内容是制定、协调并实施以及控制进度计划[1]。时间管理的常用工具如下：

（1）甘特图

甘特图以发明者美国企业管理学家亨瑞·甘特（Henry Gantt）的名字而命名，是各类项目进度计划和实施的主要参考工具，如图 4-9 所示。由于其简单明了，直观且易于编制，所以在节事活动管理中被广泛应用。甘特图横轴代表时间，单位可以是小时、天、周或者月；纵轴代表项目的任务。线条表示在整个期间上各项活动完成的时间起始点和所需的时间长度。在甘特图中，项目活动安排或工作要素有严格的时序性，同时这些活动或要素之间会有部分甚至全部时间上的重叠，这些重叠（部分或全部）的活动通常不要求在同一地点进行。甘特图的最大优点在于，能够非常直观地规划和管理体育赛事的活动或项目。不足之处则在于，这些活动的重要性是平等的。

（2）里程碑

这是一种目标导向模式的时间管理方式。体育赛事管理者可以根据组织活动的主要关键事件或标志性事件，通过建立和检验各个里程碑式时间来确保活动的按时实施。这些里程碑时间常为活动项目的显著时间点，完成该里程碑可以对活动的发展产生重要影响。表 4-3 为北京奥运会里程碑事件，对于体育赛事来说，其中最重要的"事件"是赛事的开幕与闭幕。标示这些事件的主要目的在于，使赛事管理人员对赛事的运营情况有一个重要的参考点，应围绕重点节点及时灵活地调整各项活动的时间。这些里程碑通常也会在甘特图中被标出，以突出某一项目或任务在工作流程中的重要性和显著地位。

（3）日程表

这是最简单也是最常用的赛事时间管理工具之一，一般用于活动项目少且历时较短的小型体育赛事，也适用于一些大型体育赛事的分项目或活动。日程表通常包含事件、时间、地点、活动参与者等信息，可以分为表格式与日期式两种。通过日程表提供的信息，赛事管理人员与工作人员能更清楚地了解活动的进展情况。此外，通过纵览活动的日程描述，可以对各项活动内容的时间进行灵活调整，从而确保活动按时举办。

---

[1]　作为活动任务的执行者，如何从个体出发有效管理个人时间从而提高工作效率也是节事活动时间管理需要实现的目标。本章只关注组织层面的时间管理，暂不涉及个人时间管理的相关内容。

序号	任务名称	开始时间	完成时间	持续时间	2023年9月 9	10	11	12	13	14	15
1	项目开始	2023/9/9	2023/9/9	1天							
2	选择场地	2023/9/9	2023/9/9	1天							
3	运送帐篷	2023/9/9	2023/9/9	1天							
4	搭建帐篷框架	2023/9/10	2023/9/10	1天							
5	搭建外围篷布	2023/9/11	2023/9/12	2天							
6	铺场地地毯	2023/9/12	2023/9/12	1天							
7	搭建篷内天花板	2023/9/13	2023/9/13	1天							
8	搭建电源与灯光	2023/9/13	2023/9/13	1天							
9	制作帘布与特效	2023/9/13	2023/9/13	1天							
10	运送家具	2023/9/14	2023/9/14	1天							
11	布置家具	2023/9/14	2023/9/14	1天							
12	装饰帐篷	2023/9/15	2023/9/15	1天							
13	安排服务人员	2023/9/15	2023/9/15	1天							
14	运送鲜花	2023/9/10	2023/9/10	1天							
15	装饰桌面	2023/9/15	2023/9/15	1天							
16	检查与审核	2023/9/15	2023/9/15	1天							
17	活动开始	2023/9/15	2023/9/15	1天							

图 4-9　某节事活动的场地布置甘特图

表 4-3　北京奥运会里程碑

里程碑事件	2001 年	2003 年	2005 年	2008 年
申奥成功	★			
组委会成立	★			
主题确定		★		
场馆建设完成			★	
开幕式				★

（4）检查表

为保证每项活动无遗漏地实施，通常可以采用检查表的方式进行自我审核。这种监控手段既可确保任何工作事项都能一一完成，也可确保所需要的物资、人力都能准确到位。检查表通常可以以项目、日期、个人单独列表，通过打"√"的方法将完成事项或需改进事项进行标注。

课程思政

中国力量：京东物流助力北京冬奥会的"智慧物流答卷"

随着北京 2022 年冬奥会的盛大举办，中国物流企业以科技赋能与责任担当，在全球舞台上展现了"中国力量"。京东物流作为赛事物流服务商，以智慧化、绿色化、人性化的物流保障体系，为冬奥会的安全高效运行筑牢基石，其背后蕴含的科技创新精神与劳动者奉献精神，正是中国特色社会主义现代化建设的生动缩影。

一、科技防疫：智能设备筑牢安全防线

在疫情防控的关键要求下，京东物流以无人化、智能化技术构建"无接触配送"体系，实现防疫与效率的双重保障。

为减少人员直接接触，京东物流在多个冬奥场馆投用 10 余台室内外智能配送设备及 20 多套双面智能配送柜，通过自动化配送解决场馆"最后一公里"难题。这些设备无需人工干预即可完成物资运输与存取，最大限度降低疫情传播风险，彰显科技在公共卫生安全领域的应用价值。

此外，智能仓储管理系统实现对进口物资的自动化分拣与消杀，通过全流程数字化监控，确保人、物、环境的安全，体现中国企业在重大公共事件中运用科技手段应对挑战的创新能力。

二、智慧物流：数字技术驱动高效运转

京东物流以 MDS（总体配送计划）系统为核心，构建赛事一体化供应链，展现中国物流的科技实力。MDS 系统实现对赛事主物流中心及 44 个场馆物资的实时监控与智能调度，通过动态优化车辆配送路径，提升运输效率。这一系统如同"智慧大脑"，让数万件赛事物资、防疫物资的流转井然有序，诠释了"中国智造"在大型赛事中的精准调度能力。在国家高山滑雪中心等复杂地形场馆，物流团队借助智能设备克服海拔 2 000 米的高山环境挑战，将体积大、重量重的物资精准送达指定位置。科技赋能让"不可能"变为"可能"，彰显中国物流在极端条件下的技术韧性。

三、劳动者风采：平凡岗位书写责任担当

冬奥会物流保障的每一个环节，都凝结着物流工作者的心血与奉献，他们以"不平凡的坚守"诠释中国劳动者精神。京东快递小哥栾玉帅作为物流行业代表，从街头巷尾的配送岗位走上冬奥火炬传递舞台。他每日绑沙袋负重训练、在马拉松赛事中跑出"非职业选手第一名"的拼搏精神，不仅是快递小哥群体"腿脚勤、能吃苦"的缩影，更展现了新时代劳动者在平凡岗位追求卓越的价值追求。国家高山滑雪中心物流主管李丹阳与团队成员每日穿越雪道搬运物资，即使双脚被雪浸湿仍坚守岗位。他们在海拔 2 000 米的高山上，将赛事物资、境外媒体物资等精准配送，用"全副武装"的身影诠释"办好体育盛会需要无数人默默付出"的责任担当。春节期间，京东物流连续十年"春节也送货"，数万员工放弃团圆坚守岗位，以"舍小家为大家"的奉献精神保障赛事物流畅通。

四、中国实力：物流服务彰显大国担当

京东物流作为中国第一家、全球第七家服务奥运会的物流服务商，首次实现奥运物流"中国方案"的全流程落地，打破了国际赛事物流长期由外资企业主导的局面。从无人配送技术到智慧供应链管理，中国物流企业以自主创新能力赢得国际认可，印证了"中国力量"在全球产业链中的崛起。这场"和平时期体量最大的物流运作"中，中国不仅以科技赋能解决了赛事物流的复杂难题，更通过无数物流工作者的汗水，向世界展示了"集中力量办大事"的制度优势与劳动者的奋斗精神。正如栾玉帅所说，火炬手的荣誉"是物流工作者共同的荣耀"，这背后是一个行业、一个国家用实干与创新书写的时代答卷。

京东物流的冬奥物流保障实践，既是中国科技实力与物流效率的集中展示，更是新时代劳动者精神与大国担当的生动诠释。从智能设备的"硬核"支撑到物流人的"柔性"奉献，中国以"智慧+汗水"交出的冬奥会物流答卷，正成为课程思政中诠释"中国力量"的鲜活教材。

资料来源：央广网（有改动）。

【思考题】

1. 结合自身的经历与体验，分析如何运用"排队理论"管理体育赛事中的流动性集群人员。

2. 利用网络资源，选择任意一个 21 世纪以来我国举办的洲际和世界性大型体育赛事，对其物流管理方面的措施与策略进行分析，并比较体育赛事物流管理与一般性企业和商务物流管理的不同。

3. 本章的主体部分并没有提及信息流在体育赛事现场组织运营管理中的重要作用，请结合当代移动通信与数字技术的发展，分析如何利用信息技术促进体育赛事的现场组织运营管理。

4. 假设你被安排为校运会现场组织运营管理的经理人员之一，请为这一小型体育赛事的进度管理做一份甘特图和关键路径图（要求标出主要的活动节点与内容）。

第五章
体育赛事的财务管理

【本章提要】

　　本章在分析了体育赛事成本与收入核算的基础上,着重分析讨论了体育赛事主要的收入来源,包括通过内部和外部渠道为赛事筹措资金两个基本途径。其中,在体育赛事逐渐商业化和信息经济时代背景下,赛事传播权的销售作为一种内部筹资方式对那些有影响力的大型体育赛事的创收来说具有十分重要的意义。考虑到这一点,本章将其单独列为一节进行详细分析。本章的最后一节运用账务管理的一些概念和理论简要分析了体育赛事的预算管理与账务控制的相关问题。

【关键词】

体育赛事;财务管理;成本-收入核算;财务控制;预算管理;体育赛事传播权销售

【学习目标】

1.了解体育赛事组织举办的成本构成与支出明细以及常见的收入来源。
2.详细了解体育赛事组织运营所需资金的内部和外部筹措途径,掌握主要的运作方式。
3.深刻理解体育赛事的传播权益的概念及其内涵。
4.深刻理解体育赛事的传播权销售价格的影响因素及其法律保护的相关问题。
5.了解体育赛事财务管理中的预算管理与基本的账务控制原则。

引导案例

践行"廉洁办奥"理念　让北京冬奥会像冰雪一样纯洁干净

2015年7月,北京携手张家口成功获得2022年冬奥会(含残奥会)举办权。在筹备过程中,中国始终秉持绿色、共享、开放和廉洁的办赛理念。在整个赛事的筹备过程中,始终坚持节俭办赛,严格预算管理,严控办奥成本。

为实现"节俭办奥",赛事筹备团队采取了多项措施。首先,充分利用现有场馆进行改造,如云顶滑雪公园、"水立方"转型为"冰立方"、首钢工业园的滑雪大跳台"水晶鞋"以及长辛店"二七厂"冰雪运动训练基地等,均是通过改造或再利用原有设施完成的,有效降低了建设成本。其次,在物资采购方面,赛事组委会坚持能借不租、能租不买的原则,通过租赁和合并采购等手段,将租赁物资比例提升至70%左右,总体资金节约率超过10%。这一策略不仅减少了资源浪费,也显著降低了办奥成本。最后,在预算管理方面,赛事组委会与相关政府部门严格把关,严控各项开支。通过细化预算、加强监督等方式,确保每一笔资金都用在刀刃上。

同时,为确保北京冬奥会廉洁高效,监督工作贯穿全程。从物资采购到场馆运行,监察审计部严格把关关键环节,防止违规操作。中央纪委国家监委建立调度机制,统筹监督力量,实现监督全覆盖。场馆监督组深入一线,紧盯重点环节,确保团队高效廉洁运行。纪检监察机关强化政治监督,采用多种方式督促整改,为冬奥会筹办提供了坚强保障。此外,为进一步降低成本,赛事筹备团队还注重在日常工作中践行勤俭节约的精神。比如,制定"厉行节约、反对浪费"倡议书,倡导全体工作人员参与"光盘行动";修订完善公务用车使用制度,加强公车管理和监管;在餐饮服务方面,推出"崇礼菜单",既体现了地方特色,又注重了节约粮食、减少浪费。

由此可见,北京冬奥会在筹备过程中始终将"控制成本"作为"廉洁办奥"的核心,通过一系列有效措施实现了节俭办赛的目标。这不仅体现了中国政府对奥运精神的深刻理解和把握,也向世界展示了中国智慧和中国力量。

学习提示:在市场经济大背景下,体育赛事的市场化与商业化程度越来越高,财务的管理事关赛事的成功及其可持续发展。而在整个财务管理事务中,成本控制不仅是基础,也是整个过程的重中之重。而且,成本控制对赛事的组织举办方来说是相对比较难控制的事务。本章即在成本与收入核算的基础上分析体育赛事财务管理的相关工作。

资料来源:人民网(内容略有改动)。

随着体育赛事的日益市场化和商业化,综合运用各种途径进行资金筹集并有效地进行财务管理已经成为赛事组织举办方最为关键和核心的任务。一项赛事活动在举办过程中必然有各种花销,所以如何通过更好的成本预算与经费控制,管理好支撑赛事活动流动的"血液"——资金,是赛事活动管理者需要考虑的问题。

体育赛事的财务管理实务包括财务预算与财务控制两个方面,通常要遵循以下3个原则:一是系统性原则。财务管理是体育赛事管理系统中的一个子系统,由投资、筹资和分配等多个管理子系统构成。系统性原则是体育赛事财务管理工作的首要出发点,应在具体的财务管理操作中做到整体优化、结构优化以及充分适应环境要求。二是现金收支平衡原则。体育赛事应在一系列复杂业务关系中保持现金的收支平衡，这是对投资、筹资和分配等计划的综合平衡，因而现金预算是进行现金流转、收支平衡控制的有效工具。体育赛事的现金流入与流出的发生，客观上要求财务管理人员在管理过程中做到现金流转平衡。三是成本、收益和风险三者综合权衡原则。在财务管理过程中，成本、收益和风险总是相互联系和相互制约的。财务管理人员必须以成本、收益和风险三位一体的观念指导体育赛事各项具体的财务管理活动。体育赛事财务管理应权衡成本与收益，妥善处理各种财务关系。应权衡收益与风险，在风险一定的情况下，使收益达到较高的水平；在收益一定的情况下，将风险维持在较低的水平。应做到成本、收益和风险三者综合权衡，兼顾各种方案的优选、整体优化、结构优化等。

第一节　体育赛事的成本与收入核算

成本与收入核算是体育赛事财务管理的基础与前提。成本核算的关键是确定成本中心（或支出项目），这与体育赛事的规模、类型、管理与目标规划都有关系。收入来源于各种筹资与获利方式（现金或非现金），制定筹资与获利目标以及对所获得资金的花费去向与结构进行核算是财务管理和预算过程的核心内容。一些著作或教材直接将这一过程称为"收入与支出分析"。

收入相对于支出而言具有更大的不确定性，二者之间的固有不平衡状态经常让很多节事活动（包括体育赛事）处在一种财务上的艰难状态，甚至有可能破产或被迫取消。因此，成本收益管理是一个非常重要的过程，可以通过识别和管理所有的成本与收益中心以保证赛事组织财务处于健康状态。具体来说，其目标主要包括：

①保证长效的和可预见的收益资源，以满足赛事最基本的组织目标。

②将特殊的收益来源（如赞助或基金）与一些活动要素建立联系。

③集中于收益生成活动。

④控制和减少成本中心（或支出项目）。

⑤让其他组织或企业承担赛事组织方的财务风险（或者至少帮助渡过财务亏空难关）。

一、体育赛事的成本核算

成本核算是指将企业在生产经营过程中发生的各种耗费按照一定的对象进行分配和归集，以计算总成本和单位成本。成本核算通常以会计核算为基础，以货币为计算单位。进行成本核算，首先应审核生产经营管理费用，看其是否发生，是否应当发生，已发生的是否应当计入产品成本，实现对生产经营管理费用和产品成本直接的管理和控制。其次对已发生的费用按照用途进行分配和归集，计算各种产品的总成本和单位成本，为成本管理提供真实的成本资料。体育赛事的成本与赛事的规模密切相关，也与体育赛事发生的外部环境和体育赛事的营销推广有着直接关系。

总体来说，体育赛事活动的成本可以分为固定成本与可变成本两种。固定成本是指其支出项目与数额不会因为参加人数的变化而发生改变（如场地租赁费、演出费等），该类型的支出由于在事前就可以得到较为准确的数额，因此比较容易进行预算规划。可变成本容易受各种因素影响,最显著的是因参加人数的变化而改变(如餐饮费和传单制作费等)。对于这种类型的支出,管理者可以结合门票价格以及历史经验数据等情况做出适当调整。

1.体育赛事的支出明细

具体来说,体育赛事支出通常包括以下几个主要方面。

(1)设计制作与印刷费

作为官方宣传、现场指引、登记注册等工作的必需品,每个体育赛事都需要有一笔经费用来印刷和制作相应的纸质文件。为了增加统一性,诸如纪念品、宣传单、宣传手册、邀请函以及胸牌等通常根据节事活动的 Logo 与主题统一设计与制作,也需要一定花费。

(2)嘉宾与表演费

现代体育赛事举办过程中经常有颁奖、演讲致辞等活动,嘉宾与表演者常常会被邀请参加节事活动。为此,节事机构需要支付这些人的差旅费、演讲或表演费以及食宿接待费等费用。

(3)设施(设备)与场地租用费

这一部分费用主要涉及活动现场有关的设备与布置,包括各项活动所需的灯光、音响费用,舞台搭建与美化费,以及技术人员的薪酬,等等。目前,国内外的体育场馆与设施基本上都实行企业化运作和市场化管理。赛事组织举办方需要采用商业契约的方式与这些硬件管理运营商达成使用权的限时转让。在我国,一些体育赛事由政府主导举办。但是,即使是这样,政府作为举办主体也需要动用公共资金进行场地与设施的租赁。这种类型的支出通常能够在活动前得知价格,可变性较小。这一部分费用还包括赛事活动举办所需的水、电等所形成的能源动力费用。

(4)餐饮费

对于一些群众性和公益性的体育赛事活动,还需要预留一部分资金支付包括酒水、茶歇、午餐和晚宴等多种类型的餐饮费。这一部分费用常和观众数量直接相关,因此需要及时向负责人反馈人员信息,从而做出最合适的餐饮方案。

(5)人力资源费用(行政费)

体育赛事活动支出中需要包含支付节事活动运行的各职能部门工作人员的工资、行政管理的日常花销(包括复印、传真、邮费、日常办公文具、购买商品等)等。为减少节事活动的风险并保障员工的权益,节事机构还需要为所有的工作人员(包括志愿者)支付保险费用。

(6)申办费用

对于一些由国内或国际单项或综合性体育协会所拥有的赛事(如奥运会、F1 汽车大奖赛等),其举办权需要通过竞争的形式获取,在整个申办和竞办的过程中也需要一笔费用。

(7)广告宣传费用

无论是商业性体育赛事还是非商业性(公益)体育赛事,广告宣传都是必不可少的工作内容与活动环节。对于公益性质的非商业性体育赛事来说,需要有更多的人了解并参与赛事,以扩大其社会影响,将赛事的公益性主题尽早传播给更多的受众群体。对于商业性赛事而言,广告宣传可以扩大消费者和赞助商的数量,从而直接影响赛事的门票收入与赞助费。

（8）活动业务外包产生的商务费用

在市场高度发达和社会分工越来越细的背景下，一些体育赛事（尤其是那些规模大的综合性赛事）的组织举办方可以将一些相对较具体和独立性较强的活动项目或工作内容以付费的方式分包给承包商或业务顾问去完成。例如，体育赛事宣传手册的制作、纪念品的设计、赛事进行过程中的餐饮服务等。

（9）意外费用

体育赛事的组织者还需要准备一定数量的意外费用资金以应对以下几种情况的需要：一是各类危机或突发事件的出现。结果的不可预知性是体育赛事固有的一个特点。体育赛事举办方必须保证预算的弹性以应对"不时之需"。二是估计赛事活动完成之后遗漏的费用。三是赛事举办期间人工成本或原材料等价格上涨导致的费用增加。

2.体育赛事的成本核算方法

（1）趋势外推法

趋势外推法立足于过去对成本产生影响的各种因素在未来仍然会起作用这一前提，将这种作用的延续趋势作为成本估计的依据。具体操作方法是以过去举办的同类赛事或者传统赛事的先前届别的经验数据为参考，利用数理统计方法和模型进行量化估计。所以，这种核算方法需要考虑两个因素：一是需要有充分的历史资料，因为趋势的外推必须有一定时间长度而且连续的历史数据作为支撑；二是各个因素和体育赛事活动规模之间的关系确定，要用可比价格计算，以消除价格变动带来的影响。

（2）类比法

类比法是指通过与类似体育赛事活动成本进行比对来估计计划赛事所需成本。这种方法可以在很短的时间内获得估计结果。但是，它最大的缺陷在于，由于影响体育赛事举办的因素很多，同类赛事活动可能因为举办时间与举办地点的不同而产生较大差异。因此，这种估计通常是近似或粗略的估计，可作为其他方法的参考或补充。

（3）自下而上法

自下而上法的实施程序是：首先，将某项体育赛事的活动项目或程序进行分解，形成各个子项目或程序；其次，将每个项目或程序分配给专门的负责人员，以便他们进行各自的成本估计；最后，将所有的估计逐层自下而上进行累计，最终形成总成本。这种方法的优点在于，由于较小的相对独立的项目或程序的成本估计细致、准确和快捷，可以在一定程度上避免将体育赛事作为一个整体活动进行估计所出现的大误差。缺点则在于，估计花费的时间长，代价高。

（4）自上而下法

自上而下法正好与"自下而上"法相反，是指首先由管理层的上层利用经验与历史数据等进行高一层次的成本估计，然后将结果逐层下达，上一层的估计结果会成为下一层管理人员进行相应层次估计的基础，最后直到最基层对组成体育赛事的活动项目或任务进行成本估计。

这一估计方法的第一个优点在于，可以使总体预算比较准确。上中层人员的丰富经验往往使得他们能够比较准确地把握赛事活动整体的资源需要,从而使赛事活动的预算能够控制在有效水平之内。第二个优点是,由于在过程中总是将一定的预算在一系列任务之间进行分配,这样就能避免有些资金在任务之间分配的不合理情况出现。缺点在于,如果下层人员认为上层人员提出的成本估计结果不足以完成相应的任务,则有可能由于上下层之间沟通不畅而影响赛事顺利进行,甚至导致体育赛事的中断或失败。

二、体育赛事的收入核算

无论是利润导向型、收支平衡型还是主办方亏损型的体育赛事活动,都要确保节事活动减少开支,增加收入来源。本着"量入为出"的原则,体育赛事的组织举办者明确活动收入与支出的主要项目和潜在可能对于财务管理来说都十分关键,是确保赛事活动正常运行的基本保障。

体育赛事的收入与体育赛事的类型和规模直接相关。体育赛事的类型直接决定了体育赛事的收入来源状况。同时,体育赛事的收入也会限定体育赛事的目标和计划过程。由于体育产业在商业化与市场化程度、文化背景、运营机制等方面存在差异,中外体育赛事的收入结构也存在一定的差异。以温布尔登网球公开赛与中国网球公开赛为例,两项赛事的收入来源相同(即转播权销售、赞助费、门票销售和特许经营收入 4 项)。但是,收入的结构(比例)有很大差异。温网的转播权销售所获得的收入占到 40%,成为收入的"支柱"来源。这项数据表明,此项赛事具有广泛的市场影响力,赛事转播的受众面大,具有较高的市场认可度;相比之下,中网的这项收入占总收入的比例只有 10%,显示出与温网在这方面的巨大差距。中网的赞助收入占总收入的比例为 70%,而温网的这项比例是 35%。这体现出,中网在生命周期方面还处于投入期和成长期,其可预期的成长空间比较受各潜在赞助商的重视。但是,这项收入的风险性(不确定性)相比转播权收入来说更大,比例过大将导致收入结构的不均衡。所以,对于中网来说,应着力使转播权收入和票务收入成为赛事收入的主要来源与经济增长点,实现收入结构的最优化。

良好的体育赛事管理应该能够寻求更多市场机会以开发可资利用的资源,以获得收入,从而减轻节事活动筹办单位的负担。一般来说,体育赛事本身可资利用的资源包括直接利用价值和间接利用价值两部分[1]。其中,直接利用价值包括可直接消费的各类有形或无形的产品和服务(如精彩比赛、纪念品与特殊商品、为赞助商提供的现场广告和推介的机会以及为媒体提供的赛事转播机会等)。赛事举办方可以通过市场交易的方式将这些价值转变为收入[2],这些可以带来收入的产品或服务即体育赛事的收入来源或利润点。为了达成这些资产的市场交易,体育赛事运营组织必须通过各种手段利用"利润杠杆"以吸引赛事的各类潜在消费者(观众、传媒、赞助商、政府以及公众等),总称"利润源",见表 5-1。

① 体育赛事的间接利用价值是指不可提取的利用价值或功能性价值,来自体育赛事的功能(如相关产业带动、城市宣传和为电视观众提供观赏体育的机会等)而产生的价值。由于这些功能的价值很难被测量,很难进入市场。另外,还有非利用价值(如居民自豪感),更无法评估,也不可能进入市场。因此本书只涉及赛事的直接利用价值。

② 例如在悉尼奥运会期间,一件印有澳大利亚奥运会标志的 T 恤衫售价 135 美元,而有同样标志的一顶帽子则卖到 30 美元。悉尼奥运会的各类纪念品的销售收入为 1.2 亿美元(参见:赵先卿,杨继星,马翠娥.国际体育赛事商业化运作对我国的启示[J].北京体育大学学报,2006,29(8):1030-1032.)。

表 5-1　体育赛事的收入结构

序号	筹资渠道	利润点	实现方式	利润源（客户或消费者）
1	内部筹资	赛事的传播功能	商业赞助	赞助企业或组织
2		现场体验或观赏机会	门票	现场观众
3		知识产权（IP）产品	体育赛事商品（纪念品、工艺品等）	观众
4		配套产品与服务	提供食品、饮品以及停车等	观众
5		赛事的设施（设备）需求	物资	赞助企业或组织
6		体育赛事的影像、视频资料与信息	转播权销售	报纸、网站、电视台、网络媒体
7		空间（地理空间、印刷品空间、数字/虚拟空间）①	空间销售	进入企业（赞助商、销售现场普通商品的企业）
8	外部筹资	—	津贴	政府
9		—	组织经费	协会
10		—	捐款	个人、企业

收入结构的分析不仅有利于从整体上把握收入来源的有机联系，使它们保持恰当的比例关系，也便于加强赛事收入的宏观调节，实现利益的公平分配。

第二节　体育赛事的资金筹集——外部渠道

资金无疑是体育赛事得以顺利运营的最为直接的支持条件之一。资金筹集（Fund-Raising）是指体育赛事举办组织运营主体依照国家相关法律与政策，从不同渠道和利用不同方式获取赛事举办所需的资金和资源的过程。完善、健全的融资机制可以使赛事举办者便捷、迅速地获得资金并进行灵活调配，保证赛事成功举办。现代体育赛事的规模越来越大，耗资也越来越多。在体育赛事举办日益市场化的背景下，赛事的公共资金投入逐渐减少。因此，通过多种渠道筹集资金对赛事组织举办方来说是一种非常重要的经营策略，对体育赛事的成功举办与可持续发展有着十分重要的意义。由于体育赛事申办主体的性质不同，其融资能力与渠道也有一定差异。体育赛事资金的来源渠道可以分为外部与内部两大类。

---

① 互联网经济时代的体育赛事域名、网站和网页等不仅具有技术上的作用，也因成为体育赛事的资产而具有商业价值，可以帮助赛事达到最佳的形象识别的宣传效果（据统计，悉尼奥运会期间，澳大利亚政府开设的网站每天被访问超过100万人次，悉尼奥运会通过网上达成的交易额为3.2亿美元）。因此，一些不法企业或组织便恶意抢注这些网络身份或"搭便车"，进行隐性的市场营销行为（"埋伏营销"）。目前，相关法律（例如我国在2001年公布的《关于审理涉及计算机网络域名民事纠纷案件适用法律若干问题的解释》）已经对域名、网站与网页等资产进行保护（例如，在体育域名的注册方面，我国法律规定，"北京2008""广州2010""南京十运会"等域名的注册人必须是我国的体育部门、体育协会及公益性的体育社会组织等，其他人无权注册）。国际奥林匹克委员会、国际足联（FIFA）域名恶意抢注都得到了世界知识产权组织（WIPO）的保护支持（参见：于世勇，周丽华.大型体育赛事的域名保护[J].成都体育学院学报，2005，31（4）：5-8.）。

外部资金筹集是指通过外部诸如彩票发行、债券、政府以及一些组织（如单项赛事协会）等筹集资金，这种形式实际就是公共资金的募集。目前主要包括以下几个方面①。

一、政府的财政补贴

在这样一个高度商业化和市场化的经济环境中，目前欧美发达国家已经很少有体育赛事可以大量和持续地获得政府公共资金的支持。在国内，这种形式的资金仍然在众多政府主导型的体育节事活动中起着重要的作用。不过，随着市场环境的逐步完善和节事活动的企业化运作，政府对各类体育赛事的资金投入也在逐年减少。因此，一些非营利性组织与团体也面临越来越大的通过非政府途径进行资金筹集的压力。

由于这类资金多具有公共性质，因此其运营与管理有非常严格的问责标准（Accountability Criteria）。基金的管理组织或机构（给付者）越来越像各类赞助企业那样，为他们的投入寻求各种回报。因此，体育赛事的管理人员必须有能力保证这类资金的使用安全。基于这些原因，体育赛事组织举办方通常需要递交申请材料，如基金申请书或基金计划等，来获取这类资金。

对于体育赛事的管理人员来说，首先需要了解能够为赛事提供公共资金的政府部门或组织机构，并明确他们的申请要求。申请材料要求对赛事举办的理由进行充分合理的阐述，通常包括以下几个方面的内容：

①体育赛事举办的目标。

②运营赛事的能力、赛事的时间与财力保障。

③必要的申请表和支撑材料（如商务计划等）。

④对拟获得基金的管理计划（资金的用途以及资金的负责人等）。

⑤体育赛事的活动项目计划以及各项目的花费预算情况。

在这些公共资金使用过程中，赛事举办方需要准备基金给付者所要求的账目，并且对赛事的成本与收益进行评估，以供基金管理组织审查。

二、社会捐赠

根据《中华人民共和国公益事业捐赠法》，捐赠是指自然人、法人或其他组织自愿和无偿地对公益事业提供的财产。但是，这并不表明捐赠团体或个人不希望得到回报。通常体育赛事组织举办方会给予他们包括举行捐赠仪式、颁发证书与感谢信、赠送赛事纪念品、新闻媒体采访、邀请出席赛事重大活动以及发布鸣谢公告等在内的荣誉性（精神性）回报。一些体育赛事由于其公益性特点，社会捐赠是其获得运营资金的一个很好的途径。随着市场经济的发展，大笔资金完全依赖于捐赠并不现实。社会捐赠在筹资中所占的比例越来越小，正在成为一种辅助性手段。

当前，政府的税收政策影响体育产业经营活动的一个突出表现是对体育赛事捐赠的税收优惠问题。很多国家对体育组织接受的捐赠都在税收方面给予了特殊的支持政策，捐赠企业可以在税前将款项扣除，接受捐赠的体育组织则减免所得税。目前，我国虽然也为一些体育赛事和活动出台了特殊政策，但是基本上都是临时性措施或一次性规定，尚未形成稳定的政策。国务院于2010年3月出台的《关于加快发展体育产业的指导意见》已经明确提出鼓励社会捐赠体育事业，并对捐赠主体与受赠主体给予相应的税收优惠政策。

---

① 企业赞助是现代体育赛事外部资金筹集的主要手段之一，这一部分内容将另辟一章进行详细阐述。

三、金融机构融资

通过金融机构筹资的行为称为融资,分为直接融资和间接融资。直接融资主要指通过证券市场发行股票和到投资人市场直接寻找投资人的方式。由于体育赛事筹备(组织)机构大都不具有长期法人资格,因此这种融资方式通常不可行。间接融资是指通过银行、投资公司、信托公司或证券公司等金融机构,寻求贷款或投资的方式。体育彩票是一种高效的融资手段,成本低,无须还本付息,回报率高。发行体育彩票可以吸引大量的社会闲散资金。资料显示,2006年德国世界杯期间,全球博彩公司支付了巨资用以购买赛事使用权,并在其再生产过程中获得了100亿欧元的赌球营业额。

四、体育基金拨款

体育基金主要来源于社会各界资助体育事业发展的捐赠基金,既有政府支持的、企业组织的基金会,也有个人捐赠建立的体育及其他基金会(如霍英东体育基金)。体育基金是伴随体育产业发展起来的带有行业色彩的准金融机构,通过向社会公众和企事业单位发行基金收益凭证来募集资金。这是一种开放性基金,受益凭证不能上市也无须上市,因此不存在投机炒作的风险,具有良好的体育存量资产盘活和开展资本运营的应有功能。

这种资金筹集途径是直接从政府或一些组织(如体育赛事协会、体育基金会与信托组织、体育委员会等)那里获得资金支持。例如在英国,"国家彩票"(National Lottery)作为一个公益性质的组织,会为各级体育赛事拨付资金。2002年的英联邦运动会就从这个机构获取了资金。2012年伦敦奥运会也是通过它发行了彩票以募集资金。

这类资金通常是无须以资金形式偿还的,也不求以明确的经济利益形式予以回报。或者说,这类资金的运用通常有公益的目的,所以多用于那些公开性质的体育赛事,旨在鼓励群众参与以达到培育社区精神、提高居民凝聚力以及提升居民生活质量等社会文化的目的。

第三节　体育赛事资金筹集的内部渠道——权益收入[①]

体育赛事的权益收入作为一种内部资金筹集渠道,是指通过对体育赛事IP(Intellectual Property,知识产权)运营而获取的收入。这一工作是以体育赛事IP为主导生产要素,以带动体育赛事及其IP衍生品的运营与经营等多项工作的总称。在现代市场经济环境里,体育赛事IP运营已经创造了多模式、多路径的赢利方式,展现了良好的发展前景。近年来,体育赛事IP运营日益成为资本新宠[②]。

体育赛事IP运营产业链可分为广义和狭义两种。广义产业链是指当一个体育赛事IP运营在某个领域崛起,再相继衍生到其他领域,从一个单独的体育赛事IP运营发展成体育赛事

---

① 本节分析除赛事转播权销售以外的内部筹资渠道。转播权销售是大型体育赛事的主要收入来源,内容较多,因此单独开辟一节对其进行分析。

② 如苏宁PPTV以2.5亿欧元拿下西甲未来5年在中国的版权,百度"爱奇艺"独占英超、欧洲国家联赛、WTA、澳网、高尔夫PGA锦标赛、高尔夫英国公开赛等的版权,阿里巴巴"优酷体育"获得央视世界杯的新媒体版权、欧洲五大联赛等的核心版权,等等。

IP运营体系①。狭义产业链是指体育赛事IP运营沿着体育赛事版权、体育赛事产品、体育赛事运营、体育赛事IP变现等路径进行的纵向延伸,如CBA公司利用自我版权打造中国职业篮球联赛,并通过一系列的运营使CBA这个IP实现变现和盈利。本章只涉及狭义产业链,如图5-1所示,在产品生产方面,要加强体育赛事IP运营管理以提高体育赛事核心产品本身的质量,选择性开发体育赛事系统IP衍生产品,丰富IP体系向纵深发展,延长产业链以提高IP的价值。在运营方式方面,发行、推广和品牌建设是运营方式肩负的三大职能。体育赛事的营销部门应借助大数据平台将体育赛事IP产品及其衍生品(发行对象)推送给定位受众(推广对象),进一步强化品牌在受众心目中的地位,助推体育赛事品牌的建设。在粉丝经济方面,粉丝购买体育赛事IP产品是体育赛事IP运营的阶段性目标,根据变现结果反馈重新调整布局规划、体育赛事IP产品生产和运营方式,以优化体育赛事IP运营路径。运营保障措施应从4个方面对目前运营市场突出的问题进行强化:一是优化市场竞争环境;二是提升运营内容质量;三是强化风险管控;四是完善产业链建设。

目前,体育赛事通过内部渠道获取收入的主要方式有以下几种。

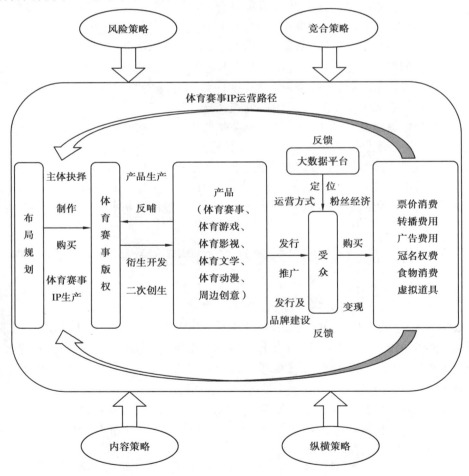

图 5-1 体育赛事 IP 运营策略示意图

① 如中国女排超级联赛运营成功后,衍生到电影《夺冠》。

一、体育赛事商品与特许经营收入

体育赛事商品是指赛事举办方开发的与赛事有关的可以销售的产品,通常赛事举办方可以自行设计、生产与销售这些商品,也可以通过合同的形式将这些业务外包给其他企业。在市场分工越来越细的环境下,后一种形式正在被各类赛事主办组织所采用。

体育赛事消费品的设计要以赛事本身的资产为基础。随着体育赛事类型的多样化和内容的复杂化,与此相关的商品或消费品的构成也变得越来越复杂,形成了一条从低成本的纪念品(如印有赛事标志的 T 恤)到高质量和高利润商品的体育赛事商品线。体育赛事的消费品设计可以早于赛事举办而进行,销售则可以延续至赛后相当长的一段时间。后赛事阶段的商品销售可以采取折扣价。

对于一些有自己独特文化和品牌价值的标志性体育赛事,组委会更多的是把赛事专用特殊标识(赛事名称、会徽、吉祥物、会歌、口号及理念等)作为经营性资源授予被特许的企业使用,并有组织地从事一系列经营性活动,或由组委会指定,为组委会提供专项服务。这种经营性活动即赛事特许产品(或称为特许商品、特许纪念品)经营。特许商品生产商与经营商的数量取决于前述的排他性范畴的数量。以我国的全国运动会为例,第九届全国运动会的特许商品经营权拍卖成交总额达到 715 万元,第十届全国运动会的特许纪念品经营收入达 300 万元。在 2000 年悉尼奥运会上,加盟特许经营的企业有 104 家,特许零售点超过 2 000 个,特许商品的总零售额达 5 亿美元,仅特许权使用费一项收入就将近 6 000 万美元,与悉尼申办奥运会时3 300万美元的预期目标相比增长了 55%。相比之下,2004 年雅典奥运会特许经营商仅有 18 家,但其特许零售点超过 7 600 家,以 7.28 亿欧元的总销售额打破了奥运商品销售的最高纪录。

委托销售(Consignment selling)也是一项有用的赛事商品销售策略。这种策略是指将商品的销售委托给某些零售商并同意后者在销售收入中提取一定的佣金,同时对于没有销售出去的商品还可以退回给赛事组织方。这种商品销售收入的获取方式对赛事举办方来说有一定的风险性。但是,在一些零售商不愿意成批一次性买断赛事商品的情形下,这种合作方式也不失为一种灵活实用的策略。

以上这些商品在市场上的价值主要由 3 个方面的因素决定:首先是体育赛事知名度与影响力的大小。这个因素直接决定与它相关的标志物或符号的市场价值,并进而影响与它相关的商品的市场价值。其次是具体赛事的系列标志与符号设计的艺术水准与美学价值。最后是符号设计所形成的文化与情感价值。这个因素可以使这类特殊商品给消费者带来无形价值或利益。对于传统的大型体育赛事的标志与符号(如奥运会的"五环"标志),赛事举办地可以利用这些既有的标志与符号(需要经过这些赛事主管组织的批准)或采取完全创新的手法设计出各自的赛事标志与符号系统,包括吉祥物、申办标志、赛事的徽标、文化标识、志愿者标识以及环保标志等。这些标志与符号的设计要求与举办地区或城市的地域文化特色和赛事"亚文化"紧密结合,这样不仅可以使商品对旅游者(特别是赛事旅游者)产生更大的吸引力,激发其购买欲望,也可以使其与社区居民的情感相联结,刺激本地居民的消费;同时商品要具有实际效用价值。

除了上述赛事本身以及设计要素,赛事组织的产品市场营销行为也直接关系到产品的销售与收益。另外,对赛事相关设计标志的知识产权和商标权的保护与管理也是一项重要的工作。这项工作不仅可以确保收入,更关系到赛事的声誉和品牌形象。

案例 5-1：杭州亚运会数字火炬销售

9 月 10 日，在杭州亚运会倒计时一周年活动上，杭州亚运会火炬"薪火"正式发布。亚运火炬是杭州亚运会最受关注、最具纪念价值的品牌形象之一，也是代表杭州亚运会主题口号"心心相融，@ 未来"的独特载体。而数字火炬作为一种数字时代的全新形式，寓意本届亚运会希望通过数字化探索和创新，让更多人能够有机会拥有亚运火炬，并成为亚运精神的传递者。此外，拥有唯一编号、永久存证、不可复制以及不可篡改的数字火炬也能让收藏者拥有一份专属的亚运记忆，让杭州亚运会成为一届人人可参与的体育盛会。

9 月 14 日，杭州 2022 年第 19 届亚运会官方宣布，杭州亚运会火炬"薪火"同款 3D 版数字火炬正式发布，将于 9 月 16 日中午 12 点在支付宝开售，这也是亚运会 70 年历史上首次发行数字火炬特许商品。2019 年 12 月，亚运会组委会宣布，支付宝成为杭州亚运会合作伙伴，而此次发布亚运数字火炬，也是支付宝对这一承诺的又一次践行。

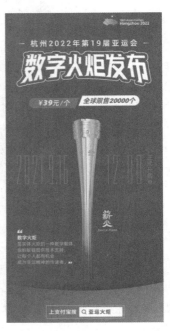

本次发布的杭州亚运会数字火炬是一种数字收藏品，由蚂蚁链提供技术支持，实现链上确权存证与发行，每个火炬都有独一无二的限量编号，共计限量发行 2 万个，每个售价 39 元人民币。届时，用户可以在支付宝 App 搜索"亚运火炬"进行购买。

体育主题数字商品是数字时代体育和科技结合的未来趋势之一。在杭州亚运会之前，2020 欧洲杯就发行了欧洲杯得分王数字奖杯，而本届亚运会之后还将继续发行一系列亚运主题数字特许商品，让更多喜欢体育、关注亚运，又追逐潮流的年轻人有机会享受亚运精神。

杭州亚运会数字火炬如图 5-2 所示。

资料来源：杭州日报。

图 5-2　杭州亚运会数字火炬

二、赛事现场的商品销售

在赛事现场，观众与参与者也会消费一些物品或服务（最为常见的就是食品等）。赛事组织方可以自行销售这类商品，也可以将一些空间租赁给厂商设立摊位以销售他们的商品。后一类可以看作一种"让渡权"（Concessions），或者看作一种特许权。一些赛事组织还为管理这类事务设立专门的经理职位，负责管理这些企业的相关商业行为以及与此相关的收入和财务事务。

三、赛事的空间销售

理论上讲，这里的"空间"包括所有在赛事现场观众与媒体受众眼界范围之内的空间，包括物质空间与虚拟空间。在"注意力经济"时代，这些空间均可以被企业或组织用来进行营销活动，或展示它们的产品与企业形象。这种潜在的价值既是这些空间得以销售的基础，也是赞助商对体育赛事进行赞助的利益诉求①。具体来说,这些空间通常包括下述内容。

①举办场地空间。这类空间不仅存在于活动场地的物体之上(比赛场地周边围墙、记分牌与计时牌、边界障碍物、告示牌、座椅靠背),也常常利用它们的员工和服装来制造广告机会。

②印刷品空间。这类空间的载体包括门票、宣传单、海报、有公司题头的纸张、记分牌、零售和分发的袋子以及媒体信息袋等。

③虚拟空间。这类空间包括互联网空间与移动通信客户端空间两大类,体育赛事有机会在网站上出售广告空间。网站的价值在于其长期性,网点可以整年运作,而不只是在赛事举办时。网站也是赛事的资产,合伙者与赞助商也可以利用。互联网可以非常及时地向目标顾客发送新信息,持续吸引观众。随着信息技术、互联网技术以及移动通信技术的快速发展,各类虚拟空间作为销售收入和利润来源的作用也越来越突出。

四、门票销售

门票销售所获得的收入只针对那些商业性体育赛事,是一项重要的资金来源。这类体育赛事活动的受欢迎程度可以从门票的售卖情况中表现出来。然而,如果忽视了市场与赛事活动本身的价值,过高地制定门票价格则有可能无法吸引足够多的观众,从而达不到保本点,以致不能收支平衡;相反,过低的门票价格也可能导致人流过多、不能创造更多的盈利等问题。因此,如何结合各种因素并适当制定门票价格是体育赛事组织举办方与管理者需要注意的问题。体育赛事门票价格的制定取决于下述几个因素。

1.抵销成本

对于非公益性或具有特殊目的的体育赛事活动,保持收支平衡或赢利是赛事举办的基本要求,因此大多数体育赛事举办机构通过收取门票来抵消所花费的成本。在进行保本点分析时,除对人数进行预估外,还应及时调整可变收入——门票的价格。当人数受限,如在体育场馆只能容纳 1 000 人,而保本点人数需要 1 100 人的情况下,为保证收支平衡,节事管理者应适当提高门票价格。

2.市场需求

体育赛事管理者需要清楚事件活动本身的市场价值,并对经济环境、相似节事活动门票价格、往届活动参与情况等进行全面的了解,以此为依据进行门票价格的制定工作。一些已具有品牌效应的体育赛事活动具有比较多的忠实观众,他们当中很多人愿意支付高额的票价购买活动入场券。总体来说,门票价格的制定与市场需求成正比,但同时要考虑同类型赛事活动的门票价格制定情况。

3.潜在价值

门票价格的制定要考虑这些赛事活动所带来的潜在价值,包括参与观众所吸引的赞助商、广告商和合作商等。如对于年轻群体来说,他们不能支付过于高昂的门票费用,但是他们的参

---

① 这方面的内容将在"体育赛事的赞助管理"一章中详细阐述。

与可能会吸引许多赞助商来赞助活动,其带来的收入远大于门票价格所创造的收入。因此,门票价格的制定不应仅考虑前面两个因素,而应该更深入地看到参加群体所带来的其他潜在价值,以实现人数与门票价格之间的平衡。

第四节　体育赛事的传播权销售

1948 年伦敦奥运会便确立了电视转播付费的原则①。1958 年,《奥林匹克宪章》(第 49 条)首次确立了奥运会的电视转播权归属国际奥委会,并对媒体引用奥运会有关内容的时间进行了详细规定②。传播权是体育赛事举办方所拥有的重要权益,可以通过市场化运作的方式进行交易从而成为体育赛事的重要资金来源之一。对于那些市场关注度高和消费需求大(即消费者和观众多)、有着非常好的历史传统和丰富体育"亚文化"的体育赛事(如奥运会、足球世界杯、四大网球公开赛等)以及各类"联赛"性质的职业赛事(如欧洲的五大足球联赛和我国的足球中超联赛等)来说,传播权益的市场运作是体育赛事的创收之本和可持续发展的主要动力。以美国职业篮球联赛(NBA)为例,自 20 世纪 70 年代总裁大卫·斯特恩上任后成立了媒体传播部之后,目前转播权销售所得收入占 NBA 总收入的一半以上。电视转播权收入在国际奥委会的 5 种商业开发手段中占到一半以上(其余 4 种分别是门票、本国赞助、许可证以及 TOP 伙伴计划)。体育赛事传播权益的交易价格也呈快速增长趋势,以最主要的电视转播权交易来看,一些电视台甚至因为赛事传播权交易费用过高而面临倒闭的局面。③ 全球规模最大的综合性体育赛事奥运会的电视转播权转让费用节节攀高。④ 而这导致体育赛事传播权益交易的受权主体在传播赛事期间的广告费也随之大幅上涨。2004 年 6 月 18 日,央视为雅典奥运会特殊广告项目招标的标的额高达 9 590 万元(最终比总标底价飙升了 85.85%)。据法国媒体市场调查机构 Yacastde 的最新调查,北京奥运会直播期间法国电视 2 台和 3 台共播放广告1 713条,获得了高达 440 万欧元的收入。据法国消费、分配与广告市场研究公司的统计,1998 年法国世界杯足球赛决赛期间的电视广告费暴涨至 150 万法郎/30 秒(此前从未超过 100 万法郎/30 秒)。美国 ABC 在 1984 年奥运会黄金时段的广告收费是 26 万美元/30 秒,而美国三大电视网日常广告平均收费仅为 10.4 万美元/30 秒。

一、体育赛事传播权销售:概念与内涵

体育赛事传播权及其权属性。目前国内外学术界常用"媒体报道权"、"媒体转播权"与"体育赛事转播权"来表述体育赛事的相关权益,通常分为新闻报道权、赛事集锦权和实况转播

---

① 当年 BBC 同意支付大约 3 000 美元的电视转播费。
② 每日不得超过 3 个小时。电视台或电影在 24 小时内可以在新闻节目中插播不超过 3 秒的奥运会内容 3 段,并且至少相隔 4 秒。
③ 例如,2000 年 6 月,英格兰足协与独立电视台签订了为期 3 年、总价值 3 115 亿英镑的转播合同。但是 3 年后,独立电视台因为无力支付剩下的 1 178 亿英镑转播费而提出破产申请,致使近一半的英格兰底层俱乐部面临破产之灾。
④ 程莹.奥运电视转播权费节节攀高[N].中华工商时报,其中 2012 年伦敦奥运会电视转播费中包括打包销售的 2010 年温哥华冬奥会电视转播费。数据来源:搜狐新闻网。

（直播）权三部分[①]。目前关于体育赛事转播权的定义，通常是指广播电台、电视台、网络等媒体对体育赛事过程进行现场直播或对现场直播的画面转播。

但是，学术界的这一概念本身不能准确指向特定的体育赛事传播行为。从其概念界定看，体育赛事转播权既可能指向字面意义的"转"播，也可能指向截然不同的直播意义的同步播放。这样的做法不仅不符合立法语言规范化的要求，也极容易因为用语不准确而导致商业实践与法律适用的割裂，从而带来诸多相关的法律争端。另外，在"互联网+"的时代背景下，除传统的纸质平面媒体和电台、电视台等传统大众传媒外，体育赛事还可以借助各类软件从智能手机和平板电脑等移动通信终端进行传播和报道。体育赛事传播权益的市场开发越来越具有经济和法律管制两方面的复杂性。因此，无论从体育赛事产业链的商业运营角度还是从司法救济角度来看，体育赛事传播权都需要重新进行更为科学的界定。

为此，本书采用国内学者新近提出的"体育赛事传播权"概念，将其界定为体育组织或赛事主办单位所享有的对体育赛事相关内容进行视听化开发与利用的权利。体育赛事传播权涵盖现场拍摄端和传播端，包括对赛事现场拍摄报道以及对拍摄后形成的视听作品以各种形式传播。这一概念将"媒体报道权"和"媒体转播权"统一纳入其下。现场拍摄是体育赛事传播利益的视听节目来源。传播包括现场直播、延时播放和集锦播放。现场直播权是体育赛事传播端最具价值的权利之一，延时播放对于体育赛事的传播具有重要的补充作用。集锦播放是对重要事件的汇编，时长短，可重复播放，可以最大限度地延伸体育赛事的影响范围，[②]如图 5-3 所示。

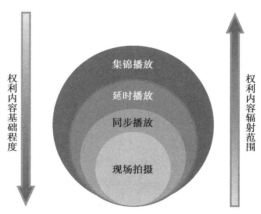

图 5-3 体育赛事传播权内部权利关系

体育赛事传播权人包括赛事组织者、公用信号制作商和持权广播媒体。原始权利人即赛事组织者分别授权许可予公用信号制作商以及广播媒体。公用信号制作商拍摄并制作公用信号，形成体育赛事节目。广播媒体因获得报道端的传播权许可而成为持权广播媒体，包括电台、电视台、视频网站及移动端 App，可以选择同步、延时或集锦播放，[②]如图 5-4 所示。

---

① 一般来说，电视媒体播出 3 分钟以上的赛事画面，就要购买新闻报道权，集中播出 15 分钟以上的集锦画面则要购买赛事集锦权，对赛事进行转播，则要求购买电视转播权。

② 张惠彬，刘迪琨.体育赛事传播权的法律规制与运营模式——来自欧洲的经验及启示[J].天津体育学院学报,2018,33（2）:122-130.

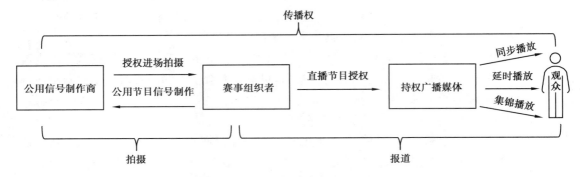

图 5-4　体育赛事传播权归属及行使

　　体育赛事传播权的销售涉及授权主体和受权主体。授权主体即体育赛事的所有者(举办单位),权益内容(客体)包括体育赛事直播节目和赛事活动现场图片、视频与音频等信息。从法律属性上看,体育赛事的传播权是体育赛事组织举办方所拥有的数据财产权,是一种排他性权利。《中华人民共和国体育法》第五十二条第二款规定:"未经体育赛事活动组织者等相关权利人许可,不得以营利为目的采集或者传播体育赛事活动现场图片、音视频等信息。"体育赛事传播权所能控制的行为包括对体育赛事的现场直播以及其他以体育赛事为基础所形成的视听成果的传播(如延时播放和集锦播放等),如图 5-5 所示,体育赛事的相关信息作为一种数据财产,首先得到《中华人民共和国民法典》(第一百二十七条)总体上的权属保护。在具体层面,《中华人民共和国体育法》(第五十二条第二款)规定:体育赛事活动现场图片、音视频等信息(以下简称"现场体育赛事信息")作为一种权益受法律保护。由此可以直接推导出结论一:体育赛事组织者转播权是一项数据财产权。将结论一延伸思考推理,则可以得到结论二:体育赛事转播授权链条完整清晰。在此法理基础上,这些赛事相关的信息数据资源又可以根据不同的性质与类别在权利的授予与接受两个主体之间进行具体的契约交易,从而形成不同的权益变现。

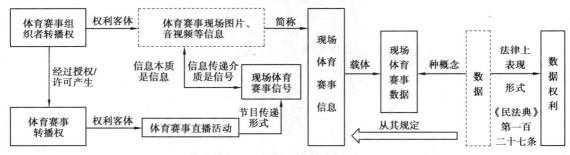

图 5-5　体育赛事组织者转播权的数据财产属性论证思维图

　　受权主体则是指直接向授权主体支付传播权费用并与之签订授权协议的持权商(可以是法人或自然人)。获取这些有高商业价值赛事的传播权是现代传媒业的一个重要经营手段。通过对赛事的报道,各类媒体既可以获得丰厚的广告收入,也可以提升自身的形象和知名度。从广义上来看,这些受权主体作为信息提供商以及持权媒体还可以将这些与体育赛事有关的信息和数据售卖给下游的企业,形成垂直产业链中新一层权益销售关系[1]。例如,随着体育赛事商业化运作以及产业化的发展,一些中介公司也开始介入体育赛事转播权的市场交易,成为

---

① 本章只关注体育赛事传播权授权主体与这些一级受权主体之间的市场交易,至于后者与其他转播赛事信息的媒体之间的交易因为不涉及体育赛事的权益的市场开发效益,不在考虑范围之内。

受权主体①。

截至目前,电视转播仍然是体育赛事媒体传播的主要方式。但是,自 2014 年《国务院关于加快发展体育产业促进体育消费的若干意见》明确要求放开体育赛事转播权的购买与转让限制后,众多网络平台如腾讯体育、爱奇艺体育和 PP 体育在资本与技术的加持下,加入体育赛事新媒体转播权的竞购之中,对传统电视媒体形成了直接挑战。

二、体育赛事电视转播权的销售方式

目前,体育赛事传播权的销售和交易方式日趋多样化。除常用的合同(交易契约)方式外,不同国家和赛会组织等还会根据体育赛事内容与形式的不同,采取灵活科学的销售方式,以期实现赛事的传播权益和销售利润最大化。

1.广告置换

顾名思义,广告置换是指赛事组织举办者与传媒机构之间以等价的赛事广告时段来交换赛事转播权。广告内容可以是赛事宣传或赞助商的商家广告(技术、产品等)。目前我国足球超级联赛就是采取这种形式。如 1994—1996 年,中央电视台以每年向中国足协提供 56 万元人民币赞助款,以广告时段予以支付,获得中国足球甲级 A 组联赛的赛事转播权②。这种方式的一种特殊表现就是部分学者所说的"自产自销"模式,即电视转播机构是某项赛事的主要赞助商,实际上就是以"赞助费"的形式购买了赛事的报道权。

2.公开招标

购买精彩赛事电视转播权目前已被电视机构看作一个展现自我形象和证明实力以及获得巨额收益的好机会。如 1998 年 5 月,四川省电视台以 58 万元人民币中标,获得在成都举行的国际女子飞人挑战赛的国内独家电视转播权。这是国内首次采用招标方式有偿转让体育比赛的电视转播权。

3.集中销售

集中销售方式的优势在于可以使赛事变得更精彩从而提高赛事的社会影响力,同时可以使赛事的组织者有足够的实力和能力与电视机构打交道,最终使体育赛事电视转播权获得理想的销售价格。

---

① 例如,德国著名的传媒企业基希(KIRCH)集团于 1996 年 7 月以高额保证金的方式获得了 2002 和 2006 年两届男足世界杯在世界范围(除美国外)的电视转播权(分别为 10.4 亿和 12 亿美元)。基希集团在售卖世界杯传播权益时,只卖给那些观众需要收费观看电视台,曾在体育消费市场引起轩然大波,以至于一些国家的相关政府部门进行干涉,要求他们卖给公立的开路电视台(参见:邱大卫.体育赛事电视转播权及其市场开发[J].成都体育学院学报,2003,29(1):36-38.)。一些国际单项体育组织和国家体育协会都通过委托中介机构销售电视转播权,实现了所有权和经营权的分离,促进了电视转播权经营和销售的效率。这种销售方式比较适合于规模和社会影响力较小和具有较高市场潜力的体育赛事或项目。2001 年,中国长城国际体育传播公司与霍利菲尔德的经纪人唐·金合作,组织了鲁伊兹与霍利菲尔德在北京的拳王争霸赛。长城公司获得覆盖亚洲 19 个国家的转播权,而唐·金拿到的是最具有价值的北美洲、南美洲、欧洲、大洋洲的电视转播权(参见:骆正林.赛事转播权的价值规律与经营风险的规避[J].体育学刊,2008,15(10):32-38.)。

② 袁钢,李珊.体育赛事组织者转播权的数据财产属性——基于《民法典》和新《体育法》的法教义学分析[J].上海体育学院学报,2022,46(10):23-32.

4."一揽子"计划

这种销售方式是指将某一赛事的连续届别同时打包出售(而不是逐届销售),也称"捆绑销售"。这是体育赛事电视转播权销售发展的一种新的趋势。1998年,国际奥委会同阿拉伯国家电视联盟签署合同,以1.85亿美元购买了2000—2008年奥运会的电视转播权,全球的最终销售额为51亿美元。这种销售方式可以保证体育赛事电视转播权销售的稳定性和延续性①。表5-2为目前国际上主要的体育赛事电视转播权销售模式。

表5-2 体育赛事电视转播权销售模式一览表

类型	举例	特征	存在条件	优点与不足
收入分成签约模式	WBA、WBC、IBF	电视机构与赛事组织按收入分成模式签约	赛事收入具有一定的不可预测性	确保各方利益(旱涝保收)
与传媒机构联营模式	意大利足协	与电视台联合经营,利益分成,形成"双赢"局势	赛事在国人生活中占有重要影响,赛事产业产值巨大	各尽其责,各取所需
直接销售给电视机构模式	奥委会	将奥运会举办权与电视转播权分离,奥委会将转播权直接销售给电视机构	赛事社会影响广泛,媒体关注力强,拥有许多固定的大型企业客户	明确归属,把握时机,能够保护自己组织的利益;组委会自筹资金压力过大
与电视台合作的经营模式	阿根廷足协	成立专门公司,与媒体机构合作,统一营销	经济不发达地区,开拓销售市场	有电视媒体作后盾,保证了发展事业和获得经济利益双收益
中介机构代理销售模式	国际足联	由国际大型中介机构代理销售	对赛事市场认知度高,能吸引众多客源	专业运作,保证经济利益;需慎重选择中介机构
体育组织联合销售模式	美国各职业体育联盟	享受反垄断豁免,集中统一销售,规模经营	健全的法制、团结的组织、成熟的市场、合理的分配是其存在的必要条件	能确保各方利益;但是在分配不适宜时,容易使各方产生矛盾
民间组织统一购销模式	日本新闻协会	民间财团统一购买,各自分区转播	组织团结、财力雄厚、法律允许、政府支持	形成联盟,统一战线,互利合作;缺乏竞争,不利于市场发展
电视机构联合销售模式	欧洲广播电视联盟	欧洲广播电视联盟统一购买体育赛事在欧洲大陆的电视转播权	欧洲一体化产物	多家电视台联合,保证赛事的广泛转播;容易形成垄断,不利于竞争

① 倪刚,季浏.国内外体育比赛电视转播权营销策略的研究[J].成都体育学院学报,2002,28(3):11-13.

三、体育赛事电视转播权销售价格的影响因素

从一般经济理论来看,影响产品价格的主要有市场需求、成本与竞争 3 个因素。市场营销理论认为,产品的最高价格取决于产品的市场需求,最低价格取决于该产品的成本费用。在市场竞争激烈的环境下,产品的价格则取决于同类竞争产品的价格水平。某一产品要想在价格上取得竞争优势,则必须具有很高的品质,或者是在市场上没有替代品。体育赛事转播权是一类特殊的商品,其价格通常会受到以下几方面因素的影响。

1.受众的需求特征

从商业逻辑来看,只有被大量受众喜爱的赛事才能在转播权销售上卖个好价钱。但是,受众内部存在许多社会文化、心理以及人口统计因素方面的差异。因此,体育组织和电视机构需要对受众进行细分以选定目标市场,进行有针对性的定价。

例如,作为世界第一运动的足球在美国就没有很好的市场。虽然国际足联将 1994 年的男足世界杯与 1996 年的女足世界杯都交由美国举办,同时将转播权贱卖,但效果并不理想。相形之下,NBA 赛事的转播费就要高很多。亚洲乒乓球锦标赛几乎就是世界最高水平的乒乓球比赛,然而 2007 年瑞士的一家体育经纪公司曾经只用了 2 万美元的价格,就买走了 2007 年亚洲乒乓球锦标赛的国际转播权,原因是西方的电视观众对乒乓球的热情还不够高。所以,在体育赛事转播权的销售实践中,针对不同地区的受众消费特点实行差价销售是较为普遍的一种做法。

2.体育赛事本身的"注意力"价值

从心理学来看,"注意力"就是指人们关注一个主题、事件、行为或某一信息的持久程度。在当今信息过剩的社会,注意力已经形成一种商业价值。在经济上,注意力也已成为一种经济资源。这种由注意力所形成的经济模式就是"注意力经济"(Attention Economy),也被形象地称为"眼球经济"。体育赛事的注意力价值即吸引观众注意的价值。这取决于赛事本身的精彩程度(竞技水平)、明星运动员的数量、赛事的文化传统等。很显然,赛事本身的注意力价值越大,媒体对其进行传播的意愿就越强烈,体育赛事在传播权的交易过程中与媒体的议价能力就越大。

3.赛事的品牌价值

目前,产品竞争已经进入品牌竞争时代。赛事的品牌价值已成为转播权定价的最主要根据。根据现代营销学之父科特勒在《市场营销学》中的定义,品牌是指销售者向购买者长期提供的一组特定的特点、利益和服务。品牌能使消费者对产品或服务形成积极共识和商誉记忆,最终在消费者心目中形成稳固的印象。良好的品牌效应能促进观众的购买欲望和减少购买风险,并可以从品牌属性中得到情感价值的体验。

体育赛事的品牌价值可以从可信度、知名度、美誉度和忠诚度 4 个方面来评估。可信度是对人或事物的质量的相信程度。因此,质量从根本上决定可信度。体育赛事作为一项产品,其质量主要体现在规模、比赛的竞技水平、参与者的身份(如明星运动员)等几个方面。知名度反映赛事在观众中的认知程度,包括赛事举办者的身份、参赛运动员的多少、赛事周期的长短、明

星数量等。一些小型运动会邀请一些体育明星助阵的目的就在于增加赛事的知名度。美誉度指的是公众对赛事的评价。影响赛事美誉度的因素主要有赛事的历史影响力、包装和推广、可替代程度、赛事的宗旨和理念、赛事氛围、明星忠诚度、媒体渠道以及赛事赞助等。忠诚度是指观众持续关注或观看某一赛事的可能程度,主要受比赛的吸引力、赛事"亚文化"因素(认同感)等因素的影响。

4.体育赛事举办方的市场营销策略

价格也是现代企业的营销手段之一,体育赛事电视转播权的定价也受体育组织与举办方市场营销策略的影响。一些举办时间不长的赛事或计划打入新市场的赛事,为了迅速在市场立足,可以采取"市场渗透"的低价策略。目前,中国经济发展迅速,体育传播市场潜力巨大,因此,NBA、欧洲足球联赛等都曾把转播权以较低的价格卖给中央电视台,F1大奖赛甚至向中央电视台赠送了8年的电视转播权,竞争程度以及行政干预程度较高。

5.媒体之间的竞争

基于体育赛事(尤其是大型标志性体育赛事)巨大的"注意力"价值,各媒体在赛事转播权销售市场中的竞争也日趋激烈。上述奥运会等赛事电视转播权转让费的节节攀升就是这种竞争导致的结果。

6.行政力量的干预

一般资源的转让大多通过市场来实现。但是,由于媒体的意识形态性、体育事业的公益性甚至政治性,体育赛事资源在销售过程中存在着许多非市场力量的束缚。这些非市场力量的介入会使转播权价格偏离人们根据市场因素所作的预期。对于我国来说,在国际重要比赛转播权的购买上,行政权力保护了公众的利益,抑制了中国电视转播权价格的非理性上涨,但是却造就了中央电视台在国际大赛中的绝对垄断地位。在国内市场,受行政权力格局的影响,中央电视台、北京电视台、上海电视台处于优势地位,其他地方台在体育赛事的电视转播上难有作为。在非完全竞争的市场上,中国的电视转播权价格受到了抑制。

四、体育赛事传播权益的保护

在复杂的经济环境和科技快速发展的背景下,经常会出现一些未经体育赛事相关权利人授权许可而擅自复制传播网络体育赛事的行为。这是一种变相隐性侵犯网络体育赛事传播专有权的行为。因此,需要对经由合法途径和市场交易途径而获取的体育赛事转播权进行保护。

第29届奥林匹克运动会赛事及相关活动在中国内地和澳门地区的新媒体互联网和移动平台转播权(包含了著作权法意义上的信息网络传播权)由国际奥委会独家授予央视国际网络有限公司(以下简称"央视国际")。广州"世纪龙"信息网络有限公司在未经权利人许可的情况下转播(回放)了"奥运圣火耀珠峰"这一活动。这是一种隐性侵犯网络体育赛事传播专有权的行为。2008年10月13日,广州市中级人民法院受理了央视国际诉广州"世纪龙"信息网络有限公司著作权纠纷一案。法院判决被告实时转播央视奥运频道正在直播的奥运火炬珠穆朗玛峰传递节目"奥运圣火耀珠峰"并进行回放的行为侵犯了原告的信息网络传播权,判决被告侵权成立,赔偿央视国际经济损失30万元。

根据相关法律,体育赛事本身虽不是作品,不受著作权法保护,但应对其进行摄制或录制而形成的作品或制品享有著作权。国务院于 2006 年制定了《信息网络传播权保护条例》。该条例严格保护著作权人、表演者、录音录像制作者等权利人利益,同时协调了其与网络服务商、社会公众利益之间的平衡,为相关部门处理网络版权纠纷提供了法律依据。

体育赛事传播权的销售仍然要贯彻"谁投资,谁受益"的商业原则。以 2000 年悉尼奥运会为例,很多人认为随着网络作为一种全新媒介的普及,这将是一届"网络奥运会"。但是,国际奥委会却禁止全球网站直播奥运比赛,理由是保障花 7 亿美元购买奥运会的美国独家转播权的 NBC 的权益(只有 NBC 的网站才被允许在 NBC 电视播出相关视频后在网上直播精彩片段)。除美国外,全世界 219 个国家和地区的电视台均购买了奥运会的电视转播权,但均无权在网上转播[1]。

五、新媒体环境下的体育赛事传播权益销售

集数据通信、新闻资讯和文化娱乐等功能于一身的多媒体平台的出现,使得传统电视转播已经不能满足体育赛事节目观众对赛事观看"互动性、全面性、即时性"的需求。所谓"新媒体",是指以互联网、移动通信以及数字技术等软、硬件技术为基础的新兴传媒形态。在体育赛事传播领域,新媒体不仅提高了体育赛事传播权的市场配置效率,也因其传播方式和内容的多样化而更好地满足了受众的需求。

在新媒体背景下,体育赛事传播权益的市场化取决于赛事生产者、新媒体和受众的共同利益诉求。这一价值创造活动的过程存在 3 种特征:首先,与传统电视媒体只作为体育赛事内容的"搬运工"相比较,新媒体更好地实现了供求匹配,通过满足差异化需求,实现网络的"长尾效应";与此同时,新媒体转播行为也不再趋于公共服务类型,而是从赛事内容获得的门槛上建立多元化盈利模式。其次,新媒体实现了技术要素与智能化、互动化的契合。与传统电视媒体相比,新媒体形成的既是互联互通的生产系统,又是精准智能的经营系统。"互联互通"的生产系统能够采用各种智能算法,根据价值创造活动中的各参与主体产生的信息,识别其中隐含的需求偏好与消费模式,为价值创造"再生产""再加工"的活动提供准确依据。最后,在新媒体背景下,体育赛事转播权的价值创造,实现了内部资源的优化配置,形成了规模经济效应。新媒体的数字技术赋能,实现了价值创造活动中各个参与主体之间资源和物质的高效互换、信息的有效流通,降低了各自的边际生产成本。"腾讯"所属的社交媒体、阿里和苏宁等典型的电商平台为代表的新媒体已成为体育赛事转播市场的重要主体。譬如,2019 年 7 月,"腾讯"与 NBA 达成新一轮的续约协议,以 5 年 15 亿美元的价格获得了 2020—2025 年的新媒体转播权。

微课视频:体育赛事盗播不断,法律纠纷这么判!(哔哩哔哩)。

案例 5-2:版权赛事升级,转播商竞速亚运会

央视新闻最新数据显示,杭州亚运会开幕式现场直播及相关报道在总台全媒体多平台的跨媒体总阅读播放量超 5.03 亿次。总台新媒体多平台直点播总阅读播放量达 3.04 亿次,其中,电视端总台多个频道全国网并机总收视率达 6.96%,累计观众收视人次达 1.99 亿次。

① 齐朝勇.中美体育赛事电视转播权营销现状比较研究[J].西安体育学院学报,2006,23(2):31-33.

用户规模随着赛事的推进呈现快速增长趋势,互联网平台的流量争夺也随之变得如火如荼。公开资料显示,杭州亚运会期间,用户可在腾讯视频、腾讯新闻、微信、虎牙直播等平台观看亚运全场次比赛转播、回放。与此同时,抖音、快手、咪咕、虎牙、香港有线宽频集团等5家平台、电视台也在此前陆续官宣成为杭州亚运会持权转播商。成为"双奥"官方转播商后,快手再次拿下国际体育赛事版权。据公开报道,围绕赛事进程,平台打造覆盖赛事内容、运动员报道、自制节目、前方报道团、互动玩法等多个维度的创新内容。除此之外,抖音在拿下世界杯版权之后,也在提速体育版权领域的布局,杭州亚运会期间,平台用户可以观看亚运全场次比赛直播、全场回放,围绕赛事直播,抖音还呈现了运动员直播、场内外资讯、花絮、节目、运动科普等内容。

在视听产业融合创新的大趋势之下,"视听+体育"领域也呈现出跨界发展的新趋势,5G+4K/8K超高清、云赛场等新形态和新模式的涌现,提供了高品质观赛体验,同时对网络视听产业提出了新的要求。除了传统的媒介,本届亚运会的转播模式还融入了"黑科技"。据杭州第19届亚运会组委会介绍,杭州亚运会是首届采用云上转播的亚运会。预计将在云上传输最大60路高清和超高清信号,总计将超5 000小时时长,除了赛事直播,杭州亚运会还将在云上提供短视频、精彩集锦、赛事新闻等视频内容。

亚运会、大运会、中国网球公开赛、上海网球大师赛……重磅体育赛事纷至沓来,2023年将成为毋庸置疑的体育大年。值得注意的是,长期以来,一直作为长视频平台必争之地的体育赛事版权,随着短视频平台的入局,打破了势态。据介绍,与传统卫星转播模式相比,云上转播超越其带宽和线下设备限制,提供了更丰富的画面信号和剪辑方式,即使没有卫星接收设备的中小型转播媒体也能在云上获取节目,实时在线剪辑当地专属的比赛画面,让家乡人看到运动员的精彩表现。

体育迷陈奇告诉北京商报记者,"多个平台分割赛事版权和转播权,作为观众,我们可能需要注册或者付费不同的平台账号才能观看所有比赛,这无疑增加了一些经济和时间成本,但是其积极的一面是,不同的平台会有不同的解说团队、分镜头和赛事回放等服务,让观众能够选择更适合自己喜好的画面,如果真的非常热爱某项运动,这些成本是绝对值得的"。

在中央财经大学文化经济研究院院长魏鹏举看来,赛事版权能够为相关联的文化产业提供更广阔的合作空间与商机,并与赛事形成协同发展。此外,体育赛事要通过版权经济产生更多的经济效益和社会影响力,还需要继续朝着品牌化方向推进,增加文化创意的附加值。因此,版权保护也显得尤为重要。

资料来源:北京商报("网易"转载)。

拓展阅读:如何保护冬奥赛事转播权?

2022年北京冬奥会、冬残奥会开幕在即。作为世界级赛事活动,它掀起了全民冰雪运动的热潮,人们观赛热情高涨,网络平台中关于冬奥会的话题热度也持续走高。网络平台在享受冬奥会所带来的巨大流量的同时,也应密切关注著作权侵权风险。

1.冬奥会赛事节目是否受著作权法保护?

符合独创性要求的体育赛事节目属于视听作品。像奥运会之类的大型重要体育赛事节目在制作过程中,运用了大量的镜头技巧、蒙太奇手法和剪辑手法,在机位的拍摄角度,镜头的切换,拍摄场景与对象的选择,拍摄画面的选取、剪辑、编排以及画外解说等方面均体现了摄像、编导等创作者的个性选择和安排,具有独创性,属于视听作品,受著作权法保护。

2.冬奥会赛事节目可以在网络上随意传播吗?

答案是不可以。传播冬奥会赛事节目,应取得相关权利人的许可。根据我国著作权法的相关规定,体育赛事节目作为视听作品,其著作权由制作者享有。通常在体育赛事节目上署名的制作者即为著作权人。此外,鉴于大型体育赛事通常存在广播组织享有独占性的直播等传播作品的权利,传播冬奥会赛事节目,除应取得制作者的著作权许可外,还应当取得传播体育赛事节目的广播组织的邻接权许可。广播组织有权禁止他人未经其许可将其播放的体育赛事节目以有线或者无线方式转播、录制、复制及通过信息网络向公众传播的行为。例如,在某广电公司侵害作品信息网络传播权纠纷一案中,广电公司未经节目制作人及广播组织许可,在其经营的网络数字电视平台提供了一场赛事节目的在线点播,既构成了对权利人信息网络传播权的侵害,又构成了对广播组织邻接权的侵害。

在此,法官提醒,未经权利人许可,对冬奥会赛事节目进行实时直播或延时回放的行为,均构成著作权侵权。

3.传播冬奥会赛事节目的片段是否侵权?

通常,传播体育赛事节目片段的行为包括以下两种:一是将体育赛事节目中的片段以短视频形式播出。二是自行制作的短视频中使用体育赛事节目中的片段。若上述行为未取得权利人的许可,则有可能构成著作权侵权。就后一种行为,特殊情况下可能构成合理使用,但需满足著作权法中合理使用的构成条件,司法实践中一般会结合作品使用行为的性质和目的、被使用作品的性质、被使用部分的数量和质量、使用对作品潜在市场或价值的影响等因素进行判断。但从以往司法实践的情况来看,未经许可传播体育赛事节目的片段一般难以满足上述合理使用的条件。因此,大家在观看冬奥会的同时,要谨慎传播冬奥会赛事节目,避免侵害相关权利人的合法权益。

4.网络平台存在哪些著作权侵权风险?

针对网络平台涉嫌构成体育赛事节目著作权侵权的情况,实践中通常分为以下两种:

一种情形是网络平台中存在侵权内容,但其无法证明提供信息存储空间或搜索链接等网络服务,或者网络平台作为网络服务提供者与他人以分工合作等方式共同提供侵权内容的,则构成直接侵权;另一种情形是为侵权用户提供信息存储空间或搜索链接等服务的网络平台,在对于侵权内容的传播具有主观过错的情况下,构成间接侵权,应当承担侵权损害赔偿责任。

在哪些情况下,提供信息存储空间或搜索链接服务的网络平台会被认定为具有主观过错呢?法官指出,司法实践中通常包括下列情形:体育赛事节目具有较高的知名度,行政主管机关曾发出预警函或者权利人曾发出符合规定的预警通知,侵权行为发生于体育赛事节目的热播期,网络平台为侵权体育赛事节目设置专栏或专区,进行了主动的编辑、整理和推荐,链接服务提供者设置定向链接,被链接网站明显未经许可提供侵权内容的,网络平台从侵权内容的传播中获取直接经济利益等。

5.网络平台应如何避免著作权侵权风险?

特别是在冬奥会赛事进行期间,法官建议网络平台有必要做到以下几点,以尽可能地避免著作权侵权风险。未经许可,不随意转播体育赛事节目;不对明显未经许可提供体育赛事节目的网站设置链接;不对明显未经许可的体育赛事节目设置专栏或专区,进行主动的编辑、整理和推荐;收到权利人的通知后及时针对侵权内容采取删除、屏蔽、断开链接等必要措施;基于自身所提供服务的性质、方式、引发侵权可能性的大小以及其所具备的信息管理能力,我们应积极采取其他合理措施,例如对反复、大量侵权的用户限制其使用部分功能等措施。

资料来源:中国法院网。

第五节　体育赛事的预算管理

一、体育赛事预算的概念及其类型

预算是企业在预测、决策的基础上以数量和金额的形式反映企业未来一定时期内投资、经营和财务等活动的具体计划,是为实现企业目标而对各种资源与活动做的详细安排。体育赛事预算指的是结合赛事活动的管理目标、发展计划以及经济资源配置等情况对未来一定时期内收入、支出以及现金流等财务等方面的总体计划。从一般意义上说,预算是达到利润目标的一个重要的企业管理工具。体育赛事的预算是一种可以被量化的计划方案,可以被用来直观地比较实际收入与花销和预期收入与花销的差别。其主要目的是使赛事活动资金得到更加科学合理的使用,使赛事活动得以可持续发展。从体育赛事管理公司的角度看,在确保赛事活动能够顺利举办的前提下,营利也是其生存与发展的必要条件。根据不同的预算目的,体育赛事活动的预算可以具体分为以下几种类型。

1.利润导向型

该类型的节事活动收入大于支出。这种节事活动通常是由公司型的节事机构策划,营利是活动存在的主要目标。举办产品推介会,从而推广新的产品就是该类型节事活动的最典型例子之一。另外,有些专业性较强且以收取门票为主要收入渠道的节事活动如演唱会、职业联赛等,在其预算方案中,需要根据收支情况来合理制定票价,以实现营利的目的。利润导向型的节事活动应严格控制成本,并尽可能地寻求更多的资金来源,从而达到预期的目的。

2.收支平衡型

该类型的节事活动收入与支出需要保持平衡。有些机构或公司举办节事活动并非以营利为目的,但又因为不能入不敷出,因此需要明确的预算方案来确保收支平衡。这种类型的节事活动常常由非营利性的组织或协会机构来筹办,其收入来源包括机构经费、节事赞助以及会员会费等。很多此类型的节事活动需要大量的人力资源来完成,包括组织机构日常运营、会议组织安排等,因此行政开销在支出中占据很大一部分的费用。

3.主办方亏损型

该类型的节事活动收入必然小于支出,因为从活动最初策划开始就打算将其作为一种消费行为。比如学校举办毕业典礼、政府举行市政活动、公司开展周年庆晚会等,这些活动的共同特点是为了某种特殊目的而承办活动,通常是该机构成立、发展、管理等活动内容所需,营利与收支平衡都不是其主要目的。

此外,根据预算制定的不同方式,体育赛事的预算又可以分为收支明细预算和项目预算两种。

（1）收支明细预算

收支明细预算是了解节事活动具体收支情况的最好方式之一,该类型的预算可以帮助节事活动管理者迅速、直观地了解每一项支出与收入情况。当人员（如观众、演员）数量出现变化时,该预算方式可以迅速地做出调整。这种预算方式可以帮助节事活动策划者更全面地思考活动所需花销和潜在收入来源的方方面面,能够针对具体项目进行进一步的调整与修改,方便节事活动的执行与操作,从而实现有效管理。该预算的缺点是难以预估每一个项目的准确花销,容易产生误差,并且由于节事活动花销种类较多,明细表容易变得烦琐,不方便阅读。与其他预算类似,体育赛事的预算不可避免地会有一些不确定性（如筹资渠道与收入来源的可能变化以及规划阶段收入目标因为成本上升而相应提高等）。因此,体育赛事的预算必须有一定的弹性。赛事的准备时间越长,弹性需求就越大。

（2）项目预算

项目预算是基于活动各项目安排所规划的预算,包括媒体、住宿、交通、餐饮、现场布置、材料设计等。该预算的特点是可以更有的放矢地针对具体工作进行预算规划。通过各项工作的经费安排,节事管理机构可以将经费划拨给各职能部门,并由职能部门控制管理经费的各项支出。这种预算方式可以将组织结构与预算方案更加有机地结合起来,从而寻求更有效的资源调配方式。其缺点是容易出现重复支出情况,造成资源浪费,更需要各部门的密切配合,以减少因沟通不良所造成的成本增加情况。

另外,体育赛事的预算也与赛事活动的规模直接相关。小型赛事可以整个赛事的组织运营为单位进行财务预算,而对于那些大型体育赛事,则需要分部门进行预算,以提高预算的效率与准确率,尽量降低成本。

二、体育赛事预算的作用

对体育赛事活动进行预算管理的最终目标是提高与改善赛事活动的经营管理水平,使其实现良好的可持续发展。这是一种通过量化方式表现的战略计划,以赛事活动总体目标为导向,涉及赛事活动管理过程中的方方面面,控制着相关价值与资本活动。总体来说,体育赛事的财务预算有如下几个方面的作用。

1.有助于实现体育赛事的财务目标

通过控制与引导经济活动,财务预算管理可使体育赛事经营在经济层面达到预期目标。具体量化预算编制和工作计划,可以帮助赛事活动的管理者提早考虑各种与经济有关的可能情形,并制订出完善的详细计划。另外,因为在赛事中有很多与成本有关的项目或活动是先有支付而后有收入的,因此许多投资商或赞助商（包括社会捐赠个人与组织）都要先详细了解赛事的预算情况,然后再决定是否执行相应的计划。从这个角度来看,预算还有很好的利益相关者管理功能。此外,预算还可以有效地降低成本和扩大收益,并尽可能地降低成本/收益率。

2.提高体育赛事活动的管理绩效

财务预算也是实现体育赛事管理内部各个部门之间协调的管理工具。通过预算管理对各项工作目标的预测、组织、实施、评估,可以帮助赛事举办机构实现各个项目目标,不断提高和优化各职能部门的工作表现,有效激励员工,进而更有针对性地管理节事活动的绩效。各员工、职能主管以及赛事总策划人可以根据节事预算管理各项工作,使活动行为有据可依,进而帮助节事活动更好地实现管理目标。

体育赛事的预算可以很好地提升赛事管理的控制与协调功能。在预算的执行过程中,体育赛事管理者不断调整未来经营管理活动,使之与活动内外部的环境相适应;同时,预算也能帮助赛事管理者根据预算计划更好地监督各个职能部门与人员,使之按照既定目标执行工作,做好及时的监管。

3.促进赛事机构内部沟通与协调

作为考核的标准,财务预算管理可以作为体育赛事管理业绩考核的标准。预算有助于协调赛事举办组织机构的各项活动,通过各职能部门的通力合作实现预算计划,可以促使赛事活动管理者全盘考虑整个价值链之间的相互联系,有效促进各部门之间的沟通,从而使得资源得以有效配置;同时,通过相关部门信息的反馈,赛事活动管理者能及时地获知预算在执行过程中出现的问题,从而对其进行相应的调整,减少资源浪费。

案例 5-3:悉尼奥运会的预算

2000 年悉尼申奥财务预算是由悉尼申奥公司(SOBL)在 1992 年编制的。该预算预计会有 2 590 万澳元的盈利。1993 年悉尼申奥成功后,悉尼奥林匹克项目管理集团的工作重心是编制规划和观摩 1996 年亚特兰大奥运会。1992 年的预算一直沿用到 1997 年制定了成功申奥后的第一部预算时才终止执行。

悉尼奥组委(SOCOG)向新南威尔士州财政部汇报并承担了奥运会规划阶段的 4 项主要预算修订工作:

①1997 年 4 月:观摩了亚特拉大奥运会后第一次在成功申办后修订预算。②1998 年 6 月:重新全面预估预算。③1999 年 6 月:由于赞助商提供的资金不足重新平衡预算。④2000 年 2 月:由于赞助收入进一步减少,在开幕前几个月再次平衡预算。

这几次大的修订都是不断地回顾和检查的结果,包括 1999 年的裁员行动,月度财务会计报告以及来自悉尼奥组委各个部门的每两个月更新一次的财务预测。筹划阶段跨越的时间非常长,因为通货膨胀也增加了补贴。采用了年度通货膨胀系数来将相关预算调整到当年的水平。

为了抵消成本风险和解决赞助资金不到位的问题,也需要应急资金。但是即使每次修正预算时都注入了应急资金,在 2000 年 6 月新南威尔士州财政部还是不得不拿出 7 000 万澳元来弥补资金的缺口,另外又拿出了 7 000 万澳元来弥补增加了的营运成本。

资料来源:SOCOG(2001),转引自马斯特曼.体育赛事的组织管理与营销[M].孙小珂,吴立新,金鑫,译.沈阳:辽宁科学技术出版社,2006.

三、体育赛事的财务预算编制

体育赛事的财务预算编制内容主要包括现金预算、利润表预算和资产负债表预算 3 个方面。

1.现金预算

现金预算是专门反映预算期内现金收入与现金支出,以及为满足计划现金余额而进行筹资或归还借款等的预算。体育赛事现金预算由可供使用现金、现金支出、现金余缺、现金筹措与运用 4 个部分构成。

2.利润表预算

利润表预算用来综合反映体育赛事在计划周期的预计经营成果,是体育赛事财务管理主要的财务预算表之一。编制依据是各业务预算、专门决策预算和现金预算。

3.资产负债表预算

资产负债表预算用来反映体育赛事在计划期末预计的财务状况。编制目的在于判断预算反映财务状况的稳定性和流动性。如果通过预计资产负债表的分析发现某些财务比例不佳,必要时可修改有关预算,以改善财务状况。这一预算的编制需要以计划期开始日的资产负债表为基础,结合计划期间各项业务预算、专门决策预算、现金预算和预计利润表进行。

微课:北京冬奥会的预算管理使其成为历届中最"省钱"的奥运会(腾讯网)。

第六节　体育赛事的财务控制

体育赛事财务控制的方法如下所述。

体育赛事财务控制是利用有关信息与手段,在财务管理的过程中对活动的财务管理施加影响,从而实现财务预算目标的环节。管理者可以通过保本点分析、现金流分析、财务报告与定期会议等方式对财务管理进行及时监控。

1.保本点分析

保本点客观规定着每个企业必须最低限度地向社会提供并被社会所接受的产品的数量。控制成本与收入的重要方式是对其作保本点分析,如图 5-6 所示。作为赛事管理者,应该了解节事活动收支平衡的最低营业额,经常对其保本点进行分析和研究,进而取得良好的经济效益。其计算方式为:

$$体育赛事保本点 = \frac{固定成本}{单位营业额 - 单位可变成本}$$

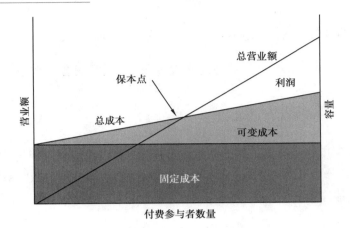

图 5-6　体育赛事活动保本点分析

由于赛事活动经常会有诸如节事赞助、津贴、捐助等固定收入，因此针对这种情况，可将保本点计算方式更改为：

$$体育赛事保本点 = \frac{固定成本 - 固定收入}{单位营业额 - 单位可变成本}$$

2.现金流分析

虽然预算可能显示成本与收益最终会匹配，但是这极易造成一种财务上的安全错觉。因为成本是不间断的，而收入有可能一直到赛事结束后才会实现。另外，收入相比成本，具有更大的不确定性。所以，一个可赢利的项目完全有可能因为现金流的不平衡而破产（Bankrupt）。

体育赛事可以通过出售门票、获取赞助与经费而获得现金收入。同时，在支付活动各项工作安排时又要不定期地使用资金。现金流分析可以记录与反映赛事举办方在不同时期所具有的现金和现金等价物流入与流出的情况，可以方便管理者直观了解节事活动的财务状况，从而更好地评估资金情况，对活动的各项工作有更准确的把握。现金流管理（Cash Flow Management，CFM）即对赛事相关现金流的监控和预测，是体育赛事经理进行人员设定和修正预算的一个重要管理工具。现金流量表（Statement of Cash Flow，SCF）主要反映一定时间内的资源与现金使用情况，可以用来预测未来某一时间段内产生现金流和达成目标的能力以及对资金的需求等。净收入与现金流之间的差异及其原因也可以在这个报表中体现出来。投资与账务的现金与非现金方面也都可以识别出来。

3.财务报告

财务报告可以让体育赛事的有关各方及时获得会计信息。体育赛事举办方每年年底应制作财务报表来说明体育赛事财务经营状况，主要包括盈亏分析报告和资产负债表。盈亏分析报告显示一段时间内的收入、支出和利润情况，包括报告类型及报告所跨的时间范围，此外该报告还包括特定时间内现金交易和贷款交易，并被看作判断和推测销售、成本、费用及利润的经营状况凭证。盈亏分析报告可以清楚地勾勒出体育组织在一段时间内的纯利润水平，是体育赛事经营决策过程中重要的一部分内容，能反映出体育赛事举办方的组织和管理水平。

资产负债表也称财务状况表,是反映企业在某一特定日期(如月末、季末、年末)全部资产、权益与债务的会计报表。根据"资产＝负债＋所有者权益"这一平衡公式,依照一定的分类标准和一定的次序,将某一特定日期的资产、负债、所有者权益的具体项目予以适当的排列后编制而成。它表明权益人在某一特定日期所拥有或控制的经济资源、所承担的现有义务和所有者对净资产的要求权。资产负债表是相当重要的财务报表,最重要的功用之一在于表现企业整体的经营状况。其功用除了帮助企业内部除错、把握经营方向、防止弊端,也可让所有阅读者于最短时间内了解企业经营状况。在一个资产负债表中,赛事管理人员应该将现有的资产项目化,包括现金和在一定时间内(通常为1年)可以变现的资产,如可赎回的有价证券。另外,长效资产(如土地与设施等)以及它们的原有价值及累计折旧率也需要列出。资产通常不以市场价格记录,所以在市场价值与账面价值之间通常会存在矛盾。

资产负债表是体育赛事财务管理过程中相当重要的财务报表,最重要的功用之一在于表现体育赛事总体的经营状况。资产负债表反映该组织资产的构成及其状况,分析体育赛事在某一特定日期所拥有的经济资源及其分布情况。可据此解释、评价和预测体育赛事管理的绩效,帮助管理部门作出合理的经营决策。

4.举办定期会议

为了使体育赛事活动经费管理的各项工作顺利进行,需要各职能部门适时了解最新信息,并对经费使用情况进行总结与汇报。针对一些大型的体育赛事活动,举办组织要求各职能部门从筹备期就开始定期开会,针对收入与支出情况、现金流、银行存款信息、会员费、员工薪酬等问题进行信息更新与讨论。此外,定期会议也是一种增加沟通、提高经费管理效率的方式。

课程思政

中国文化:冰墩墩销售火爆

冰墩墩是2022年北京冬季奥运会的吉祥物。冰墩墩将熊猫形象与富有超能量的冰晶外壳相结合,头部外壳造型取自冰雪运动头盔,装饰彩色光环,整体形象酷似航天员。冰墩墩寓意创造非凡、探索未来,体现了追求卓越、引领时代,以及面向未来的无限可能。

北京冬奥会开幕当天,超100万网友涌入天猫奥林匹克官方旗舰店,冰墩墩的许多周边产品几乎秒空。冬奥会期间,北京东城区王府井工美大厦北京2022官方特许商品旗舰店外排队等候进店购买冰墩墩的队伍始终长达百米。有人为了买到冰墩墩,排了数个小时;有人为了抢到一度限售的冰墩墩,连夜守候在店外。即便获授权厂商加班加点生产,依然无法满足市场的需求。数据显示,2月4日北京冬奥会开幕后,特许零售店的销售量和天猫奥林匹克官方旗舰店的访问量几乎翻了一番。到5月31日,冰墩墩毛绒玩具的总销售量超过了550万只。图5-7为日本著名男子花滑选手羽生结弦与冰墩墩。

图 5-7　日本著名男子花滑选手羽生结弦与冰墩墩

　　颇受大家喜爱的"冰墩墩"代表着生机勃勃的中国形象,其火爆背后是人们对中国文化的热爱和对中华文明的认同,是中国文化符号和冰雪运动的完美融合。

　　资料来源:湖南《新闻晨报》(腾讯网转载)。

【思考题】

　　1.假设你大学所在的城市某一大型社区拟举办一场群众性综合体育赛事,请为这项赛事做一个详细的预算方案,根据具体的活动内容,考虑可能的收入来源与支出情况。

　　2.利用网络资源并辅以人工智能,详细分析夏季奥运会自 1984 年洛杉矶奥运会以来电视转播权的销售策略及其经营状况。

　　3.结合自身的观赛体验与经验思考:在"自媒体"时代和"融合媒介"传播环境中,体育赛事的传播权销售有什么新的特点与挑战? 如何利用新的市场机会和迎接这些挑战?

　　4.请为所在大学的全校运动会设计一组可以自主经营的 IP 产品,并分析其市场潜力和销售策略。

第六章
体育赛事的赞助管理

【本章提要】

　　"赞助"是市场化的大背景下体育赛事主要的资金筹措的渠道之一,因此本章的内容在性质上属于第五章的一部分。这一章专门分析和讨论了体育赛事赞助的相关理论与实践问题。本章首先"清点"了体育赛事本身所拥有的可能吸引赞助的各类资源。本章第二节详细分析了体育赛事赞助的实施过程和主要环节。首先基于"市场导向"原则分析了潜在赞助商的主要利益诉求及其对赞助计划的筛查过程,然后在综合分析赞助的"供"与"求"双方利益的基础上介绍了赞助指南的拟定以及赞助计划销售的一些问题。这一节的最后分析了体育赛事的组织和举办机构在选择赞助商时需要重点考虑的因素。第三节专门讨论了体育赛事赞助商的赞助权益结构及其管理,尤其重点讨论了"排他性"赞助权益的保护与管理问题。本节最后简要讨论了赞助效益评估问题。

【关键词】

体育赛事;赞助商;赞助管理;赞助商权益;体育赛事赞助资源

【学习目标】

1. 了解体育赛事可用来吸引赞助商的潜在资源及其类型。
2. 详细了解体育赛事赞助管理的全过程及其主要的工作内容。
3. 掌握《体育赛事赞助招标书》的编写原则、制作原则、赞助商选择过程中需要注意的事项以及重点考虑的因素。
4. 从总体上详细了解体育赛事赞助权益的结构与层次。
5. 掌握赞助商权益的管理策略与措施。
6. 了解体育赛事赞助效益评估的基本内容以及主要指标。

引导案例

杭州亚运会赞助收入创历届亚运会之最

据本报记者段菁菁 10 月 5 日从杭州亚运会"创新市场开发 赋能亚运盛会"主题新闻发布会上获悉,本届亚运会共征集 118 个类别的 176 家赞助商,赞助金额共计 44.178 亿元,占到市场开发总收入的 83.1%,赞助收入和赞助商规模都为历届亚运会之最。

赞助企业充分发挥各自优势,为赛会提供了高质量的支持。例如,长龙航空的亚运主题彩绘航班把杭州亚运会的色彩送到了大江南北。与"海康威视"合作的指挥平台系统让杭州亚运会的工作更加智能高效。开幕式上超过 1 亿人参与的"数字火炬手"则由"支付宝"提供技术支撑。这些都是企业为杭州亚运会深度赋能的生动例证。在这 176 家赞助商中,有 30 多家以不同的方式参与了亚运公益。"我们与企业共创的大市场开发平台,为企业提供了多元化的渠道,帮助他们大显身手。"杭州亚组委市场开发部副部长杜梦菲如此介绍说。

作为亚运市场开发中最热门的板块,特许商品一经推出便备受关注。赞助企业中有 12 家同时成为了特许经营企业。比如,主火炬塔、描绘江南四季的徽章、勾勒"西湖十景"的丝巾、展现良渚文明的纪念邮票等多款特许商品火爆出圈,不仅成为宣传杭州亚运会的重要媒介,也成为传统文化的有形载体。吉祥物"江南忆"作为最热门的特许商品之一,占到了整体销量的 70%。另外,各类手办、徽章、冰箱贴等都成为热门产品,供不应求。截至目前,杭州亚运会的市场开发业务总收入已达 53.16 亿元。

资料来源:新华网(内容略有改动)。

学习提示:在市场经济大背景下,体育赛事的市场化与商业化程度越来越高。赞助作为体育赛事资金的主要筹措渠道日益显示出其重要性。而且,目前国际上的体育赛事赞助已经不再是简单的赞助商与体育赛事组织者之间的单纯商业交易,而已发展成为一种多方位的综合合作关系,以达到对赞助交易双方产生更大的增值效应。一方面,赞助商会尽量利用体育赛事所提供的时间与空间机会以及各类资源来追求赞助效益最大化;另一方面,体育赛事主办方的相关组织与政府部门则会让赞助的直接经济效益尽可能地"外溢"(或产生"外部性"效应)。这对于大型综合性体育赛事来说更具有意义,因为这还关系到国家的整体形象在赞助合作过程中的传播。本章即就体育赛事的这一事务进行全过程分析。

在目前市场经济高度发达的社会背景下,赞助已成为体育赛事获取资金和资源的主要渠道之一,对体育赛事的成功运营与可持续发展都具有十分重要的意义[①]。1984 年洛杉矶奥运会就因为有创意的赞助计划获得了 2.227 亿美元的盈利而使这项全世界规模最大、历史最悠久和影响力最大的体育赛事扭亏为盈,成为赛会发展史上的里程碑。

体育赛事的赞助是一种为实现营销目的,在赞助商与体育赛事组织举办方之间进行相互

---

① 从内容的性质来看,如何获取赞助并进行管理属于体育赛事财务管理的一部分。但是,考虑到赞助之于体育赛事运营管理的重要性以及相应的教学内容比较多,故专门开辟一章来进行讲授。

交换的活动。赞助商通过提供资金、人力、物资、技术以及服务等方式从赛事那里得到市场和经济方面的回报。赞助商因为直接关系到体育赛事的资金与财务问题，因此无疑是体育赛事组织举办方的重要利益相关者。企业对体育赛事的赞助行为源于赛事本身的商业价值。随着经济的快速发展，体育赛事的商业价值也得到了前所未有的重视与开发。与此同时，对体育赛事进行赞助也已经成为众多企业开展市场营销活动的一种重要手段。作为一种有效的市场沟通工具，体育赛事赞助已经在全世界范围内得到了广泛应用。具体而言，赞助具有以下几个方面的特征：第一，赞助已成为现代市场经济环境中企业进行市场营销的 4 个主要工具之一（其余 3 个分别为公共关系、广告、销售促销）。赞助行为可以有效地宣传和推广赞助商的产品、服务以及品牌。第二，赞助是一种商业转换，可以在赞助商与体育赛事之间进行有商业目的的利益转换。第三，赞助也是一种营利方式，可以为赞助双方创造额外价值。目前，赞助双方的关系已经由传统的"赞助（Sponsorship）"发展成"伙伴（Partnership）"，表明赞助商与被赞助赛事之间的合作或双赢关系进一步深入，如图 6-1 所示。

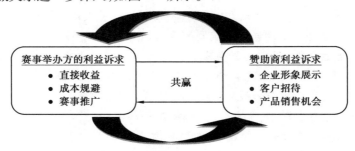

图 6-1　体育赛事举办方与赞助商合作关系图

成功的体育赛事赞助可以形成一个让赛事举办方、赞助商和赛事参与者（包括观众）都能获得相关利益的"多赢"局面。首先，对于体育赛事组织举办方来说，赞助可以让他们获得更多的运营所需资金，吸引更多的媒体关注，还可以借此丰富活动内容。另外，为了感谢参加赛事活动的员工（尤其是提供无偿服务的志愿者），赛事组织举办方通常也会寻求赞助商为这些员工提供回馈，从而减少薪酬类成本。例如，寻找服装赞助商为志愿者制作工作服或纪念服，寻找食品/饮料赞助商为员工提供优惠或消费券等。对于观众而言，更为丰富的内容以及赞助商的各种人性化服务和优惠活动也可以帮助他们更好地参与赛事活动并获得更有意义的体验。对于企业来说，他们需要通过赛事活动来增加社会关注度（媒体报道）、提升企业形象、推广新产品以及建立顾客忠诚度等。

第一节　体育赛事的赞助资源分析

"资源"意味着"有用"。体育赛事赞助资源顾名思义就是指有助于赛事目标实现，同时为赞助商接受的、可以通过赞助交易为赛事举办方带来收益的所有资产的总称，包括有形资产和无形资产。这些资产都可以视为赞助资源（无论是已经被认识到的现实资源还是尚未被认识到其价值的潜在资源）。

对于体育赛事管理者来说，寻求赞助之前的一个重要工作就是对可能的赛事赞助资源进行"事件审计"（Event Audit），也即对赛事活动所拥有的资源进行盘点并列出一个资源清单

（Inventory）。这些资源可能会因为能带来利益而让潜在赞助商产生兴趣,体育赛事组织举办方因此可以通过赞助计划书向潜在赞助商进行展示或销售这个"清单"里的资源。这些资源通常包括以下几个方面。

1.空间资源

这里的"空间"资源包括物理空间和数字-虚拟空间两个部分。物理空间主要指比赛的场地、场馆等。赛事的物质载体则包括门票、赛事纪念品以及运动员（及其他参与人员）的身体等。同一物质资源的不同空间（或部位）或同一类型物质资源的不同分类可以分成不同的单元,以销售给不同的赞助商。例如,比赛场地可以分割为场内和场外,场内可分为边线、底线、地面、空中等不同的单元。竞技者（运动员）可分为明星和一般,其身体各部位也可分为胸前、背后、臀部等。这些不同的空间单元都可以形成具有不同价值的广告部位。不同类型的资源也可以组合成更大的空间单元（如场内广告与户外广告的组合或队服广告与场内广告的组合）。

体育赛事需要通过诸多线下和线上的渠道进行内部和外部信息沟通,涉及传播领域的许多方面,如传统的纸质传媒、互联网和移动通信等。赛事网站等虚拟的空间在这个数字经济时代和移动互联时代越来越受到赞助商的重视。

2.时间资源

这里的"时间"不仅指绝对的时间,还包括赛事的"时段"特征,如赛段（如小组赛、半决赛或决赛等）、赛制（如巡回赛、主客场赛等）。举办时间可以分割成不同的时段（时间单元）分销给不同的赞助商（如小组赛、半决赛和决赛）,同样也可以将不同的时段组合起来打包销售给赞助商（如 NBA 的季前赛与季后赛组合）。在某些情况下,赛事所有权者也可以将比赛时间与空间资源组合在一起（如巡回赛、主客场赛、室内室外赛）进行整体销售。

3.举办地点

与上述"地点"不同的是,这项要素强调的是体育赛事影响范围的大小（或地理尺度）,决定某一体育赛事究竟是本地的、区域性的、全国性的还是国际性的等。很显然,影响力的大小直接决定赛事对赞助商品牌与产品的推广程度与效果,是潜在赞助商十分在意的要素,也直接关系到赞助的费用。

4.活动项目或计划

除了体育赛事中核心的体育竞赛活动项目,还要注意赛前、赛中与赛后的系列相关活动,如赛前的娱乐活动,赛中的授奖仪式、讨论会、慈善活动或赛后的庆祝酒会等。这些小"事件"也是赞助商感兴趣的展示品牌和产品的机会。

5.供应链机会

体育赛事的举办需要各类物资、器材以及住宿、公关宣传等服务的供给。从这个角度来说,赛事是一种"范围经济"。一些与赛事范围经济相关的企业或组织可以通过提供这类物资与服务来达到赞助赛事的目的。这一点对于获取"实物偿付"（Sponsorship-In-Kind）性质的赞助尤为重要。研究表明,这种赞助形式已经占到节事活动赞助费支付的28%。

6.体育赛事的身份、地位及其他无形的属性资源

这类资源是指赛事的资质、历史、影响力等品牌价值。现代各类大型的体育赛事除最为基本和核心的竞技属性外，还有文化、经济、政治乃至军事方面的属性。这些属性又是具有层次性的。例如，体育竞技属性可分为结果不确定性、对抗性、健康性、悬念性以及认同性等。文化属性包括表演、娱乐、时尚、群体注意以及新闻等属性。经济属性有投资、营利、品牌曝光和联想等属性。这类资源多是无形的。

属性意味着功能，体育赛事所有者和运营管理方当然也可以将这些属性资源进行分割或者将不同的属性组合销售给赞助商。赞助商则可以利用这些属性作为"杠杆"，以达到促销产品、推广品牌或扩大影响力的效果。体育赛事具有明显的"外部性"（或公共产品属性），需要赛事的承办方通过一定的制度安排使其为他们创造利益（即内部化）。例如，鉴于举办大型体育赛事给城市住宿业、餐饮业和旅游业所带来的外部性，就可以通过在赛场外设立餐饮区将餐饮经营权卖给相关企业，这就是典型的外部性内部化的办法。体育赛事无形资产分类表见表6-1。

表6-1　体育赛事无形资产分类表

分类依据		无形资产的分类
取得方式	外部取得	外购无形资产、通过非货币性交易置入无形资产、投资者投入无形资产、通过债务重组取得无形资产、接受捐赠取得无形资产等
	内部自创	自行研制的新产品经申请而获得的产品专利权、企业自制产品的商标经注册而获得的商标权等
有无法律保护	法定	专利权、商标权、著作权等
	收益性	非专利技术
有效期限	有限期	商标权、著作权、专利权、土地使用权等
	无限期	专有技术等
评价的内容	权利型	租赁权、特许经营权、转播权、土地使用权
	关系型	顾客关系、供应商关系数据库
	知识产权型	专利权、商标权、著作权、发行权等

第二节　体育赛事赞助的实施

目前，除了奥运会和世界杯足球赛等特大型单项或综合性体育赛事因为知名度高和影响力大而处于卖方市场地位，绝大多数体育赛事因为处于买方市场而需要以主动出击的方式去"拉赞助"，在充分了解自身潜在赞助资源的基础上为潜在赞助商量身定制赞助策划方案。因此，体育赛事赞助的实施必然涉及赞助双方的相关问题。

一、体育赛事举办方的赞助市场调研

在买方市场这一经济环境下,为了做到有的放矢,找到符合体育赛事活动形象并可能对赛事感兴趣的潜在赞助商,赛事组织举办机构中的赞助管理部门需要在审视赛事筹办条件与前景的基础上,对赞助商做深度的调研,了解企业的基本情况与主要诉求。对于潜在的赞助商来说,其具体情况包括企业的发展阶段、产品(或服务)的类型以及与体育赛事的关系等均不相同,因此对体育赛事的态度与赞助的利益诉求也千差万别。目前许多大型体育赛事都将这项十分耗时耗力的工作委托给赞助活动代理机构或顾问公司来完成。调研的内容通常包括"基本利益诉求"和"赞助机会审查"两部分。

1.体育赛事赞助商的基本利益诉求

从利益的角度看,赛事的组织举办方与赞助商之间的利益相关内容通常涉及"品牌""目标市场""范围经济""管理"4个方面。相应地,体育赛事举办方可以从这4个方面着手来寻求赞助商(即开发战略利益相关方)。另外,赞助商的利益诉求是有层次的,主要体现在以下几个方面:一是提升品牌知名度,即提升公众对赞助商旗下品牌的认知度。例如,联想集团为推广其全新的品牌标识"Lenovo",成为国际奥委会的全球合作伙伴。二是进入目标市场。如长安汽车股份有限公司为了开拓华东市场,选择赞助在上海举办的某篮球联赛。三是提升品牌美誉度。由于体育赛事的营销方式较为隐蔽,对提升品牌美誉度具有较大价值。例如,耐克体育用品公司为提升其品牌美誉度,选择了包括赞助包括跨栏选手刘翔、网球名将李娜等在内的体育明星进行体育营销。

(1)品牌利益

品牌传播是很多企业寻求体育赛事赞助活动的主要原因,也是体育赛事获得赞助的最为重要和根本的功能之一。借助体育赛事传播功能实现的信息通道(包括赛事现场、各类媒体以及各类公共空间等),赞助商企业就可以提升其企业或产品的品牌知名度、认知水平以及品牌态度。例如,2008年北京奥运会赞助使联想的海外品牌知名度提升了53%。作为奥运会第三层次赞助商的UPS也通过2008年北京奥运会使其品牌在中国的知名度提升了15%。同为2008年北京奥运会第三层次赞助商的中国本土品牌"恒源祥"的品牌价值从2006年的21.23亿元跃升为94.58亿元,排名也从第273位跨越至当年的第64位。

(2)市场利益

这一利益诉求又具体表现在销售促进与消费者研究两个方面,是建立在赞助双方"目标市场"方面的一致或有关联这一基础上的。当双方目标市场一致时,赞助活动可以促进原有的销售。在双方目标市场有一定的关联性时,赞助方则可以借助赞助活动接触或拓展新的市场,或者增加对特定的、新的目标观众的接触面,并增进对其的了解。

(3)范围经济利益

范围经济利益相关是指赞助商在原材料、产品和服务的供应方面与体育赛事的举办具有关联性,从而可以通过提供实物材料或服务对后者实施赞助。体育赛事组织方可以运用这一原理寻找可以参与体育赛事组织运营的潜在赞助商。具体来说,可以从"生产流程"和"传播过程"两个方面来发展范围经济利益相关方。

（4）管理价值利益

对于一些极具观赏性和娱乐性的体育赛事，组织举办方常常通过赠送门票或提供优惠门票、特殊通道以及停车场地等方式来吸引赞助商。而赞助商本身也可以通过赞助来换取这些特权，为员工创造机会，从而以回馈员工的方式建立与增强企业员工的归属感与自豪感。因此，这是赞助商进行员工激励的一个重要管理手段。

2.体育赛事赞助商的赞助机会审查

赞助包括体育赛事在内的各类节事活动是许多企业的主要市场营销策略之一。因此，寻找赞助机会是企业日常运营管理的一个主要事务。赞助商在考虑是否要对一个体育赛事进行赞助时，需要对赛事举办方所能提供的赞助机会以及由此获得的权益和利益等进行详细的审查分析（Screening）。对潜在赞助商具体赞助权益和利益诉求的详细了解对于体育赛事赞助管理部门来说具有十分重要的意义，正所谓"知己知彼，百战不殆"。大量的经验研究表明，企业在对体育赛事实施赞助前的"审查"行为通常包括以下几个方面的内容。

（1）赛事观众的特征

对这一要素进行评价的目的在于，了解体育赛事的目标受众的人口统计特征变量、态度、生活方式等与赞助商的产品或服务的目标市场是否一致。

（2）媒体报道

体育赛事有什么样的新闻价值？赛事传媒的空间覆盖范围如何（地区、国家或国际）？媒体影响的空间范围与产品的销售区域范围是否一致？赞助商的产品与服务是否可以在赛事现场销售？销售点的数量？是否有专门的摊点（Booths）？赛事是否与其他媒体广告相联系？赞助商的宣传横幅与标记等是否可以在赛事空间中出现？是否有尺寸与数量的要求？在赛事的电视直播与转播中是否可见？是否可以在赛事相关活动中出现以及出现频率是多少？赞助商的产品名称与商标等是否可以在赛事促销活动中识别？是否有赛事海报，数量是多少？是否有赛事新闻发布会，数量是多少？各类媒体广告的数量以及媒体的特点（地点、层次等）如何识别？赞助商产品的名称是否可以在公共场合或空间里出现，次数是多少？

（3）分销渠道的受众

赞助活动是否对赞助商产品的批发商、零售商与特许经营商等具有明显优势？或者赞助是否可以为赞助商的这些"下游"企业或合作伙伴带来收益？他们是否会参加到赞助活动的促销中来？

（4）竞争优势

体育赛事是不是唯一的或具有明显的独特性？赛事以前是否有赞助商？如果有，赞助活动是否成功？赛事是否有其他的赞助商？如果有，赞助商的集群是不是一个问题？赞助商之间是否会存在直接冲突？是否需要联合赞助（Co-sponsors）？如果有这个计划，产品是否具有排他性？其他的赞助商与自身的产品是否相容？自身的产品是否能体现或被识别？

（5）投资回报率

这主要是考察赞助的成本（包括货币与实物赞助费的总和）与收益之间的关系，需要考虑赛事举办方是否能够保证一个最低的收益水平。

（6）赛事本身的特点

体育赛事在公众中的声望如何？是不是同类赛事中最好的？赛事的品牌形象与赞助商的形象是否相容（或存在冲突）？赛事的品牌形象是否具有连续性？还是短期性的？

（7）赛事组织举办机构的声誉

赛事组织举办方是否有足够的经验？是否有足够的专业人才保证赞助商的利益实现？赛事举办方是否值得赞助商与其建立联系？是否有良好的与赞助商合作的信誉？赞助商与赛事组织方以前是否有过合作？效果如何（经历是否愉快）？赛事举办组织对赛事活动是否有无可争议的控制和管理权限？赛事组织方对赞助商的利益承诺需要多长时间才能兑现？赛事举办方的员工对赞助商的要素做如何反应？是否有保险？赞助商有何责任或义务？

（8）娱乐与招待机会

与赛事有关的社会名流或明星是否可以作为赞助商的代言人？如果是这样，那他们会在什么场合出现？成本如何？赞助关系中是否包括赛事的门票？数量与场次如何？座位在赛场中的位置如何？赞助商代表是否可以享受 VIP 待遇？赞助商代表与工作人员是否有与社会名流或明星互动的机会？

微课视频：如何才能选准体育赛事类的赞助对象？（哔哩哔哩）。

二、体育赛事赞助指南的拟定与赞助商的选择

通过前述对自身所拥有的赞助资源的摸查和对赞助市场的调研，体育赛事组织机构中的赞助管理部门就可以编写出有针对性的赞助策划方案，量身定制符合赞助商企业管理目标的赞助策划书。

1.赞助策划书的编写原则

体育赛事赞助策划书的编写通常需要遵循以下几个重要原则。

（1）"售卖"权益原则

招标书面对潜在赞助商所售卖的应该是从赞助中可能获得的利益而不仅仅是赛事赞助资源的展示。招标文件的内容应该针对赞助商的利益而不是被赞助对象（赛事自身）的利益。

（2）商业计划原则

赛事举办方应该努力将招标书的赞助资源为赞助商"量身定制"为可操作的商业计划。如某个保险公司可能对赛事的不确定性因素比较感兴趣，而某个软饮料生产商可能会对现场的销售机会更感兴趣。除了赞助可以直接获取的利益外，这项文件还应该包括可以提供给赞助商的权益开发机会。或者说，赛事组织方售卖的主要不是利益而是"商务解决方案"（Business Solutions）。

（3）风险最小化原则

企业对体育赛事的赞助行为也是有风险的，由于各种主客观条件以及一些不确定因素的影响，赞助有可能无法达成预期目标，甚至会对赞助商的企业品牌形象造成负面影响。为此，体育赛事组织举办方需要在招商指南里明确风险管理机制与规避策略。

（4）增值效应原则

这一点即要求赛事组织方要注重总体效益，或者注意赞助合同给赞助方带来的整体效果，而不是仅仅强调某一方面的利益。

2.体育赛事赞助指南的内容要求

体育赛事组织举办方需要在策划书中将赛事能给予赞助商的权益和机会清楚地呈现出来。为了让赞助商更为详细和有针对性地评估体育赛事组提供的赞助机会与权益，赞助策划书的主要内容应包括下述内容。

（1）赛事介绍

这一部分是对赛事活动内容做一个简要的描述，包括赛事的时间、地点、活动内容、目标观众与市场（须包含年龄、性别、职业、收入等人口统计因素特征）、赛事的层次和举办机构的背景、经历、目标、使命以及往届赛事的评估分析（如果有）等。

（2）赞助商的权益与收益说明

这一部分是赞助招商指南的主体与核心内容[①]。

（3）赞助方案

赞助方案的内容主要包括赛事所需要的资金数量和资金消费去向（计划）等。

（4）赛事的营销计划与研究方案

在这一部分，赛事举办组织需要对赛事拟采用的促销方式、传媒类型等做出详细的说明，以便潜在赞助商评估其宣传效用。

（5）赛事或相关活动的赞助历史

这直接关系到同一赛事举办的历史经验。赛事举办方需要对先前的举办情况和结果做出客观的评估说明，并需要就一些关键的要素进行举例说明。在这一部分，赛事举办方还需要说明是否有其他赞助商（如果有，则需要提供名录）以及是否在寻找其他赞助商。

（6）赛事的未来走向

当前的赛事在未来时间内是否还继续举办？如果这次赞助了该项赛事，那么未来是否还有机会合作？在赞助商看来，如果公司与所赞助的赛事活动建立了长期的联系，那么放弃某项赞助权会是一种浪费。坚持长期稳定的赞助可以使赞助商的品牌与赛事建立良好而稳固的关系，从而可以用较少的投资获得较好的赞助效果。

（7）赞助申请书提交的要求

赛事举办组织需要在招标书或邀请函中说明文件提交的形式（如是电子版还是打印稿等）以及提交的时间期限等。

3.体育赛事赞助商的选择

体育赛事组织举办方在选择目标赞助商之前，需要对这些潜在赞助商进行基本条件的考

---

① 详细内容见本章下一节。

察。以 2008 年北京奥运会为例,组委会制定了选择赞助商的五大标准,分别为资质、保障、价格、品牌与社会声誉、推广,这五大标准可以作为一般体育赛事进行赞助商研究评估时的参考①。

（1）资质因素

赞助企业必须有较强的经济实力、良好的市场声誉与发展前景、健康的财务状况。有一个问题需要特别注意,那就是,可能有些企业不适合作为赛事的赞助商。例如,某家烟草企业就不适合作为青少年运动会的赞助企业出现在赛事活动过程中。从社会公益目标与社会价值的体现来看,它也不适合作为一般性的成人赛事的赞助企业。

（2）保障因素

赞助企业必须有足够的现金流或物资来给付赞助费和为赛事提供支持。除了这些"硬"条件外,赞助商赞助的经历与口碑也是需要重点考虑的保障因素。很显然,有丰富赞助经历和良好合作口碑的企业更适合作为赞助商。

（3）价格因素

赞助商所能提供的赞助费当然是体育赛事举办方需要优先考虑的因素。但是,如果结合其他因素综合考量,赞助商的报价并不一定是越高越好,体育赛事组织举办方需要对赞助商提供的报价进行审核。

（4）品牌与社会声誉因素

体育赛事的赞助企业要有良好的社会形象与企业信誉,企业的品牌形象要与赛事的理念或精神相符。

（5）推广因素

赞助商应该有一定的推广和营销赛事的能力。

案例 6-1：奥运赞助商的"TOP 计划"

TOP 即"奥林匹克全球伙伴赞助商计划"（The Olympic Partners）,1985 年由荷兰著名的体育用品公司阿迪达斯（Adidas）与国际奥委会共同发起。巧合的是,TOP 在英语中还有"顶级"的意思,这正切合了 TOP 计划的赞助商是奥林匹克运动的顶级赞助商的意味。TOP 计划每 4 年为一个运作周期（含一届冬季奥运会和一届夏季奥运会）。各大赞助商每 4 年与国际奥委会重签协议。该计划一开始由"国际体育娱乐公司"（International Sport and Leisure, ISL）代理操作。该公司破产后改由国际奥委会的独家代理 Meridian 公司具体操作。

奥运会为 TOP 成员营造了良好的盈利空间,因此要成为 TOP 成员也不是一件容易的事。根据规定,全球赞助商必须符合三个条件:其一,企业及其产品具有高尚品质和良好形象,居于世界领先地位;其二,是跨国公司,拥有充足的全球性资源;其三,能够协助推行国际奥委会营销计划。国际奥委会全球赞助商计划作为奥运会的重要盈利模式,在遴选企业合作伙伴时十分挑剔并设定排他原则,国际奥委会在同一行业中只能挑选一家企业。奥运会组委会合作伙伴的商

---

① 赞助商也未必是越多越好。体育赛事组织方在选择赞助商时还有一个需要考虑的因素,就是目标赞助商的数量,以防止赛事的过度商业化,如英格兰足球协会一直拒绝出售世界著名的"足总杯"冠名赞助权。过度商业化不仅有损于观众的感受,而且会干扰目标市场对品牌信息的记忆(参见:MASTERMAN G. Strategic sports event management[M]. Amsterdam: Elsevier, 2004.)

业权力最大,也是按照行业内唯一原则选定,仅在奥运会举办国内拥有奥运特许权。中国联想公司在 2005—2008 年周期成功跻身这一计划名单之列,也是目前唯一的中国 TOP 计划成员①。

TOP 计划赞助经费的 50% 归当届奥运会组委会,7% 归国际奥委会,43% 由参加奥运会的各国奥委会平分。夏季奥运会赞助商投入最大,每家公司赞助费为 4 000 万美元以上。2008 年北京奥运会的 TOP 成员赞助费底线超过 6 000 万美元。除提供资金支持外,还提供重要的技术服务。作为回报,他们在 4 年的周期内可以享有在世界范围内(包括夏季、冬季奥运会,国际奥委会以及 200 个国家或地区奥委会)销售其附有奥林匹克标志产品的专营权、广告优先权以及奥运会期间参与赞助奥林匹克圣火传递、奥林匹克公园,赛场产品专卖、展销、促销的权利。权威人士指出,在一般情况下,投入 1 亿美元,品牌知名度提高 1%,而赞助奥运会,投入 1 亿美元,产品知名度可提高 3%。因而,跨国公司的奥运赞助大战往往比较激烈,不仅企业之间明争暗斗,还有企业与国际奥委会为价格而争的情况。在所有奥运会的门票上,必须印有这些赞助商的名号。更为重要的是,协议规定期间,各奥委会成员不得再与某一签约赞助商或竞争性厂商签约。因此,TOP 伙伴享有在全球范围内产品、技术、服务类别的排他权利。这种类别的排他权利通过国际奥委会与各国(地区)奥委会和奥运会组委会签订协议的方式在各国(地区)得到保障。

1985—2024 年奥运会 10 代 TOP 计划赞助商汇总见表 6-2。

表 6-2　1985—2024 年奥运会 10 代 TOP 计划赞助商汇总

代别	第 1 代	第 2 代	第 3 代	第 4 代	第 5 代	第 6 代	第 7 代	第 8 代	第 9 代②	第 10 代
年限	1985—1988	1989—1992	1993—1996	1997—2000	2001—2004	2005—2008	2009—2012	2013—2016	2017—2020	2021—2024
合作伙伴名录	可口可乐 柯达 松下 维萨卡 运动画刊 三茂 飞利浦 兄弟 联合快递	可口可乐 柯达 松下 维萨卡 运动画刊 三茂 飞利浦 兄弟 Mars 理光 美国邮政	可口可乐 柯达 松下 维萨卡 运动画刊 施乐 恒康人寿 UPS IBM 博士伦	可口可乐 柯达 松下 维萨卡 运动画刊 施乐 恒康人寿 UPS IBM 博士伦	可口可乐 柯达 松下 维萨卡 运动画刊 恒康人寿 三星 施乐 麦当劳 Swatch Sema	可口可乐 柯达 松下 维萨卡 恒康人寿 三星 Swatch Atos Origin 麦当劳 通用 联想	可口可乐 松下 维萨卡 三星 Swatch Atos Origin 麦当劳 通用 宝洁 宏碁 陶氏化学	可口可乐 松下 维萨卡 三星 Atos Origin 麦当劳 通用 宝洁 陶氏化学 普利司通 欧米茄 丰田	可口可乐 松下 维萨卡 三星 Atos Origin 通用 宝洁 陶氏化学 普利司通 欧米茄 丰田 Airbnb 阿里巴巴 英特尔	可口可乐/蒙牛③ 松下 维萨卡 三星 Atos Origin 宝洁 陶氏化学 普利司通 欧米茄 丰田 Airbnb 阿里巴巴 英特尔 德勤 安联
数额④	95	175	279	579	663	866	957	951	1 080	1 580

资料来源:国际奥委会官方网站。

---

① 2008 年北京奥运会的其他 11 家 TOP 企业分别是可口可乐、柯达、松下、VISA、恒康人寿、三星、瑞士手表、Atos Origin、麦当劳、强生和通用。
② 第 9 代中包含原定于 2020 年举办的东京奥运会由于疫情延迟到 2021 年举办的赞助情况。
③ 可口可乐与蒙牛为联合赞助(非酒精饮料类别)。
④ 单位:百万美元。

4.体育赛事赞助协议的签订

在就赞助方案的内容、权益以及价格达成一致意见后,赞助谈判的双方需要就赞助事宜签订一份赞助合同(协议),对双方的权益、责任以及关系进行具有法律约束效力的管理(具体内容与形式要求见本章"附录二")①。

第三节　体育赛事赞助商的权益管理

这一过程的关键是提供定制式的赞助协议框架。通常来说,一项预先设计好的赞助方案不太可能满足赞助商的特殊需求。因此,需要双方持续不断地沟通与谈判,尤其是在招揽新赞助商时。因此,体育赛事赞助关系的形成本身就是一个双方博弈的过程。在 1984—2008 年间的 144 家奥运合作伙伴中,只有约 30% 是成功的,即使像柯达这样的著名品牌企业也有相继宣布退出奥运会 TOP 计划的。

一、体育赛事赞助商的权益类型及其层级

体育赛事组织举办方通过对赞助资源要素的整合(包括对某一资源要素的分割或不同类型资源要素之间的组合),可以形成结构丰富的可以销售的赞助资源单元,经由市场交易的方式与赞助商达成销售协议后形成不同的赞助商权益。

1.冠名权

冠名权也称命名权(Title Rights),即赞助商拥有给体育赛事命名的权利。在大多数情况下,可能包含拥有赛事活动的专用标记权,公司产品与品牌名称都能使用。这项权益通常是最高层次的,并因此可以获得最大的收益,是最有价值的商务解决方案,当然相应地所付出的赞助费也是最高的。这一权益通常多为某一家赞助商所拥有,命名权通常会在长期赞助合同中出现,如使用赞助商的名字来命名某一定期举办的体育赛事。

2.展示权

展示权(Presenting Rights)是体育赛事组织举办方给予赞助商的产品与品牌的名称与赛事活动名称并列(作为赛事名称的一部分)的权益,也可以用于赛事的各种标识。这类赞助身份的获得比冠名权所支付的赞助要少,因为媒体可以将赞助商的公司信息与赛事名称分开。

3.范畴权

范畴权(Category Rights)意味着赞助商在他们所经营的某一领域中享有非竞争性的垄断地位,因为他们是这一方面的唯一合法代表,因此也被称为"范畴排他性赞助商"(Category-Exclusive Sponsors)。前述的冠名赞助商与展示赞助商也可能拥有这项权利。这种赞助权益有时也被称为"官方赞助商"(Official Sponsors)。

---

① 本附录所呈现的是一个通用性模板,合同双方需要根据不同的赛事类型和赞助类型进行适当修改。

这类赞助权益能比较容易地以相对低的赞助费而获得。因此,体育赛事的组织举办方通常会将相应的赞助资源进行详细的分割并分配给多个这类赞助商,以尽量获得最大化的赞助收益。在赞助商或赞助权益"金字塔"中,这类赞助商通常位于"塔底"并成为赛事赞助框架中的最为基本也是主体的构成成分(Building Blocks)。

在这一领域,有一个十分重要的问题就是如何清晰地界定范畴并保证相应赞助商的排他性身份。在这一点上,赛事组织方与赞助商之间通常会有不同的利益诉求。前者总是想将赞助资源进行尽可能分割以产生最大的赞助收益,而后者正好相反,总是想尽可能地在较大范畴内享有排他性权利以获得尽量大的赞助收益。

4.供应权

供应权(Supplier Rights)源于前述的"范围经济相关"。赛事举办方允许赞助方向赛事提供活动需要的服务、产品与设备等,通常被称为"官方供应商"(Official Suppliers)。它们也可能享有某些领域的垄断权,也可以是非排他性(Non-Exclusive)赞助商。而且,这并不妨碍拥有冠名权和展示权的赞助商也有这项权利。

二、体育赛事的赞助(商)结构

赛事赞助资源的分割与组合形成的不同赞助资源单元可以面对多个赞助商进行销售,从而在赞助权益上形成多个类型和不同层次的赞助商。赞助结构是指所有赞助商在整个体育赛事赞助计划中的地位与层次分布及其关系,通常可以分为以下几种。

1.单独结构

这种结构意味着只有一个赞助商参与赛事活动(不管提供什么程度与层次的权利)。

2.分层结构

分层结构又称为"金字塔"结构,层次数没有上限,反映了赞助商的等级地位。这是由其赞助金额与所受利益决定的。每一个层次里可以有多个赞助商,而其权益内容也可以不同。每一个层次的赞助关系和不同赛事权益相对应。例如,2008 年北京奥运会的赞助计划由 3 级架构组成:最高一级为赛事的战略合作伙伴,第二级为本届赛事的赞助商,第三级则为本届奥运会供应商(又分为独家供应商与一般供应商),如图 6-2 所示。

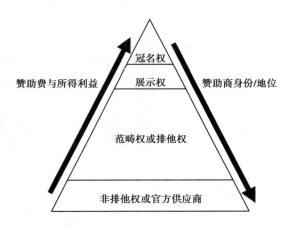

图 6-2　体育赛事赞助商权益"金字塔"结构

3.平行结构

这种结构意味着全部赞助商都具有同样的地位,可能获得相同或不同权益并支付相同或不同的赞助费用。

对于第二和第三种由多个赞助商组成的赞助结构,有学者将其称为"赞助组合"(Sponsorship Package)。

三、赞助商"排他性"权益的管理

顾名思义,体育赛事赞助中的"排他性"权益就是指赛事组织方赋予赞助商在一定的时间和地域范围内所享有独家开发赛事市场的权益,可以保证赞助方作为该项目的唯一提供商而获得巨额收益。体育赛事的多种赞助资源可以进行分割与组合,并通过合同授予赞助方而成为排他性权利的客体。根据奥运会等大型赛事的实践,目前所知道的排他性权利的客体主要有标志特许使用权、特许经营权、广告载体使用权、冠名权、指定产品(服务)供应权等。随着赛事资源的开发,体育赛事赞助排他性权利的客体范围也必将是不断发展和扩大的。

体育赛事赞助中的排他性权利往往不能完全得到保护,并会由此引发许多纠纷。如2008年北京奥运会拥有燕京啤酒、青岛啤酒和百威啤酒3家国内啤酒赞助商,尽管3家啤酒赞助商之间以及啤酒赞助商与北京奥委会之间在该问题上没有发生纠纷,但同一个赛事在同一级别且在同一行业拥有3家赞助商的做法还是引起了诸多的争论和对排他性权利保护的异议。

案例6-2:牙买加飞人惹祸,天价腕表接大额罚单

中国网8月10日讯　2012年伦敦奥运会田径比赛继续进行,在男子200米决赛中,"牙买加闪电"博尔特以19秒32,力压师弟布雷克夺冠,他也成为历史上在男子100米和200米卫冕第一人。牙买加人包揽了金银铜牌。博尔特的师弟布雷克和小将威尔分别获得银铜牌。

不过相比博尔特,国际奥委会现在更为关心布雷克在男子百米飞人大战中佩戴的天价手表。这块手表价值50万美元,由理查德·米勒腕表公司设计。

根据英国TNT杂志等其他英国媒体的报道,这款特制的运动腕表以牙买加国旗为主色调,全称"理查德·米勒陀飞轮腕表",专为布雷克参赛奥运会设计。布雷克佩戴着这块天价腕表参加了100米短跑项目的半决赛和决赛,最终获得银牌,冠军当然是世界纪录保持者、他的师兄博尔特。

奥委会在运动员比赛用服方面有着严格的规定,有关赞助商的规定也没有回旋的余地:奥运会参赛选手只能穿着所在国家体育代表队赞助商所提供的服装,与之类似,运动员非服装类装备则必须使用相应奥运会官方赞助商所赞助的用品。

欧米茄是奥运会计时器的官方赞助商,而理查德·米勒没有奥委会的授权。布雷克很有可能因此惹祸上身,或将接到一张大额罚单,影响到自己准备在伦敦奥运会参加的最后一项个人比赛。

奥运会之前,理查德·米勒曾经在一些重要赛事中赞助过很多著名运动员。在6月举行的法国网球公开赛中,西班牙网球天王拉斐尔·纳达尔佩戴了一款价值52.5万美元的理查德·米勒腕表。美国高尔夫球员布巴·沃森也曾佩戴该品牌天价腕表出现在PGA巡回赛的赛场上,此举也激怒了一众高尔夫赛事评论员。但是两人都不会因为手表的偏好而接到罚单。而对于布雷克而言,最快在晚些时候就有可能收到罚单,现在看来,如此不符合规定地佩戴手表的代价实在太大。

总的来说,国际奥委会必须马上采取行动,否则布雷克很有可能把表带到接下来举行的男

子200米决赛赛场上。当然,无论赞助商是欧米茄、理查德·米勒抑或其他,国际奥委会日进斗金的事实是无法改变的。

　　资料来源:中国网。

　　赞助商"排他性"权益保护的一项重要同时最难的工作是对"伏击(埋伏)营销"(Ambush Marketing)管控。"伏击营销"是指企业(或组织)没有付出赞助费却通过各种手段利用赛事活动的机会进行宣传营销活动的行为。这类市场营销行为的性质非常复杂,通常可以分为两类:一类是非法侵入其他合法赞助商的权益空间而获得不法利益。还有一类是由于体育赛事复杂的运营环境所造成的客观效果,一些企业或组织有意利用这个环境以"打擦边球"的心态"搭便车",从而获益。这类形式的营销活动甚至已经成为一些企业的营销策略之一,并经过精心设计与策划。

　　在网络经济时代,"伏击营销"不仅出现在真实的物理空间中,也出现在虚拟空间里。虚拟空间体育赛事隐性营销行为是指在未经授权的情况下,网站运营商借助体育赛事良好的声誉,通过各种技术手段将其网站广告、标志、产品或服务在某种程度上与网络体育赛事建立联系,获取潜在商业利益,给消费者造成一种虚假印象,误以为是经过体育赛事相关权利人许可而发布,进而达到宣传和推广网站目的的营销行为。国内有学者研究总结,目前在虚拟空间中,隐性营销的主体经常采用的隐性营销方式有网络超链接、视框链接和埋置链接3种。

　　这种隐性市场营销行为直接侵害了合同赞助商的正当利益,也有损体育竞赛的公平精神,危及了体育赛事本身的品牌价值。从更为长远的角度看,这种行为也会损害消费者的利益,甚至行为实施者的形象也会最终受到损害。因此,需要对其进行有效的管控。对"伏击营销"行为(尤其是后一类)的控制与管治是保证合法赞助商利益的一个十分重要的问题。随着体育赛事产业中赞助关系越来越复杂,赞助商也相比以前更希望得到全方位的权益保护,并在这方面和赛事举办方签订合约。对于后一类"伏击营销"行为,体育赛事的赞助管理与市场营销部门很难对其进行限制或诉诸法律。实践表明,这一类"灰色的"营销策略具有很好的市场效力。以1998年足球世界杯为例,阿迪达斯公司是本届赛事的体育用品官方赞助商,而耐克公司则只是巴西国家队的体育用品官方赞助商。但是,赛后的市场调查结果显示,耐克公司借助赛事所获得的营销效果更好,没有对赛事花任何费用便取得了32%的市场认可度,而阿迪达斯公司只取得了35%的认可度。这种营销手段还可以有效地"混淆"体育赛事目标市场的视听。针对1996年亚特兰大奥运会观众的一项调研结果显示,近1/3的人认为在奥运会期间进行广告宣传的都是奥运会的赞助商,超过1/3的人不知道有体育赛事隐性市场行为的存在。市场调查公司益普索(Ipsos)于2007年就中国公众对企业奥运市场认知度进行的一项调查结果显示,公众误认为这些品牌是奥运赞助商的平均比例为32.4%,其中误认率最高的是某乳业企业品牌(达到了57%)。这些调查结果表明,消费者对隐性市场行为的认知存在着严重的错误,难辨真伪。

案例6-3:荷兰36名女球迷因涉嫌"隐性营销"被拘留

　　新华网约翰内斯堡6月15日体育专电　据南非《星报》15日报道,在荷兰队对丹麦队比赛后,荷兰36名女球迷因身穿印有一家荷兰当地啤酒商名字的橙色迷你裙被南非警方拘留数小时。

　　这家名叫巴伐利亚的荷兰啤酒商并非南非世界杯官方指定赞助商,上述行为遭到指定赞助商百威啤酒的强烈抗议。国际足联相关负责人称巴伐利亚啤酒厂的行为是"隐性营销",属商家的不正当竞争手段。"百威啤酒是本届世界杯唯一指定的啤酒赞助商,只有他们才可以在赛场内进行广告宣传"。这位负责人表示国际足联将坚定捍卫赞助商的合法权益。在谈到相关细节时,其中一名女球迷哭着告诉《星报》记者:"当时我们在坐席上为荷兰队加油,然后就被一名国际足联官员告知必须换掉裙子并离开赛场。在被带至国际足联工作室后,我们还被告知这种行为在南非是违法的,如果罪名成立,将被判处 6 个月监禁。"

据了解,巴伐利亚啤酒厂在体育赛事方面的"隐性营销"是有历史的。他们经常把自己的品牌强加于荷兰队。在 2006 年德国世界杯时,这家啤酒厂如出一辙,只是当时穿的并非迷你裙,而是皮短裤。

资料来源:新华网。

四、体育赛事赞助效益的评估

体育赛事赞助效益的评估涉及两个方面的工作:一方面,赛事举办方需要对赛事给赞助商带来的效益进行评估。这是一项重要的赞助权益管理工作,实质上是一种赞助双方的"关系管理"工作:评估结果不仅是维持和增进赞助双方合作关系的重要依据(这对于那些定期举办的标志性体育赛事来说更为重要),还可以帮助吸引更多和更大规模的赞助。对于一些大的赞助商来说,体育赛事举办方也必须主动与赞助商就评估结果进行交流与沟通。另一方面,体育赛事组织举办方也要对赞助商在其营销过程中对赛事本身所产生的影响有所了解[①]。

1.赞助投资回报的评估内容

评估工作包括 3 个方面:一是总体性地对赞助商的产品(含服务)与企业品牌形象的传播效果(也即赞助投资回报)进行评价,其中包含市场对赞助商的产品和服务的认知程度和态度变化。二是赞助商的产品或服务的销售增长情况。三是比较在媒体覆盖范围相似的媒体上做广告的价格/成本。赞助体育赛事对于赞助商来说实质上也是一种"广告"行为,因此有关赛事对企业产品与整体形象的宣传效果的评估也可以通过这种比较的方式来体现。总结起来,体育赛事赞助的评估可以从"和媒介相关"与"和客户相关"两个方面的要素进行,具体的指标体系见表 6-3。

表 6-3 体育赛事赞助评估内容一览表

和媒介相关	和客户相关
• 媒介价值和等价广告费用 • 观众水平 • 收视(听)率或网站点击量 • 影响价值:媒体种类与报道覆盖范围 • 报道频率 • 被看到的机会 • 媒体报道统计	• 商品销售量或咨询数量 • 观众数量 • 品牌形象的评价与态度 • 品牌认知度 • 认知的数量 • 市场份额的提高程度与速度 • 对促销的反馈数量,样品的分销和可兑换的优惠券等

---

① 本章只涉及第一方面的工作,对于另一方面的工作暂时从略。

2.赞助投资回报的影响因素

（1）赛事本身的因素

这方面的因素主要包括赛事的规模、影响力以及体育竞技水平等。实证研究表明，观众和赛事参与者在消费体育赛事时会将赞助商品牌的形象与体育赛事的形象联系在一起。消费者会将自己所喜爱的体育赛事的联想转移到赞助品牌上，与赞助品牌进行配对。体育赛事的品牌和赞助商的品牌匹配程度与消费者所感知到的品牌资产增值呈正相关性。所以，赞助商会在决策之前验证公司品牌与赛事特征的匹配程度。体育赛事传媒的受众对赛事的认同度会对赞助商的品牌感知与认同产生显著的影响，通常受众对赛事的认同度越高，他们对赛事赞助商的品牌感知及认同度也就越高。因此，赞助商应该努力选择媒介受众与自身目标市场一致度高的赛事进行赞助。

（2）传播体育赛事的媒介类型与特征

目前体育赛事借以传播的媒介主要有传统平面媒体、电子多媒体和基于移动互联网与数字技术的网络新媒体，其中后两种媒体日益占据赛事传媒的主流，第一种媒介已经越来越被边缘化。另外，除了普通公共媒体，赛事现场分发的宣传小册子与新闻稿等传播形式也可以视为一种特殊的专门性媒介。

体育赛事传媒直接决定了赞助商的品牌或产品的展现方式与特点，与赞助效果的关系最为直接。媒体对与赞助商有关的信息（包括赞助商的公司名称以及商标符号等）的曝光时长、频次、时段（比赛期间直播或重播）等是怎么样和在什么程度上被赞助商的目标市场关注到的。传媒类型的不同决定了其受众的数量、人口统计变量特征、消费偏好以及消费习惯等的不同。这里的受众数量并不是指媒体受众的简单数量，而是指在赛事进行期间收看该赛事或接触某赞助品牌次数的净人口，品牌传播人口也就是经验所认为的接触达到6次或以上的有效传播人口。其计算公式为：品牌传播人口数量=最大受众数量×收视率。对于那些需要门票进入的赛事来说，必须注意门票销售数量与观众数量之间的关系不一定对等（一个人可购买多张门票在不同的场地消费）①。

（3）赞助结构

实证研究表明，多层次赞助结构或平等赞助结构，可以显著提高消费者对低熟识度赞助品牌的品牌态度和购买意愿。在这两类结构中，非相似型多家赞助商共同赞助可以显著增强消费者对低熟识度赞助品牌的购买意愿。因此，只要具备足够的财力条件，赞助商总是希望能够获得单独赞助的机会，以免自身的品牌认知与态度受到不利的影响。而对于那些财力条件有限的小企业或新兴企业来说，努力在多层次赞助结构或平等赞助结构中占有一席之地则是"性价比"理想的赞助方式。

体育赛事的赞助对举办地的总体市场环境条件具有很强的依赖性，赞助的质和量两方面

---

① 目前各种媒介传播价值的评估方法所形成的结果普遍误差比较大，因为很难证明公司品牌是否被公众看到，所以认知度是一个很难评估的指标。另外，赞助费与一般媒体广告费在实质上要更贵，因为媒体在收取广告费时通常会采用累计优惠价格。

的效果深刻反映了体育产业所处的市场环境质量。一项体育赛事只有五方即赛事赞助双方、媒体、目标受众和赛事参与者达到了共赢才可称得上是高质量的。

课程思政

中国品牌靠实力"出圈"

2022 年卡塔尔男足世界杯顺利落下帷幕,海信、蒙牛和 vivo 等人们耳熟能详的中国品牌闪耀在世界足球赛事的舞台,成为中国企业走向世界的最好见证。商务部国际贸易经济合作研究院研究员徐德顺在接受记者采访时表示,中国品牌积极亮相世界杯,体现了中国企业的经济实力和战略眼光。亿万人瞩目的足球世界杯赛事是增进各国相互了解和友谊的舞台,给亮相于此的中国企业带来了巨大的广告效应。

数据显示,本届卡塔尔世界杯中国企业赞助总额超过了美国,一跃成为本届世界杯最大的赞助方。当前越来越多的中国企业希望通过世界杯这一全球顶级体育赛事,向世界展现中国企业风采,打造更具全球影响力的中国品牌。自 2006 年以来,海信坚定靠自主品牌"造船出海"。体育营销成为海信品牌建设的利器,自 2016 年以来,海信连续赞助欧洲杯和世界杯等全球顶级足球赛事,走出了一条海信特色的体育营销之路。vivo 是本届赛事唯一的手机品牌官方赞助商。体育超越时间与空间,是人类得以连接的重要活动。秉承这一理念,vivo 通过赞助世界杯深度参与各项足球赛事。

除了官方赞助商,在本届世界杯上,来自各行业的中国龙头企业也积极参与赛事的特许供应商系列,向世界展现着中国力量。例如,在场馆建设方面,有中国铁建、中集集团、精工钢构和三一重工等企业。在电力系统方面,中国电建、苏美达等企业全力保障世界杯期间的供电需求。在赛事保障及配套服务方面,宇通客车和金龙汽车的新能源大巴成为助力卡塔尔绿色交通变革最好的代言。此外,格力电器、洲明科技、雷曼光电等公司提供的设备让世界杯赛场熠熠生辉。

中央财经大学商学院副教授王生辉表示,中国品牌之所以热衷于参与世界杯等赛事营销,最根本的原因在于相当多中国企业具有积极参与全球市场竞争的底气和追求。通过世界杯这样具有强大影响力的赛事进行品牌传播,一方面能够有效提升中国企业的品牌知名度,另一方面也有利于塑造企业实力强大的品牌形象,拓展中国品牌在全球认知中的广度和深度,加快中国企业开拓国际市场的进程。

罗马不是一天建成的,中国企业之所以能够走向世界舞台,靠的是多年努力积累起来的实力。对于中国企业如何借助世界杯的东风做好营销,王生辉提出以下建议:第一,要多措并举,除了在世界杯舞台上进行品牌展示,还要积极运用各种媒介制造话题,进行整合营销传播,提高品牌传播的热度和持续性,打造综合的品牌传播力。第二,要顺势而为,加快海外市场销售渠道的构建和完善,把品牌的知名度和美誉度转换为现实的产品销售,提高产品在国际市场的渗透力。第三,要夯实基础,做好营销,最根本的还是要进行不断的技术创新,加强管理,努力提供质量可靠、性能先进的产品,更好地满足海外市场顾客的差异化需求。"期望更多的中国企业'走出去',融入全球的产业链、供应链,更好地利用国内国际两个市场、两种资源,以高质量的产品和高效率的服务赢得全球市场份额。"徐德顺说。(证券日报记者 向炎涛 见习记者 刘钊)

资料来源:《经济时报》(由"光明网"转载,文字略有改动)。

附录一:《体育赛事赞助招商指南》内容模板

×××赛事赞助招商指南

一、赞助内容

企业赞助×××赛事包括如下几项内容:

(一)提供资金

(二)提供产品

(三)提供技术和服务

二、赞助形式

企业赞助×××赛事包括3种形式:

(一)×××赛事筹(组)委会友情合作伙伴。友情合作伙伴是赞助×××赛事的最高层次(赞助金额人民币300万元以上)

(二)×××赛事筹(组)委会友情赞助商。友情赞助商是赞助×××赛事的第二层次(赞助金额人民币50万元以上)

(三)×××赛事筹(组)委会供应商。供应商是赞助×××赛事的第三层次(赞助金额人民币30万元以上)

三、赞助权益

企业赞助×××赛事所获得的权益主要包括:

(一)无形资产权益

本权益主要包括授予企业荣誉称号、友情合作伙伴、授予企业领导名誉职位以及×××赛事的特殊标记(徽记、吉祥物及称谓)使用权。

特殊标记使用的场合包括:

(1)媒体广告

(2)专用产品及外包装

(3)产品营销与市场推广活动

(二)行业权益

行业权益主要包括授予企业产品"×××赛事专用(或指定,下同)产品"称谓,给予相关行业或产品的排他权,优先选用赞助企业产品,增加产品销售等。

(三)冠名权权益

冠名权权益主要包括:

（1）大型活动［主题活动、开（闭）幕式、火炬传递、民族大联欢等］冠名

（2）单项比赛冠名

冠名采用"×××赛事会'××（企业名称）'杯YY（单项比赛名称）比赛"形式。可供赞助商选择的×××赛事会赛事项目有15项。赞助商可在上述赛事中按照成为×××赛事赞助商的先后，任选1单项进行冠名。

（四）广告权益

这一权益针对赛事合作伙伴和单项赛事冠名权企业。

1.场地广告

（1）包括开（闭）幕式现场友情合作伙伴专区广告

（2）赛场广告

在场地醒目位置如颁奖台前地面、主席台横幅、赛场地幔、领奖台以及显示屏等，制作具有良好视觉效果的赞助商名称或Logo（可根据项目特点设定广告板数量和规格）。其中，显示屏开启时和结束前发布广告，比赛期间同时滚动播放广告。

（3）场外广告（比赛地点气球或拱门、道旗或挂幅广告等）

2.新闻发布会背景板广告（赛会重要新闻发布会的主席台放置印有友情合作伙伴Logo的新闻背景板，冠名项目新闻发布会背景板则标明冠名企业名称，即"××杯××比赛"）

3.门票广告［部分比赛门票上设置Logo，其广告形式须符合筹（组）委会统一规格和要求］

4.证件广告（赛会在有关证件上设置Logo专区）

5.赛事总秩序册与宣传册插页广告（1页）

6.吉祥物模型广告

赛事期间在重要地段（如飞机场、火车站、汽车站和繁华街道等）放置吉祥物模型，在吉祥物模型的底座或其周围发布合作伙伴的Logo广告。

7.运动员号码布

在为单项比赛所有运动员印制的号码布上，印制具有良好视觉效果的赞助商名称或Logo。

8.赛事开始前现场广播祝贺性广告

9.请赞助商领导参与所冠名项目的颁奖

特别说明：

（1）以上1至6广告位置的排序，按照赞助金额的多少和签约日期的先后（金额相同时，按照签约时间先后）来确定广告位置。

（2）单项赛事冠名权益及个性化广告形式将根据各单项赛事项目特点有条件地设定。

（3）媒体平台包括电视媒体、平面媒体、网络媒体和户外媒体。

（五）招待计划权益

1.领导接见

2.贵宾席位

可获赠×××赛事开（闭）幕式等重要庆典活动的贵宾席位。

3.贵宾证件

可获赠×××赛事筹（组）委会的贵宾证件。

4.门票

可获赠开（闭）幕式等各类门票。

5.食宿

合作伙伴领导出席开(闭)幕式,筹(组)委会提供四星级或相当于四星级宾馆商务单间。比赛期间,在冠名项目赛区,筹(组)委会提供四星级或相当于四星级宾馆商务单间;参与颁奖的合作伙伴领导由筹(组)委会统一安排食宿。

6.交通

合作伙伴领导出席开(闭)幕式等重要活动,筹(组)委会提供交通工具或通行证。

7.纪念品

合作伙伴领导及相关代表可获赠×××赛事纪念品。

(六)媒体宣传权益

1.新闻发布会

(1)单独举办"×××赛事筹(组)委会合作伙伴签约仪式暨新闻发布会"。

(2)××市领导或筹(组)委会领导出席,授予"×××赛事筹(组)委会合作伙伴"称号,颁发荣誉证书,合影留念并宴请。

(3)邀请中央、省市级的各类媒体至少20家出席新闻发布会。

2.媒体专访

宣传载体包括报纸、大会官方网站、GD电视台或GZ电视台等。

3.媒体广告

(1)电视媒体(ZY电视台,GD电视台和GZ电视台)比赛期间广告时段。

(2)平面媒体。包括GZ日报或YC晚报合作伙伴光荣榜,GZ日报、YC晚报、CS商报或ZGTY报通栏广告和民族运动会快报(暂定名)或ZGTY报通栏广告。

4.网络媒体

×××赛事筹委会官方网站的通栏、弹出窗口、旗帜、浮标等形式网络广告。

5.户外媒体

主要包括户外广告或市内落地广告牌块,横幅或挂幅广告。

四、赞助收益

(一)广告收益

1.冠名单项赛事广告载体权益的广告收益

(1)通过各电视、网络、报纸等媒体对该赛事的转播、报道所体现的广告价值。

(2)单项赛事冠名的广告收益。

2.赛事期间赞助商广告载体权益的广告收益

通过各电视赛事直播、录播、赛事复播、民族运动会专题节目、赛事集锦、体育新闻、网络、报纸等媒介对×××赛事报道所体现的广告价值。

3.赛事期间供应商广告载体权益的广告收益

通过各电视、网络、报纸等媒介对×××赛事报道所体现的广告价值。

(二)行业收益

1.利用×××赛事的宣传提高产品销售收益

2.赛场销售专区零售

3.通过提升品牌形象提高品牌价值

4.其他收益

五、赞助程序

（1）企业反馈需求，提出意向

（2）双方就赞助规模、权益回报等内容进行谈判

（3）双方就赞助方案达成共识

（4）确定细节，签订赞助合同

（5）赞助商服务和品牌保护

联系地址：

联系电话： 传 真： 联 系 人：

邮 编： 电子邮箱：

二〇二三年三月十日

附录二：体育赛事赞助协议样本

本协议系：（赞助公司）与（赛事组织举办方）之间达成的（赛事名称）（以下简称"赛事"）赞助协议。本协议中的"公司产品"仅指赞助公司生产的，双方就其达成协议的那一种产品类别（即产品类别名称），对于赞助公司生产的其他产品，本协议无效。

协议双方

甲方：（赞助公司） 乙方：（赛事组织举办方）

地址： 地址：

电话： 电话：

传真： 传真：

邮箱： 邮箱：

1.甲方将成为预定于 年 月 日举行的 （赛事名称）的冠名赞助商。此赞助商资格具有排他性，如无特殊协定，任何其他公司、机构不得同时成为该赛事冠名赞助商或以类似名义来宣传。

2.作为对享受本协议所规定的权利和服务的补偿，甲方应向乙方交纳总数为 元（人民币）的赞助费。赞助费分三次付清，付款时限不得迟于 年 月 日， 年 月 日和 年 月 日。

3.在 （赛事名称）举行期间，每场比赛乙方均向甲方赠送 张门票，观赛座位位于 VIP 区域。此外，甲方还可按票面价格向乙方购买不超过体育场馆座位总数 %的门票，座位将被安排在优越的观赛区域，乙方将尽可能早地将门票交予甲方。

4.乙方确定好标准赛事名称及标志时，须将甲方公司名称冠于赛事名称之前。所确定的赛事名称须经甲方同意。

5.在同类产品中，只有甲方产品的广告可出现在举办赛事的体育场馆内，馆内不得公开销售甲方同业竞争者的产品或利用这些产品提供服务。

6.在不与体育场馆的规定及原先所定合同冲突的情况下，乙方应尽量为甲方提供条件，维护其在体育场馆内设置广告牌幅、销售商品的同类排他权。

7.甲方将于 年 月 日（或相近日期）召开赛事新闻发布会。届时，除非另经双方同意，除了提及甲方的赞助商身份以外，不得对甲方做另外的宣传。

8.本协议条款自双方签字确认之日起生效,有效期至 　年　 月　 日。

9.协议双方应负责对本协议进行保密。除非有特别规定,协议的任何一方不得将本协议的内容与条款向第三方泄露。

10.如该协议的执行涉及双方代理人的参与,乙方的代理佣金应完全由乙方负责支付,甲方无义务支付。同样,甲方的代理佣金应完全由甲方负责支付,乙方无义务支付。

11.在履行协议过程中,如果双方发生争议,应友好协商解决。协调不成的,按本协议约定的下列方法之一进行解决:(A)提交 　　　　　　(仲裁委员会名称),根据该会仲裁程序暂行规定进行仲裁。该委员会的决定是终局的,对双方均有约束力。仲裁费用,除另有规定外,由败诉一方负担。(B)向签订协议所在法院提起诉讼。

12.协议双方可本着真诚合作的原则就办理保险、免责、行为准则、商标保护等事宜商谈更详细的协议条款,列为本协议的附件。本协议履行期间,双方因履行本合同而签署的补充协议及其他书面文件,均为本协议不可分割的一部分。但协议正本的生效不以附件的生效为前提。

本协议一式两份,甲乙双方各执一份,经由甲乙双方签字、盖章后生效。

甲方名称: 乙方名称:

法人代表: 法人代表:

盖章单位: 盖章单位:

　年　 月　 日 　年　 月　 日

【思考题】

1.选择在国内举办的单项体育赛事和综合型体育赛事(各一个),利用网络资源等二手材料分析赞助商的赞助权益结构。

2.请选择一种体育赛事类型,针对某食品公司撰写一份赞助策划书。

3.假设你在为某一社区群众参与性体育赛事活动寻找赞助商,请列出该赛事的赞助资源及其依据。

4.人人都是媒体人的"自媒体"时代赞助商权益的管理面临哪些新的挑战? 为什么?

第七章
体育赛事的市场营销

【本章提要】

 本章在把"体育赛事"看作一项综合性产品的基础上,将市场营销学的基本概念、相关理论以及方法等应用到赛事的营销领域,分析了体育赛事作为一种特殊类型节事活动其市场营销活动的全过程,其中特别强调体育赛事营销与一般产品市场营销的不同点。首先,本章对市场营销的基本概念与理论问题进行了简要回顾,突出了这一领域在理论与方法方面的最新进展。其次,本章详细讨论了体育赛事市场细分以及目标市场的选择等问题,其中尤其详细分析了赛事消费者的行为决策过程。在传统市场营销"4Ps"基础上扩展而来的"7Ps"市场营销策略组合是本章的核心与重点内容,其中特别关注新增的"3Ps"营销策略。第四节阐述了体育赛事营销计划的内容,并对其执行控制的一些基本问题进行了分析。本章最后结合案例分析了体育赛事市场营销评估的主要内容与评估方法。

【关键词】

体育赛事;市场营销策略"7Ps";目标市场;营销评估;营销计划

【学习目标】

1.总体上了解体育赛事市场营销活动的全过程与主要工作内容。

2.掌握体育赛事市场细分的过程以及如何准确定位目标市场。

3.深刻理解体育赛事消费者决策的一般过程,尤其是消费动机。

4.理解和掌握体育赛事市场营销策略的"7Ps"组合(尤其是其中专门针对体育赛事新扩展的"3Ps")。

5.了解体育赛事市场营销计划的基本内容并初步掌握营销计划的制订方法。

6.掌握及学会运用体育赛事市场营销评估的主要工作内容、评估指标与评估方法。

引导案例

2023年斯巴达勇士儿童赛:国内亲子类赛事领跑者

随着"双减"政策的深入实施和体育消费热潮的兴起,"斯巴达勇士儿童赛"作为国内亲子类赛事的领跑者,正迎来前所未有的发展机遇。2023年3—12月,新赛季的"斯巴达勇士儿童赛"将在全国各重点城市全面铺开。

"斯巴达勇士儿童赛"的核心价值在于其"Earned, Not Given"的精神内核,强调通过挑战与努力赢得荣誉,引导儿童以积极乐观的心态面对生活。这一精神不仅深受参赛家庭喜爱,也为赞助商提供了品牌调性和内在气质的升华机会。赛事方通过成熟的赛事体系和极高的用户黏性,保障了优质的赛事体验,吸引了大量忠实用户和潜在消费群体。

"斯巴达勇士儿童赛"采用整合营销手段,包括为赞助商提供丰富的消费场景,如现场补给、庆祝活动、合影留念等。这些场景聚合成了大型户外"嘉年华",为品牌提供了深度互动和体验的营销会。赛事方还依托数字媒体渠道进行立体化宣传,同时结合社群活动,如赛前训练营、分享会等,帮助赞助商在特定场景中植入品牌元素,以及加深用户记忆的数字媒体与社群营销。该赛事几乎贯穿全年,覆盖全国重点城市,为赞助商提供了超长的营销周期,便于采用不同方式在不同市场开展持续营销活动的长周期营销。

赛事的营销对象主要面向拥有先进教育理念、重视子女体育教育投资、追求高质量生活品质的城市新兴家庭。这些家庭不仅是赛事的忠实用户,也是高端消费品的潜在买家。

2023年,赛事将继续深耕京津冀、长三角、珠三角、成渝等核心区域,优化赛事内容和质量,进一步提升品牌影响力。同时,赛事方将全面整合资源,继续在数字渠道发力,为参赛用户和合作伙伴带来更丰富多元的价值和体验。

综上所述,"斯巴达勇士儿童赛"以其独特的赛事体验、成熟的体系和广泛的用户基础,正逐步成为体育赛事营销推广的"新蓝海"。对于企业客户而言,把握这一机遇,不仅能够实现品牌的深度曝光和销售转换,更能与赛事共同成长,共同传递积极向上的生活态度。图7-1为"斯巴达勇士儿童赛"的一些现场照片。

图 7-1　斯巴达勇士儿童赛

学习提示：体育赛事是一种特殊的带有极强精神性的产品，因此产品的价值与理念之于赛事的消费者（即活动的参与者和观众）来说就具有极为重要的意义，是体育赛事市场营销活动的核心与关键点。作为赛事活动的组织举办方，如何通过价值与理念来进行产品差异化设计、定位目标市场以及如何传递给市场是关乎赛事活动综合收益与可持续发展的重要管理工作。另外，从市场营销的角度来看，赞助商也是体育赛事的重要市场（消费者），因此赛事的产品体系、市场认可度以及赞助机会的提供等也是需要组织举办方重点考虑的。本章拟围绕这些问题专门就体育赛事的市场营销过程与内容进行全面分析与讨论。

在当今社会，组织举办包括各类体育赛事在内的节事活动已成为一项促进地方经济与社会发展的重要举措。节事以及举办各类节事活动的城市本身就是一个抽象化了的产品。在市场经济高度发达和竞争日益激烈的环境中，节事活动和举办地都整体需要制订周密的市场营销计划，将产品更好地推销出去，从而最大限度地实现预期的目标。

第一节　体育赛事市场营销概述

"营销"译自英文"Marketing"，是从"Market"（市场）一词发展而来的。市场营销活动由来已久，但其作为一项具有高级管理职能的现代企业经营活动和指导思想，仅有十几年的历史。而且，越来越多的非营利性组织也开始开展市场营销活动，以提升自身的知名度、影响力以及发展理念。随着市场经济越来越复杂化、市场分工越来越细和市场竞争日益激烈，市场营销的内涵、运作方式等都在经历着深刻的变化。

一、"市场营销"概念及市场营销观念的发展

目前，关于"市场营销"的定义有很多种，众多学者从不同的学科角度和实践角度对其进行了定义。本章采用美国市场营销协会的定义："创造、沟通与传送价值给顾客，以及经营顾客关系（Customer Relationship）以便让组织与其利益关系人受益的一种组织功能与程序。"这一概念有如下几个重要的内涵：首先，市场营销以满足消费者的需求为出发点和最终目标；其次，市场营销以创造价值与传递价值为主要内容；再次，市场营销具有一种高级管理职能；最后，营销主体与对象具有复杂性，企业、组织甚至个人都面临着营销的问题。从总体上看，市场营销活动的观念随着经济与社会的发展经历了生产营销观、产品营销观、推销营销观、市场营销观和社会营销观 5 个阶段，如图 7-2 所示。

市场营销活动新的发展趋势主要表现在以下几个方面：首先，从传统的"4Ps"市场营销系统向全新的"SIVA"系统转型，如图 7-3 所示。这一转型从根本上体现了消费者导向原则。其次，市场营销活动越来越强调顾客关系管理的特质。"关联"（Relevance）、"反应"（Response）、"关系"（Relationship）和"回报"（Return）"4Rs"出现。再次，随着信息与互联网技术的快速发展以及在这个基础上形成的消费行为的变化，网络与数字营销已经成为组织市场营销途径的新宠和关键的营销渠道与平台[①]。网络营销方式不仅廉价且快速，更为重要的是具有"互动性"特点。顾客的角色由原来的营销对象或目标发展成为兼有营销活动参与者和控制者的角

---

① 具体可参见本章案例 7-1 的分析。

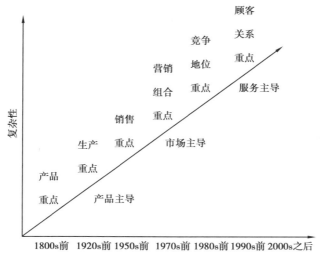

图 7-2　市场营销"焦点"的演进

色,从而颠覆了传统的与顾客沟通与建立关系的手法。这一特点也促使市场营销活动越来越朝着精准化和细致化发展。复次,在体验经济背景下,体验营销的作用日益突出。体验营销自始至终都把为顾客营造难忘的、值得回忆的体验作为其工作重点,通过满足消费者的体验需求来实现其利润目标。最后,在节事活动的管理领域,传统的市场营销概念至少需要做两个方面的调整:第一,"顾客永远都是对的"理念并不一定适合赛事活动,顾客的需求也存在一定的合理性问题。第二,很多赛事活动存在于公共政策领域,提供的是社会服务,所以市场营销中的公共性(Publicity)日益显示出其重要性。市场营销不应仅仅对市场(消费者)力量进行反映。

图 7-3　市场营销系统的转型

二、体育赛事市场营销

　　体育赛事市场营销属于事件营销的一种。从字面意思上理解,"事件营销"有两层含义:一层是传统的市场营销角度的含义。在这种情形下,体育赛事组织运营者将赛事作为一种特殊"规划事件"(Planned Events),即看成一种"产品"并运用传统的市场营销手段进行相关工作①。还有一层含义是指某一企业或组织通过赞助或举办节事活动来达到营销公司本身及其

————————————

① 关于"规划事件"(Planned Events)及其内涵,详见本书第一章。

产品目的的行为。在这种情形下,事件营销已经成为一种更高层面的组织发展策略①。本章的体育赛事市场营销概念的含义是指前一种。我们可以在前述美国市场营销协会对"市场营销"一般性定义的基础上给出体育赛事市场营销的定义:体育赛事所有者或组织运营方创造、沟通和传送与赛事活动有关的产品(含服务)、价值以及理念等给顾客,以及经营顾客关系(Customer Relationship)以便让体育赛事举办方及其利益相关者受益的一种商业行为。

第二节　体育赛事的目标市场选择

目标市场选择得准确与否直接影响着体育赛事的市场定位,选择正确的目标市场有利于赛事活动最大限度地实现目标市场营销策略,满足市场需求。因此,赛事的组织者应该在市场细分的基础上,结合自身的特点与资源条件确定目标市场,明确具体服务对象,并实施相应的目标市场策略。

一、目标市场的概念及体育赛事总体市场的构成

目标市场有狭义和广义之分。狭义的目标市场是指产品和服务的最终使用者或接受者。广义的目标市场则是指产品或服务产出过程输出的接受者。按照过程模型的观点,企业(包括体育赛事生产者)可以看作由许多过程构成的过程网络,其中某个过程既是它前面过程的顾客,又是它后面过程的供方。市场可以是个人、群体或组织。所以,广义的体育赛事市场既包含最终的用户,也包含合作伙伴和赛事经营组织内部的用户。总之,从社会营销的角度来分析,所有与赛事经营有关的利益群体(经营方除外)都可看作赛事产品的顾客,包括所有赛事经营资金的所有者、赛事产品的生产者和赛事产品的消费者。

目前体育赛事的直接消费主体主要有观众(电视观看者、现场球迷、广播收听者和媒介阅读者)、赛事参与者(体育的实际生产商)、赛事工作人员(包括志愿者)、传媒(电视传媒与网络等新媒体)、博彩业和赞助商等几类。前面三类属于显性消费者,其中尤以观众最为重要。其余几类则属于隐性消费者,主要将赛事用于再生产消费,其后又形成了间接的显性大众消费者(例如彩票购买者就属于体育赛事博彩业的消费者)。除了这些直接的消费主体,还有一些间接的赛事产品消费者,如赛事纪念品与特许商品的购买者。

二、体育赛事的市场细分

市场细分是指营销组织在市场调研与分析研究的基础上,依据一系列指标将整体市场分为若干个在特质上具有相对一致性的细分市场并选择一个或几个作为自己营销对象的过程。

消费者的需求总是千差万别的,没有一项体育赛事能满足市场上(或行业中)所有消费者的需求。在产业分工越来越细、市场竞争也越来越激烈的环境下,没有任何一个企业或组织可以面对某一地区或某一行业的整体市场开展营销活动,而是必须实行明确的市场差异化战略。因此,市场细分过程对于体育赛事来说,是一个十分关键和重要的前提和基础工作。这一过程为体育赛事举办组织的产品或服务的专业化与定制化提供了条件,以帮助定位市场并实行非

---

① 如第六章"体育赛事的赞助管理"中赞助商选择体育赛事进行赞助的行为。

常有针对性的营销活动。在市场营销实践领域,有一个经验数据:某一企业或组织80%的产品或服务通常是被20%的市场消费的,因此被称为"二八定律"。其中,这20%的市场也被习惯性地称为"忠诚"市场。

1.体育赛事的市场细分指标

与其他领域的市场细分一样,体育赛事的市场细分通常会依据下述指标来进行。

①地理变量。这类变量包括自然环境、人文地理环境、空间距离与位置等。

②人口统计变量。这类变量包括年龄、性别、教育、职业、收入水平、家庭结构、民族构成等。

③心理变量。这类变量中最为重要的是体育赛事的消费(包括参与、现场或离场观看)动机。另外,消费者的个性心理特征与性格等也是经常用到的细分指标。

④行为变量。这类变量主要包括体育赛事的参与程度、参与时机、参与频次以及对体育赛事的品牌忠诚度等。

⑤社会-文化变量。社会-文化变量涉及的要素很多,其中对体育赛事消费最为重要和有直接影响的是体育"亚文化"。它是指体育社会文化环境内由特定的社会群体所创造、信奉和推行的特有体育消费价值观或对某些体育品牌、体育赛事活动和体育活动的共同身份认同感。这一特殊文化类型的形成是一种演进过程,是个体将特定的体育活动与其个人的态度、信仰和价值观相互渗透的一种社会化的过程。这种文化会对体育赛事的消费选择偏好产生重要甚至决定性影响。

2.体育赛事的市场细分过程

(1)选定市场范围

这一过程即确定体育赛事产品或服务的范围。基本原则是根据产品或服务的内容来确定基本的服务对象(市场),即市场定位。在此基础上,还有可能包括根据潜在市场的消费水平确定是高端市场还是大众市场,以及客源市场所处的空间范围(是以国内为主还是以国际为主等)。为选定活动市场营销产品的市场范围,组织者必须明确活动本身的优势和劣势,根据自身的资源条件在产品线的宽度、顾客类型、地理范围等方面做出决策。

(2)了解潜在顾客的需求

在选定市场范围的前提下,赛事组织者严格按照市场细分的标准,估算潜在的顾客需求或利益诉求。活动组织者还需要在分析潜在顾客需求的基础上,对不同类型、具有鲜明特征的潜在顾客进行调研,以了解他们较为迫切的需求,加以归类并选出几个作为市场细分的标准。

(3)排除潜在顾客的共同需求

针对粗略划分的市场,其共同需求固然重要,但是不能作为市场细分的基础,因而可以排除这些共同需求,选择具有鲜明特征的需求作为市场细分的标准。

(4)划分不同的子市场

根据潜在顾客基本需求上的差异,可以将其划分为不同的群体或子市场,并赋予每一个子市场一定的名称。

（5）分析各细分市场需求与购买行为特点

进一步分析各细分市场需求与购买行为特点,并分析其原因,以便在此基础上决定是否可以对这些细分出来的市场进行合并,或作进一步细分。

三、体育赛事的目标市场定位

所谓市场定位(Market Positioning),是指企业根据目标市场上同类产品的竞争状况,针对顾客对该产品某些特征或属性的重视程度,为本企业产品塑造强有力的、与众不同的鲜明个性,并将其生动形象地传递给顾客以赢得顾客的认同。对于体育赛事这样的特殊产品,市场定位就是使潜在参与者能正确认识并理解本活动有别于其他活动的特征并在心目中为其留下独一无二的位置。所以,体育赛事目标市场定位的本质就是挖掘自身竞争优势、选择竞争优势并展示竞争优势,以达到将自己与竞争对手区别开来的目标。

体育赛事组织举办方在进行目标市场的定位时,通常需要回答几个方面的基本问题:第一,市场的规模,也即目标市场的数量是否可以满足利润目标。第二,目标市场的空间特征,包括市场所在的地点位置(或空间距离)和所分布的空间范围及其分布特征。这一特点会直接关系到是否有利于或适合产品和服务的流通,也会影响到产品或服务的流通以及市场(客户)的管理。第三,市场的需求与利益诉求。这是最为根本的问题,也即赛事所提供的产品与服务是不是符合目标市场的需要和需求,包括给消费者(市场)带来的有形和无形利益。第四,目标市场与赛事形象的契合问题。赛事组织者要在目标市场消费者的心目中为活动创造一定的特色与个性特征,赋予活动一定的鲜明形象,以便被消费者和社会公众识别。总之,目标市场要与活动的形象定位相一致,否则将不能对目标市场构成吸引力。第五,目标市场需符合组织者的目标。赛事组织者选择目标市场时必须具备开发该市场所需的人力、财力、物力等资源条件,同时必须符合活动的最终发展目标。只有选择那些有条件进入、能够充分发挥自身资源优势的市场作为目标市场,活动才能增强其竞争力,从而获得最佳效益。

四、目标市场的消费决策过程

体育赛事组织举办方要对选定的目标市场进行研究与评估,首先必须了解市场的消费决策过程。一般来说,这一过程会遵循下述几个步骤。

1.市场需要的鉴别

从根本上讲,这一环节是消费者研究的逻辑起点。体育赛事的参与也是基于人类的需求。这些需求应是各类具体动机产生的原动力。人类有两种最为基本的需要:补偿匮缺和自我实现。人类所有的动机及行为无非都是为了满足其中之一或同时满足这两个最为基本的需要。

2.市场的动机与利益诉求

动机的形成来源于需要。体育赛事活动参与者通常有5类基本的动机:

①社会化。一些体育赛事参与者或消费者的动机在于通过与其他赛事参与者或消费者的社会互动来达到提高自己社会性(Sociality)的目的。

②展演。体育赛事能给观众提供机会以享受体育运动带来的美感和心理上的愉悦感。在体育赛事的消费者与参与者中,有相当一部分人是为了欣赏赛事活动参与者的展演,旨在获得

一种美学的身体方面的愉悦。还有一些是通过参与展演以亲身获得这种体验。

③兴奋与刺激。体育竞技运动结果的不确定性和现场人员相关活动创造出来的景象能给观众们带来一种强烈的刺激与兴奋。获得这种心理感受与体验是体育赛事参与者最为主要的一种动机。

④自尊。体育赛事(尤其是那种群众参与性赛事活动)是对参与者的一种挑战。同时,对某一项运动技能的掌握也可以让人们产生成就感,提升个体与集体的自尊心和自我价值实现感。

⑤消费或对现实生活的逃避。直接参与和观看(到场或离场)体育赛事可以让人们暂时逃避日常生活的压力或枯燥感而获得一种身体与精神上的放松。上述这5类体育赛事的参与动机在一定程度上反映了消费者的利益诉求(或期望,Expectations),因此也间接反映了体育赛事消费者的期望。依据消费者行为学理论,体育赛事消费者的期望是营销沟通、消费者的既有相同或类似体验、口碑效应以及赛事本身的品牌或形象等因素综合作用的结果。从"需要"到"动机"再到"期望"是一个连续的心理过程。

体育赛事消费者的期望(利益诉求)由外到内可以分为3个层次。首先是基本利益。从供给角度看,这是指所有节事活动组织举办者必须提供的最为基本的产品或服务,这些产品或服务的缺失或不足会导致消费者的不适或不满意。其次是一般(类属)利益。这是指体育赛事的不同类型或风格给消费者带来的"类型化"利益诉求。最后是目标利益。这是指体育赛事组织举办者给目标市场所提供的独特的体验机会。这种机会可以通过使赛事及相关活动与众不同和提供高出同类或竞争对手质量的产品或服务来实现。前者可以通过节事活动的主题设计来完成①,如图7-4所示。

图7-4　体育赛事消费者利益诉求层次结构图

3.信息收集

当今社会已步入高度信息化的时代。体育赛事消费者可以通过各类传媒或信息渠道广泛收集信息。了解目标市场的信息收集方式与特点是体育赛事营销人员的一项至关重要的工作。这项工作的完成质量不仅关系到营销活动的成本,也可以直接影响到营销沟通的效果。概括地说,消费者的信息来源可以分为4种:一是人际来源,指通过家庭成员、朋友、邻居或同事等所获得的信息。二是商业来源,指消费者从旅行社、旅游交易会等处获得的信息。三是公共来源,即从大众传播媒体获得的信息。四是个人经验来源,即从自己以前参加过同一或类似的体育赛事活动中获得的经验。在这四种渠道中,消费者最多的信息来源是商业来源,也就是节事营销人员可以控制的来源。另外,有效信息来源是个人经验来源。

4.谈判与协商

在市场经济背景下,消费者的需要或利益可以通过不同的产品或服务得到满足。在这样一个"信息爆炸"的时代,消费者可以很轻易地接受到这些具有竞争性和可替代性的产品或服务的信息。因此,消费者必须对这些信息进行甄别与分析评估,然后做出取舍。这是一个基于

①　GETZ D. Event management and event tourism[M]. New York:Cognizant Communications Corp, 2007.

消费者的体验、社会文化背景、期望利益以及个性心理特征等的自我谈判或协商过程。对于体育赛事消费者来说,不仅要在不同赛事之间进行选择,还需要在体育赛事与其他休闲娱乐活动之间进行平衡,以选取最能满足自己利益目标的活动来参与。

消费行为学认为,消费者进行决策时总会面对各种阻碍因素的制约作用。体育赛事的参与者同样也会受到这些因素的影响。这些作用因素既包括消费者个人方面(需求)的因素(如收入、受教育程度、时间、社会关系等),也包括体育赛事本身(供给)的因素(举办地点、赛事举办地的可进入性等),还包括文化(如文化信仰和价值生活方式等)、社会(社会阶层、家庭生活与社会交往圈子)等环境因素。

5.决策

这一步骤可以看作前述 4 个步骤的结果或产出。从构成内容上看,产出包括心理和行为两部分。心理方面的结果即态度。心理学领域的研究结果表明,个体的态度也是由认知、情感和行动这 3 个层次的评估反应所构成。具体到体育赛事的消费,认知维度的态度即是指个体基于知识性的信念对某项或某类体育赛事是否能够满足需求和提供期望的利益而值得参与进行评判。情感维度的态度则是指个体对体育赛事及其相关活动等客体在感情、情绪和心境等方面的反应与评价。行动维度的态度实际是一种行为意向,是个体决定参与或不参与某项或某类体育赛事或其中的某些活动项目的一种"准备状态"。态度的这 3 个维度具有线性结构,由认知到情感再到行动,对最终行为的影响越来越大,越来越直接。

行为方面的结果也即可以观察到的个体针对某一客体的行为反应,依据时间顺序包括购买(或不购买)行为、后购买阶段的活动以及后体验阶段的行为等。这些结果为市场营销策略组合的实施提供了直接的信息。

到此,我们可以把体育赛事的消费决策过程制作成如图 7-5 所示的示意图。从总体上看,"投入"信息来自消费者内在心理因素、个人因素和外部环境因素。内在心理因素即指前述的需要、动机、感知、记忆、期望与利益诉求等。个人因素则包括性别、体型、生命周期、种族、生活方式、个人先前的相关体验以及个性心理特征等。外部环境因素包括赛事组织举办方针对市场的营销活动和赛事消费者自身以及其所处的自然、经济与社会文化背景(或环境)因素。

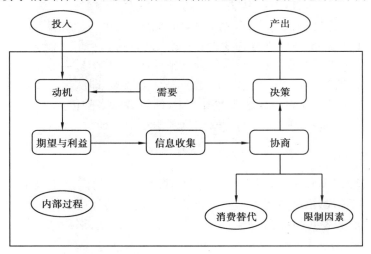

图 7-5 体育赛事消费者决策过程示意图

案例7-1: "虎扑路人王"大众街头篮球赛事

"虎扑路人王"大众街头篮球赛事创始于2016年,是一种大众参与性("草根")体育赛事,"路人"即指非职业选手。目前已在全国34座城市累计举办了约500场比赛,产生了共计超20 000局的单挑对阵。新颖的赛制、多样的玩法、极高的对抗强度以及极强的观赏性,使得"虎扑路人王"成为中国目前关注度极高、覆盖人数极多的全民参与性篮球赛事。目前,从"虎扑"App、"亮了网"单一平台直播到囊括快手、B站、今日头条、优酷等多渠道内容分发,整个互联网的周播放量达到了千万。数据显示,单站赛事在线人均观看时长达到了50分钟,直播在线人数峰值达2 560 000人,甚至高于一场职业篮球联赛强强对话场次的受关注程度。

参与赛事的人员主要以普通的篮球爱好者为主,越来越多的普通人渴望登上"虎扑路人王"的舞台展示自我实力,期待在高手过招中一战成名。选手们可以通过实力榜查询自己和对手的成绩,做到知己知彼。粉丝们也可以通过实力榜实时了解赛况进展。为了更全面地展示强化竞技属性,同时增加游戏化和娱乐化的元素玩法,"虎扑路人王"新近推出了囊括所有参赛选手在内的实时战力榜。"虎扑路人王"实时战力榜的诞生大幅提升了赛事本身的参与度,用动态数据化的呈现方式激发了选手们的战斗欲望。

回顾路人王诞生1年4个月以来的发展历程,这个萌芽于虎扑的篮球IP正呈现出让人惊喜的旺盛生命力。"虎扑路人王"团队透露,未来还将通过赛制的创新修改、缩短城市赛的时长以及增加精彩程度等策略进一步提升观赛体验。同时,增加线上视频海选报名的形式,让更多的篮球爱好者有机会登上这个舞台。赛事的奖金额度也将继续提升,以激发更多篮球爱好者的参与积极性。

最好的观众孕育最好的比赛,最好的比赛培养最好的球员,最好的球员会让比赛变得更好。"虎扑路人王"锚定成长为中国最有影响力的全民篮球IP的目标,帮助更多人走上球场舞台,助燃每个人的热血篮球梦,助力中国篮球事业的蓬勃发展。图7-6所示为"虎扑路人王"大众街头篮球赛事的比赛现场图。

图7-6　"虎扑路人王"大众街头篮球赛事

资料来源:国家体育总局官网(经整理)。

微课视频:市场分析模型(哔哩哔哩)。

第三节 体育赛事的"7Ps"市场营销策略组合

在对目标市场进行充分的分析研究后,体育赛事组织者必须针对选定的目标市场,综合运用各种可能的市场营销手段,组合成一个系统化的、与动态市场营销环境相适应的整体市场营销策略组合(Marketing Mix),将赛事相关产品与服务的信息传递给潜在的消费者并最终促成其实施购买行为。一项体育赛事活动的市场营销优势在很大程度上取决于策略组合而不是单个的营销手段的优势。

传统的市场营销策略组合"4Ps"理论已经成为市场营销学领域的经典。正如本章的开篇所说,经典的市场营销"4Ps"理论虽然还具有广泛的应用价值,但是必须根据不同的市场环境进行适时调整。在体育赛事领域,就有必要在原有的"4Ps"基础上将市场营销的策略组合内容扩展到"7Ps",即在原有"4Ps"的基础上加上"人员"(People)、"合作关系"(Partnership)和"组合"(Packaging)①。"7Ps"营销策略组合表明,体育赛事与其他所有的节事活动一样,需要实行超越传统的仅仅(或主要)针对消费者(市场)的营销模式,而不是要实行"大营销"。

一、体育赛事产品

营销学将产品视为能够满足消费者需要和欲望的任何东西,包括有形的实物、无形的服务和其他能够满足消费者需求的一切载体。对于体育赛事来说,它所提供的"产品"是以赛事活动为中心的各类有形和无形产品以及服务的总称。

1.体育赛事产品的构成及其特性

消费者购买产品的目的是享有产品给他们带来的利益。基于"产品"维度的市场营销策略的重点是将产品之于潜在市场的利益传达给消费者。利益具有层次性,相应地,产品本身在构成上也具有层次性,可以分为"核心""附加""外部"3个层次。

核心产品是指赛事的核心价值得以实现的产品形式,是一种产品区别于其他产品的主要特征。体育赛事的核心产品是体育赛事及相关活动项目。运动员通过这些活动或项目向消费者提供满足其观赏需求或对体育文化需求的服务。赛事的观众通过观看(现场或离场)活动或项目来满足自身的娱乐和审美体验与价值需求。赛事活动的参与者则可以获得各种体验。从本质上看,它属于表演服务产品,因此也具有服务类产品的形态无形性、产销同一(同时)性、不可储存性、生产与消费非标准性以及质量难以衡量等共性。其经济特征是相对稳定的,并构成另两个层次产品的依附基础。

附加产品是建立在基础产品之上,可以进行价值增值的衍生产品,既可以为赛事组织举办方增加收益,也可以通过市场交换的方式被现场或媒体观众、媒体、彩票购买者、纪念品购买者

---

① 国外与事件营销相关的学术研究与教学领域通常在原有的"4Ps"基础上再加上"4Ps",除了"3Ps"外,还有一个"项目"(Programme)。考虑到各类体育竞技或相关活动项目实际上就是体育赛事所提供的特殊"产品",因此本书将其合并至"产品"(Products)中去,最终形成"7Ps"体育赛事市场营销系统。

以及赞助商等消费。体育赛事的附加产品可以分为两类：一类是赛事纪念品与特许商品以及赛事博彩产品等。这种形态的产品也是面对最终消费者，可以独立存在的。还有一类是赛事转播权（全球、全国、地方比赛实况的电视包括网络直播节目）、体育标志特许使用权（包括会徽、队徽、吉祥物、明星肖像权等）、广告权（包括球队冠名权、赛事冠杯权、赛事场地广告牌使用权、队服不同部位的广告使用权等）。这类产品必须依附于第一类产品。其中，第二类产品本质上属于"中间型"产品，包括有形的实物产品和无形的服务产品。这部分产品的消费具有"投资"的性质（有利润追求）。消费主体包括媒体或传媒机构、彩票购买者和赞助商等。这类产品的特征是随着环境的变化而变化的，因此是相对不稳定的。这类产品具有以下几个方面的市场特征：第一，产权结构的非完整性和易逝性。这一特性是指产品和其他知识产权一样，无法对其像实物产品一样进行产权界定，因此也难以为法律所保护。第二，一定程度的垄断性。第三，特许经营性。

外部产品是指因赛事外部性而产生的产品。体育赛事产品的外部性（或准公共产品性质）表现为因赛事而带来相关产业增长的产出、城市新建的基础设施和提升的城市文化和精神等。这些外部产品也同样可以被社区居民以及社会公众通过其缴纳税款得以消费。赛事外部产品虽然不能给赛事带来现金收入，但是可以为赛事运营带来外部环境资源和政府资源（如志愿者、政府扶持等），从而减少赛事的投入[①]。体育赛事产品核心价值传导路径模型如图7-7所示。

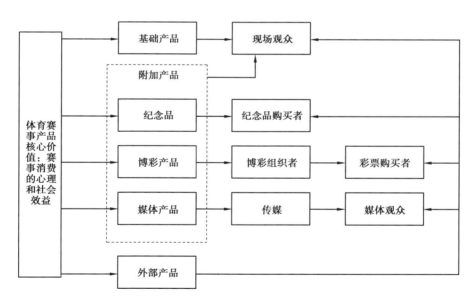

图7-7 体育赛事产品核心价值传导路径模型

体育赛事所提供的产品中含有重要的"服务"要素，因此从总体上看与传统的商品和物质产品有很大的不同，见表7-1。

---

① 徐琳.体育赛事及其赛事产品的营销学分析[J].成都体育学院学报，2009，35(6)：37-40.

表 7-1　体育赛事产品与物质产品的差异

产品比较要素	物质产品	节事活动产品
形态	有形的,可触摸的	无形的,不可触摸的
可重复性	可标准化重复生产	独特,难以重复生产
可储藏性	可储藏	不可储藏
可运输性	可运输	不可运输
所有权	发生转移	不发生转移
生产与消费的时间	先生产,后消费	生产与消费同时进行

资料来源:纳德勒,纳德勒.成功的会议管理:从策划到评估[M].刘详亚,周晶,译.北京:机械工业出版社,2003.

2.体育赛事的品牌形象

品牌既是富含商品个性、品质、服务与承诺的抽象整合,也是一种企业发展理念。品牌通常可以用一系列名称、术语、标记、符号、图案或是它们的组合等有形元素来表达,形成品牌形象。在"后工业经济"时代,品牌已经成为企业与组织最重要和最具有持久价值的资产,品牌形象营销已成为整合营销的载体。

当市场对上述体育赛事的产品组合的认知与体验有了总体印象后,体育赛事便有了自己的品牌形象。从这一意义上来说,我们不妨将体育赛事的品牌形象看作一种"整体产品"。从要素构成上看,体育赛事的品牌形象包括功能性要素和象征性要素。前者是指由价格、服务内容与服务效果等反映出来的实际功效性要素。后者则是指赛事活动的情感化(可人格化)形象(如友好、快乐和贵族化形象等)。一般来说,在整体产品上应重视象征性形象的塑造,在单项产品上则应重视功能性形象的展示。

体育赛事的品牌形象是其综合价值的体现,也是标志性体育赛事及其举办地重要的无形资产。树立品牌形象意识对于体育赛事的组织举办者来说具有十分重要的战略意义。地方标志性体育赛事活动尤其需要注意树立明确的品牌营销观念,立足于打造赛事精品。

(1)体育赛事品牌形象的差异化

这是赛事作为一个整体产品的竞争力体现的根本性决定因素,同时对其整体效益产生直接的影响。要做到品牌形象的差异化,体育赛事的组织举办方需要做好以下几个方面的工作。第一,尽可能突出地方性(含民族性),结合地方历史文化和自然风光。例如湖北省长阳土家族自治县的"清江画廊横渡挑战赛"就很好地将清江画廊的绝美自然风光和当地非常有特色的少数民族(土家族与苗族)风情与体育赛事结合在了一起。目前,该项赛事已经成为同类赛事中的经典品牌。第二,赛事要有好的理念和创意,内容涉及活动的宗旨、广告语、吉祥物和纪念品设计等。这要求体育赛事组织者在准确把握本地特色资源和活动的关系上寻找到最佳结合点作为活动的主题。第三,体育赛事品牌形象的差异化还要注意对活动本身的维护和对文化内涵的挖掘,做到常办常新。第四,持续有效地做好宣传和推介工作也是实现品牌形象差异化并提高市场认知度的一项重要工作。第五，服务的标准化与个性化互相渗透。可以用来体现服务差异化的变量包括服务的便利性（不仅表现在空间上，也表现在时间上）、个性化、标准化等。以 NBA 在中国的推广为例，其在赞助商和观众消费者两方面就实施了不同的差异化竞争战略。在消费者这方面，联盟首先进行战略性投资，通过免费或者补贴的形式培育客户基础，例如通过系列球迷活动（如 NBA"大篷车"、NBA"篮球无疆界"、NBA"2 对 2"挑战赛和少年 NBA 等）在青少年中普及推广篮球运动和 NBA，保证了篮球赛的基本需求，从而使 NBA 成为中国最受欢迎的运动联赛之一；其次，重视 NBA 赛事参与性和体验性效果；再次，有效降低观众交通费用和时间成本。在赞助商这方面，联盟采用的基本策略则是依靠竞争性"瓶颈"收取高额赞助费。在处理"消费者—赞助商"的双边市场关系方面，联盟制定了倾斜的双边价格策略：以赞助费的高价格弥补门票的低价格，使赛事双边在平台上保持平衡并最终获得盈利。

（2）体育赛事的生命周期及其产品策略

产品生命周期（Product Life Cycle，PLC）是指产品从投放市场到最终被市场淘汰的全过程，一般以产品的销售量（或市场占有量）和利润率等指标的变化将其分为"投入（或导入）""成长""成熟""衰退"4 个阶段。对于长期持续举办的标志性体育赛事来说，其整体上也具有这种发展的生命周期性特点，决定体育赛事的市场营销是一个动态过程。营销人员需要根据产品的不同发展阶段及时调整市场营销策略组合，有针对性地采取不同的营销手段以应对具体的市场环境。

导入阶段的体育赛事由于知名度与影响力小，因此销售收入与赞助金额较低，相应地，经营成本也会偏高。另外，赛事产品自身也有可能存在缺陷。因此，赛事组织方需要重视和加强赛事产品自身的品质建设。成长阶段的赛事产品已基本定型，影响也逐渐扩大，赛事消费者也越来越多。利润（或影响）的增长也会吸引竞争者进入。为了保持先入者的优势和稳定的利润空间，体育赛事组织举办方需要丰富赛事产品的特色和式样。现代奥运会就是通过不断改进比赛项目设置以迎合世界不同国家观众的需求才成为现代最成功的赛事之一的。在成熟阶段，整个产品的水平进入了一个相对稳定期。随着管理经验的增加，赛事产品的成本逐渐降到最低点，同时销售成本也在不断增加；与此同时，竞争对手的增加也使赛事产品面临更大的外界压力。这一时期需要采取一些创新性的措施（如"全明星赛""全明星猜想"、明星包装计划等）以维持现有的赛事消费者，并吸引新的赛事消费者，同时对赛事产品的服务进行改进。提高赛事的精彩程度也是体育赛事产品营销的一大手段。赛事组织方可以通过修改部分规则、赛制和调整比赛时间安排等方法来达到这个目的。例如，NBA 把比赛时间尽量安排在晚上、周末或者节假日。与其他产品一样，体育赛事产品进入衰退期有内部（产品与服务）和外部（竞争）两个方面的原因。在这一阶段，赛事产品的销售量加速下滑，利润也降到很低甚至为零。门槛较低的赛事经营者选择退出，而留下的则可以选择蓄势进入新项目或者直接放弃投资，甚至停办赛事。

二、宣传推广与促销

宣传推广是指运用各种刺激手段（如赠送优待券、折扣优待、付费赠送、陈列演示、展览等）鼓励购买以促进产品或服务的销售的一种方式。宣传推广策划是体育赛事策划和营销工作中的一个重要环节，尤其是对新近进入市场的体育赛事而言更具有重要意义。常用的宣传推广策略包含下述几种。

1.广告

广告是一种最为常见的宣传促销策略。广告的诉求方式有理性和感性两种,前者重在以理服人,强调对受众的承诺和利益保证。后者则重在以情动人,强调产品的附加值。体育赛事的市场竞争日趋激烈,同时广大消费者的文化水平和审美能力也在不断提高,消费偏好、价值观和需求特征也越来越多样化。所以,只有符合消费者心理需求的广告,讲究广告的感性诉求,才能产生更好的广告效应。

2.直邮或派发

这是一种传统但比较有效的宣传推广方式,是通过向客户直接邮寄赛事宣传资料(如宣传样单、赛事活动说明、观众邀请函以及音像资料等)的方式进行推广。这些宣传品从设计到印刷,都要求字迹清晰、颜色醒目、图案与文字比例适中。如今,随着互联网使用的大众化,数字化的电子邮件已经基本替代了传统的实物邮寄方式。现场派发是一种直接向公众散发宣传资料的推广方式。

3.人员推广

人员推广包括体育赛事活动组织者对各机构和客户的直接拜访,如电话营销、传真以及上门拜访等。人员推广可以实现组织方与客户之间的直接沟通,能很好地联络客户的情感。这种方式比较适合于以中间商和赞助商为对象的推广活动。

4.新闻发布会

新闻发布会是体育赛事活动主办方与新闻界加强联系的有效方法,由于新闻采访和报道一般是免费的,而新闻报道的可信度又比较高,因此传播效果比较好。新闻发布会是体育赛事活动举办前后十分重要的宣传环节,需要精心组织,广泛邀请记者与会。

5.大众媒体传播

通过广播电视、报刊、电影以及网络等大众传媒传播赛事活动信息是一种非常直接和高效的宣传推广方式。媒体传播的策略与原则包括明确传播目的和目标、了解传播对象情况、准确选择目标媒体、确定媒体使用的重点、科学合理地进行媒介组合(整合)、从实际出发制定传播策略等。

6.活动促销

利用各类创意活动进行营销对处于导入期的体育赛事及其产品具有重要意义。采用创意性的营销策略可以更有效率地使观众对赛事充满幻想和好奇心,进而进入体验阶段。赛事市场营销人员可以对比赛和球员进行包装,也可以制造一些新奇的事件吸引受众群体的眼球,或举办一些与观众互动的活动和大型造势活动。例如上海网球大师杯赛的导入初期,赛事运营公司新新公司先后开展了2001年的"阿加西超级模仿秀"、2002年的"寻找街头网球头"、2006年的"球童选拔大赛"等一系列的"事件"营销推广活动,为该项赛事在中国的进一步发展奠定了坚实的群众基础。

7.公共宣传与公共关系

体育赛事作为一种产品,具有典型而又复杂的公共性,因此公共宣传与公共关系建设是体育赛事(尤其是大众参与和公益性体育赛事活动)重要和有效的宣传推广渠道之一。公共关系营销与赛事的公益性建设对于体育赛事来说尤为重要。与其他促销工具相比,公共宣传与公关活动往往因为传达的信息在公众看来比较具有"中立性"而赢得较高的可信度和传播度。进行公共宣传与公关活动能广泛地接触到各类市场与营销对象,包括一般消费者、中间商、赞助商、大众、政府以及各类媒体等。另外,注重公共宣传与公关活动也非常有利于体育赛事打造自身的形象,赢得好的口碑。

8.体育赛事的品牌形象建设

体育赛事的品牌形象建设与宣传推广应当建立在两点认识的基础之上:首先,在体验经济时代,广大消费者体育需求增多,档次逐渐提高,审美、自我表现、交际以及从众等是其主要动机。其次,体育赛事品牌应有市场细分意识,集中优势、全面推广。具体来说,体育赛事品牌推广机制优化策略包括以下几个方面:第一,科学定位赛事品牌,深入贯彻品牌差异化理念。第二,确保赛事举办的长期性与持续性。长期持续性举办体育赛事可以使体育消费者形成对比赛队伍、运动员以及举办地等的认同感,体育赛事营销机构可以最大限度地开发赛事的无形资产。第三,有效利用各种传媒。第四,努力扩大影响覆盖面。第五,建立长期稳固的赞助关系。赞助既是企业重要的传播工具和营销手段,也是包括体育组织在内的赛事和其他权利所有者收入的重要来源。第六,邀请或引进国内外优秀团队加盟。如 2009 第八届环青海湖国际公路自行车赛为了增加赛事影响力,吸引了 3 支 UCI 洲际职业队、13 支 UCI 洲际队、4 支国家队和1 支地区队,其中大部分队伍是"环湖赛"的长期参与者(如荷兰西玛诺队、中国马可波罗队、美国杰丽百利队、中国队等)。第七,完善队员激励机制以确保赛事水平。第八,以赛事文化加大参与受众的关注力度。

案例 7-2:"牵手公益,为爱赛跑":慈善跑渐成马拉松新时尚

近年来,杭州马拉松在报名人数持续增长的同时,引入了慈善跑项目,为热爱跑步并关注公益的跑友提供了参与平台。2023 年,杭马慈善跑名额仅 300 个,报名迅速满额,显示出跑友对公益的积极响应。伦敦马拉松作为世界最大的公益慈善赛事之一,自 1981 年创办以来,已募集近 6 亿英镑的善款,每年吸引大量跑者为慈善奔跑。波士顿马拉松、东京马拉松等也通过设立慈善名额,将跑步与公益紧密结合。

马拉松通过多元化的形式进行公益慈善。例如,直接捐款与慈善名额:国内外多场马拉松赛事通过设立慈善名额,要求跑者捐款以获得参赛资格,捐款金额从数百美元到数千英镑不等,用于支持各类公益项目;创新公益举措,如纽约马拉松的"给旧衣服找个家"活动,参赛者回收的旧衣物捐赠给需要的人,体现了环保与公益的双重价值。

从北京马拉松自 2011 年推出"为公益而跑"项目,成为国内较早尝试体育与公益慈善融合的赛事的起步,到上海马拉松、厦门马拉松等相继推出公益配套活动,为偏远地区捐赠体育器

材、种植固沙植物等的发展,再到国内马拉松赛事的公益慈善项目不仅推动了体育公益事业的发展,还增强了赛事的社会责任感,提升了品牌形象,马拉松赛事的公益化在中国经历了一个探索阶段。

未来,为了进一步让慈善元素在国内马拉松赛事中成为新时尚,需要赛事主办方将公益慈善作为活动的常态,并简化慈善跑者报名平台的操作流程,使报名、捐款一步到位。通过持续推动马拉松赛事与公益慈善事业相结合,可以进一步促进中国体育公益慈善事业的发展,同时扩大赛事的国际影响力和社会认知度。

马拉松赛事作为社会活动的重要组成部分,通过引入公益慈善元素,实现了对社会的回馈和贡献。这不仅提升了赛事的社会价值,也激发了更多人对公益事业的关注和参与。同时,马拉松赛事所倡导的坚韧不拔、勇于挑战的精神与公益慈善所传递的爱心与奉献相互融合,共同引领着社会向更加积极、正面的方向发展。这些是马拉松赛事活动在物质和精神两方面上社会责任的彰显。

资料来源:1.新浪网;2.国家体育总局官网;3.鲍芳芳.国外体育赛事慈善活动的发展及其启示[J].体育文化导刊,2013(6):93-96.

三、体育赛事产品的价格

体育赛事产品进行定价时需要综合考虑成本结构、市场竞争状态、消费者需求以及消费行为模式等因素,以确定合适的定价策略,如新产品定价策略、折扣定价策略、心理定价策略、捆绑或套票定价策略、地理定价策略等。

1.体育赛事产品的结构层次性与定价策略

前文对体育赛事产品构成的分析表明,体育赛事组织举办方在定价赛事产品时,还应该重点考虑产品的结构层次性,需要针对不同产品类型(或结构)制定定价策略。对于基础产品来说,如果赛事活动是具有公开或公益性质的群众性体育活动,则可以免票或者只收取一些成本费。如果是商业性赛事,则门票可以参考一些常用的价格策略进行定价。对于附加产品而言,各类"权益"的定价需要考虑的根本因素是赛事本身的品牌与形象价值。至于"外部性"产品,更大意义上是指赛事之于举办地公众的"外溢利益",这些产品一方面是无形的,同时其价值也无法进入市场进行交易,因此也不可能在市场范畴内进行交易。另一方面,这些具有"公共性"的产品还会造成市场失灵,造成"搭便车"现象。产品的供给有限但又不能限制他人进入,从而造成"公地悲剧"。由于消费的非竞争性,产品提供者无法获得消费者真实的收益信息,因此定价决策困难。

2.差别定价策略

差别定价策略又称"价格歧视"策略,即针对不同的产品进行不同的定价。完全价格歧视(或一级价格歧视)策略即对每一位消费者都按其所愿意支付的最高价格出售商品(图7-8)。在这样一种理想情形下,消费者剩余不存

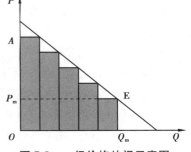

图7-8 一级价格歧视示意图

在,即全部转化为企业利润①。这要求体育赛事组织者直到企业卖出所有产品 Q_m 为止。这时,得到的总收益相当于阴影部分的面积。如果不实行价格歧视,而是按同一价格 P_m 出售 Q_m 的产量时,总收益仅为 OP_mEQ_m 的面积。实际上,完全价格歧视的情况不太可能出现,因为赛事举办方无法知道每一位消费者的保留价格。因此,一级价格歧视就失去了意义。

二级价格歧视策略在体育门票定价中的运用主要表现为对团体票的优惠政策。尽管组委会对购买团体票或套票的观众收取较低的门票价格,但由于门票销量的扩大从而增加了门票总收益(特别是一般项目和冷门项目的比赛门票)。这种基于购买量不同而索要不同价格的策略,对于扩大门票销量和增加门票收益相当有效。三级价格歧视是最普遍的价格歧视形式之一,它与二级价格歧视的不同在于,三级价格歧视利用了关于需求的直接信息,而二级价格歧视则是通过消费者对不同消费包的选择,间接地在消费者之间进行挑选。在三级价格歧视中,企业将全部销售对象划分为不同的群体,对不同群体设置不同的价格,而对每个群体内部不同消费者收取相同的价格。②

3.非价格因素对产品定价的影响

非价格因素是指消费者对产品的无形感受所形成的预期价值,在影响体育消费者购买和降低价格的过程中具有很重要的作用。因此,对于赛事组织者来说,最重要的是能够增强预期价值。如果组织者或营销者能够增加产品的潜在价值,就能通过提价来获利。以 2004 年雅典奥运会为例,此届赛会在世界范围内推广"奥运回家"的宣传理念和希腊总理关于全民"到奥运会赛场去"的呼吁,把观看奥运比赛提高到一种高度的公民责任,这些建立在消费者认知价值上的策略,都提高了商品的认知价值,降低了消费者对价格的敏感度,有利于奥组委定价策略的实施。

4.赛事生命周期与定价策略

对于新进入市场的导入期赛事,通常比较适合采取"低价进入"价格策略,利用"价格敏感性"杠杆迅速进入并影响消费市场。以上海网球"大师杯"赛为例,为了进入新的有潜力的市场,2007 年上半年赛会在上海的各大校园进行了一次调查后推出了 50 元一张的学生票,旨在开辟大学网球市场。随着赛事进入成长期与成熟期,价格也可以随着曲线变化同步进行调整;同时,价格的制定还要考虑市场竞争情况,可以考虑运用适当低于竞争产品的价格稳定市场,使那些收入不是很高但是对比赛又有着浓厚兴趣的人也可以观看到比赛。

四、销售渠道或地点

在传统的市场营销策略组合中,销售渠道是指产品从生产领域转向消费领域的路线与渠道。这一策略既包括产品从生产商到终端消费者流通的环节,也指这个过程中的运输储存过

---

① 所谓消费者剩余,是指消费者所能接受的某消费品的最高价格与其实际支付价格之差。通常情况下,这一指标需要大于或等于零,消费者才有可能购买产品;否则,会放弃消费。理想情形是指,赛事组织方使每一位消费者的消费者剩余都为零,即按照其所能接受的最高价格销售产品。

② 李雯娟.体育赛事门票定价与市场营销拓展研究[J].价格月刊,2014(3):49-52.

程,反映的是产品实体运动的空间路线。但是,具体到节事(包括体育赛事)领域,由于其产品和服务的"在地"特点(即不可移动性),产品的流通与运输不可能实现。因此,这一具有空间性的要素则需要转化为"地点"。所以从本质上说,地点策略与传统的"销售渠道"策略是相同的。具体来说,这一营销策略就是指赛事举办地相对于潜在市场的地理位置(或区位,对于收费性质的商业性体育赛事来说,也包括可以购买到门票的地点)。因此,体育赛事在这一营销策略上的具体体现就是提高举办地的可达性和可进入性,因为这直接关系到赛事参与者与观众的数量,也会影响其参与程度。一些商业性赛事的内容与程序已经高度标准化,可以在不同地区举行。对于这类赛事,销售渠道的拓展也可以通过赛事的移动来占领新的市场。例如 F1赛车就是通过开辟新的海外市场扩大自己的销售范围,增加赛事产品的销售量而获得巨大的成功的。

五、人员

这里的"人员"不仅指与赛事相关的赛事工作人员、志愿者、赛事参与者、观众、裁判员、官员和 VIP 等,还指这些人员之间的互动。赛事所有相关工作人员的行为与表现在一定意义上都构成了赛事产品的一部分,其都是特殊的"演员"(Cast)。所以,从这个角度来讲,体育赛事特别强调"内部营销"(Internal Marketing)。

体育赛事的消费者在某种意义上也是"产品"的一个构成部分,因为在很多时候和情境下,如果没有他们,赛事就可能无法成功举行。观众与赛事消费者之间以及消费者与工作人员之间的互动是赛事参与者的重要体验内容之一,有时候甚至是他们追求的主要体验与经历。对这个过程的管理从大市场营销角度来看,也可以称为"互动营销"(Interactive Marketing)。

六、合作关系

合作关系主要是指体育赛事外部利益相关者之间的合作关系。各利益相关者之间的合作以及他们的支持是赛事顺利进行的一个重要的促进要素。在体育赛事领域,对这种关系的管理通常需要"联合营销"(Joint Marketing)。这种特殊的营销策略可以确保赛事组织不会凌驾于其他利益相关者之上来营销赛事,有时候赛事举办组织不得不在价格与产品设计等方面做出一定的调整甚至妥协。

七、组合

这个营销策略在体育赛事旅游语境下更具有特殊的意义。体育赛事举办地作为旅游目的地可以将赛事活动与本地的旅游吸引物、服务乃至其他节事活动"捆绑"在一起,可以是为了更好地推出赛事,也可以是出于"联合"的目的共同推出这些组合要素。这种策略可以使组合的多方的市场营销活动更有效率,也可以使赛事活动与其他节事活动的"组合"在整体上更具有吸引力。体育赛事的市场营销人员有时需要寻找机会将赛事及相关产品作为旅游包价产品(Tour Package)的一部分,以借助其销售网络进行票务销售,或者提高赛事的营销效率。因此,与旅游中间商及组合各方关系的维持与管理就具有十分重要的意义。

从总体上来看,上述的"7Ps"营销策略组合可以根据内容的性质分为"在场体验性要素"

(Experiential Components)和"促进性要素"(Facilitating Components)。前者包括"产品""地点""人员",后者包括"合作""促销""价格""组合"。这种两分法强调了这样一个事实:在这些组合要素中,有一些营销要素会直接影响赛事参与者的体验,而有一些要素则是间接地起到促进作用。

案例7-3:中国网球公开赛的网络营销案例

中国网球公开赛(以下简称"中网")始于2004年。2009年,比赛场地迁至北京奥林匹克中心,赛事上升为仅次于四大满贯赛的亚洲最高级别网球赛事之一。赛事主办方将原来的新闻宣传部更名为市场推广部,将营销重心从新闻宣传转变为线上线下活动,更加迎合市场需求。

2011年中网在新浪微博首次开设官方账号,实现自主运营管理,并与新浪微博展开深度合作,策划了"中网专访室""随手拍中网""中网微告白"三项微博活动,极大加强了现场观众和赛事的参与度。2012年,开发了官方手机App应用,并首次在官网开设视频直播频道。在门户网站与垂直网站同时发布广告,通过发布原创推广微博,中网多媒体网络营销粗具规模。

2011年,中网的网站运营开始从代理运营转变为独立运营,可以比代理运营更有效率地对客户的访问和流量进行收集和分析,主导互动和客户体验的过程,开展个性化的服务,引导市场兴趣和关注热点等。目前,中网官网已经与国内知名的门户网站新浪体育、新浪微博、WTA官网、ATP官网、土豆网、专业网球直播以及搜索引擎百度进行了链接,其中官网通过引荐网站进入的流量占总体的一半,境外访问量逐年增加,2012年已经超过半数,中网官网的公信力和影响力不断提升。

2010年中网正式启动了自主售票系统,打破了以往单纯交给票务代理售票的传统,并突破性地将官网与销售连接在一起。

一、产品策略

1.基础(核心)产品

首先是体育赛事本身。体育赛事最重要的产品就是精彩纷呈的比赛。赛事精彩程度不仅影响门票价格,也会对电视转播率和网络视频点击量产生非常重要与直接的影响。所以呈现高水平的比赛才是中网产品策略最核心的目标。自2009年赛事升级后,每年中网都能吸引像大小威廉姆斯、沃兹尼亚奇、海宁、伊万诺维奇、莎拉波娃、德约科维奇、穆雷、沃达斯科等世界一流球员的加入,增加了比赛的观赏性,更为网球爱好者提供了许多与世界级球员亲密接触的机会。

2.附加产品

在赛事的衍生(或附加)产品方面,赛事组委会通过在真实(在场)与虚拟(在线)空间互动参与方式,为球迷提供了近距离体验体育赛事娱乐的机会。如2011年推出的零门槛的网络游戏"点亮新场馆",通过趣味的方式兼顾了推广新场馆、票务宣传和赞助商宣传等功能。官方手机App可以让观众与赛事迷在第一时间同步最全最新的赛事信息和世界网球新闻,还原精彩赛事瞬间。

二、价格策略

1.低价渗透策略和团体优惠

由于赛事引进的时间较短,网球在中国又属于一个相对"小众"的运动。所以,针对赛事的这一特点和本地人均收入状况,赛事举办方首先对部分票品的票价长期采用低价渗透策略,比如外场门票只需 30 元就可以进场参与 20 多场嘉年华和展商安排的活动,不但能够体验各种网球活动,还能近距离观看大明星在外场练球的情景,十分吸引观众。团体购票享受优惠是很多商业性体育赛事的价格策略。通过团购,消费者甚至可以用 2~3 折的低价购买中网的门票。看世界级的网球赛事已经不再是奢侈的事情。

2.价格歧视策略

赛会与互联网企业合作推出廉价超值学生票。学生凭学生证就可以只花 50 元或 150 元到钻石球场学生专区观看比赛,活动一经推出,门票即刻售罄。赛会还根据场馆、比赛时间、观赛席位、观众内在需求和消费能力的不同而区别定价。在中网的官方票务网站上,观众可以购买到看台票、外围场地票、包厢票、通票和套票(如包含 3 张门票的家庭套票和包含半决赛和决赛联程的巅峰套票等)5 种类型的票品。通票(全程套票)适合"铁杆"网球迷。

三、营销推广策略

1.多媒体的全方位推广策略

目前,中网已与国内国际超过 150 家强势媒体形成了紧密的合作伙伴关系,建立起了全面覆盖电视、网络、平面、广播、户外及终端渠道、印刷品等 6 种主要媒体类型的全方位、立体化的信息传播体系,实现了中网赛事的全年持续媒体曝光。随着网络的迅速发展,中网更加注重与微博、街旁、SNS 社交网站、搜索引擎、线上游戏等时下流行的新媒体形式的合作,有效地突破地域、空间和时间上的限制,让网球爱好者全方位地参与中网赛事的体验互动中。另外,新增的优视网、CNTV、UUsee、PPTV 网络宽频视频直播,进一步提升了全年推广活动的消费者黏性和受关注度,从而实现了"让中网永远伴随在网球爱好者身边"的全新理念。

2.活动促销策略

2011 年中网门票预售期间,推出预售促销活动,凡中网往届购票用户在线支付 2011 年门票的观众,即可享受 2011 年中网中央球场普通看台票买一送一的优惠和获得选择最佳座位的机会。2012 年中网还推出中网官方 App 应用购票活动,通过 App 在线购买门票可以享受九折优惠。每年一系列的促销活动不但可以为想来看中网却又担心票价的人们提供优惠,还可以为中网打造声势,形成良好的口碑,吸引更多的上座率。除此以外,赛会还为赛事消费者提供了官网信息搜索、电子邮箱和网上问答等延伸服务。2011 年开通的新浪官方微博让观众可以随时随地与中网比赛互动,通过评论、转发、私信等方式提出疑问,由专门人员进行回复,充分发挥一对一服务平台的功能,进一步拓展了中网服务观众的范围和手段,为中网的客户服务搭建良好的新平台。

资源来源:戚雪枫.中国网球公开赛网络营销策略研究[J].体育文化导刊.2014(1):124-127.

第四节　体育赛事市场营销计划

制订营销计划是指体育赛事的市场营销部门与营销活动的组织者根据上述对市场和营销策略组合的分析结果,确定和选择与目标市场沟通、交流的方式,计划如何寻找最适当的方式与赛事参与者进行交流。成文的体育赛事市场营销首先需要有一个计划,主要内容包括营销目标、营销策略、营销计划的执行、营销计划的控制与调整等几个方面。

一、营销活动的营销目标

体育赛事的营销目标可以分为营利性目标与非营利性目标两个方面。

1.营利性目标

对于商业性体育赛事来说,这是组织举办者与协办方首要关注的市场营销目标,关系到体育赛事发展在经济上的可持续性。这一目标的核心内容包括以下几个方面:

(1)赛事的关注人数

这里的"关注"包括到场观看赛事、参与赛事及相关活动。除了到场外,通过各类媒体对赛事的离场关注也具有越来越重要的意义,特别是借助移动通信、无线网络以及数字技术等新兴科技手段进行的关注。在"吸引力经济"时代,关注度在一定程度上意味着未来的市场潜力。

(2)营利水平

这一目标的内容包括体育赛事门票、与赛事相关产品(包括纪念品、特许经营商品以及现场的普通商品)以及比赛现场销售摊位的租赁等收入。

2.非营利性目标

(1)创新目标

创新是在市场竞争日益激烈的环境中保持竞争优势的必备条件。内容包括总体、技术和管理创新目标3个方面。总体创新目标是战略目标的核心与重点,关系到赛事的生存与发展,包括主题、活动项目设计、活动形式、活动程序和服务方式的创新等。这一方面的创新目标还事关体育赛事的市场竞争地位,即相比竞争对手而言在消费者市场上的占有率以及综合性的品牌影响力。技术创新目标则主要体现在高科技的运用、新设施(设备)的引入和设计方面。管理创新目标是指对赛事运营规则与程序等的改进与创新,以降低费用。管理创新目标的建立是赛事活动不断发展的动力。

(2)社会综合目标

这个目标对于体育赛事来说尤为重要。目前,许多体育赛事(尤其是奥运会、亚运会和世界杯等特大型赛事)的举办就是为了达到提升举办城市或地区的知名度与形象等公共目标。

二、市场营销策略

市场营销策略内容通常包括目标市场策略、营销组合策略和营销预算策略等3个部分。目标市场策略要阐明赛事活动准备进入的细分市场(含现有和新发现的市场)。

营销组合策略是指面向目标市场,营销活动组织者对前述"7Ps"营销策略进行组合和运用,以便用最优化营销策略组合达到预设的营销目标。从工作内容看,市场营销费用预算是整个体育赛事预算的一部分。市场营销预算策略应根据目标市场策略和营销组合策略来确定,内容包括销售成本、广告费用、市场调研费用的预算等。与整体预算的功能一样,市场营销预算也是其下各子项目执行的尺度和成本控制的有效手段。预算可以将整个市场营销活动的人、财、物等各项资源进行合理的配置。人力资源预算即完成整个活动所需要的人员种类、数量、来源保障与合理配置(以形成团队)。物力资源预算内容包括完成营销活动的专业设施(设备)、配套服务设施以及技术手段等。资金成本预算即对前两部分预算成本构成的直接成本进行资金估算。

三、市场营销计划的执行

这是一个将计划转化成具体的行动和任务并保证这些行动有效实施和任务完成的过程。这是一个动态过程,需要建立在体育赛事组织机构内部以及组织与外部环境之间良好的信息沟通与及时的信息研究分析之上。因此,国外有学者将"信息选择系统"作为市场营销活动中的一个重要内容,与"市场营销的策略组合""选择目标市场""目标市场的研究"共称为体育赛事市场营销执行与控制的"4Ss"模型[①],如图7-9所示。

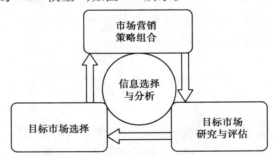

图 7-9 体育赛事市场营销执行与控制的"4Ss"模型

从图7-9可以看出,信息选择与分析过程始终贯穿于其他3个过程。从发展的角度看,这也是一个知识创造的过程。考虑到与体育赛事有关的环境因素的动态性特点,体育赛事的市场营销人员必须实行一个持续不断的信息选择、分析、存储以及检索取回过程,以便为其他3个过程提供必要的信息。从整体与可持续发展的角度看,这3个过程是先后相继并形成一个首尾相继的"环路"。三者环环相扣,滚动发展,促进体育赛事市场营销活动的发展与效果的提升。

---

① MALLEN C, ADAMS L J. Sport, recreation and tourism event management: Theoretical and practical dimensions [M]. New York: Elsevier, 2008.

四、市场营销计划的控制与调整

体育赛事市场营销计划制订后,并不意味着它是一成不变的,而是要根据市场和环境的变化在计划的执行过程中适时对活动营销计划进行检查和监控。具体做法是将计划设定的营销目标和预算按时间分别制订,营销主管定期审查各营销部门的业绩,检查是否完成了预期的营销目标,并需要对未完成的计划分析原因,提出改进措施。对营销计划执行过程进行控制与调整,首先需要对营销计划进行分解,从不同的方面开展相关工作以保证营销计划的稳定性和适应性。

1.营销成本控制与预算调整

体育赛事市场营销的成本控制要依赖于严格的财务制度和赛事预算。具体要求包括:

①深度剖析,量化成本指标。活动成本是一个综合性的量化体系,只抽象不具体将难以落实,只定性不定量将难以考核。

②建立成本管理体系。成本涉及活动营销的各个方面、各个层次、各个环节和各个岗位,建立成本管理体系是一项系统工程,所以必须系统思考,经常及时地分析成本绩效。

③责任到人。降低成本要求每一位活动营销人员必须有明确的责任区、成本指标和成本目标,以此激励员工在合理范围内实施、调整和控制成本。体育赛事市场营销计划在实施过程中会出现人、财、物等资源的不合理配置与利用,导致出现预算偏差。因此,营销管理部门应在控制成本的同时进行预算的适时调整。

2.营销任务监控与目标调整

为了保证活动营销任务按照计划顺利实施,相关人员必须按照任务分配对其进行实时监控。业务抽查回访制、"神秘客户"监督制、客户意见闭环管理等方法都可以使用,目的是及时发现问题并进行调整,保证任务执行的正确方向。具体监控内容包括当前计划的完成情况,已完成工作任务的复杂程度和所占比例,已完成工作任务的质量,团队成员之间的沟通、协作水平等。

在营销任务的执行过程中会出现一些新的需求与问题。此时营销管理人员应根据反馈信息进行科学的论证,并在此基础上不断调整和优化目标系统。

3.营销策略的调整

体育赛事的营销策略也应该根据营销人员的反馈信息适时做出调整,可以从营销观念、营销制度、营销文化、目标市场、营销方式及营销组合等方面入手。

4.人员的调整

随着计划的进行,也需要对营销组织人员进行适当调整。活动营销范围的突然扩大或减少、老员工的离职、员工岗位的不适应等情况都涉及人员的调整。人员是营销活动成功的保证,所以需认真考虑对人员进行调整。

第五节 体育赛事市场营销的总结与评估[①]

体育赛事市场营销的总结与评估是指赛事组织者与市场营销部门对市场营销计划执行效果(效益)进行系统、全面和深入的考核与总结评价。这是体育赛事营销管理中的一个重要环节，对于赛事举办地政府与组织机构以及定期举行的赛事本身的可持续发展具有非常重要的意义。

一、营销策略执行情况评估

一个体育赛事的特色与优势主要是通过营销组合策略的特点充分体现出来的。体育赛事的市场营销效果评估应该立足于市场对前述营销策略的"7Ps"进行全面的评估。这里的"市场"不仅包括赛事观众，也包括赛事的直接参与者、赞助商、媒体以及社区居民等多方利益相关者。其中，观众与赞助商两类群体最为重要。

1.赛事活动产品调查

主要的调查评估内容涉及以下几个方面的问题：
①赛事提供的活动项目是否满足了他们的动机与需要？
②赛事提供的活动项目与体验机会等是否有需要进一步改进的地方？
③赛事活动的各个项目之间的组合是否合理？
④赛事产品与服务的消费是否达到了最高的性价比？

2.赛事产品与服务的价格

主要的调查评估内容涉及以下几个方面的问题：
①与其他可替代性赛事产品相比是否有价格上的竞争优势？
②赛事的观众与参与者等对这次赛事的总体花费如何？

3.销售渠道

主要的调查评估内容涉及以下几个方面的问题：
①从目前消费者市场的需求来看，此次赛事活动产品的了解渠道是否开辟到了最大限度？
②消费者是从哪个渠道了解到赛事的？
③消费者认为哪些渠道提供的信息可信度最高？
④赛事组织者、市场营销人员和中间商(如果有)之间的合作是否愉快？
⑤赛事组织者、市场营销人员与中间商(如果有)之间的合作是否科学和高效？

4.宣传与促销

主要的调查评估内容涉及以下几个方面的问题：

[①] 严格来说，体育赛事的市场营销效果要等到赛事完成以后才能进行真正有意义的评估。因此，从内容性质来说，这一工作应属于体育赛事赛后综合评估的内容，为了体现教学内容的连续性与一致性，特安排至此。

①赛事营销组织机构进行了哪些公关活动？公众对赛事的认知度如何？

②广告的媒体及费用是否经过了适当的选择？

③广告的主题内容是否突出？效果如何？

④运用了哪些营业推广的手段？效果如何？

⑤是否采取了宣传促销组织的策略？如果有,效果如何？

5.人员

主要的调查评估内容涉及以下几个方面的问题：

①赛事组织举办与协办机构内部的工作人员(含志愿者)对赛事要传递的价值与理念以及市场营销的目标与任务等是否有足够清晰的认知？

②与赛事活动直接相关的运动员、裁判员、官员以及其他工作人员对赛事活动的工作内容、工作性质、组织工作要求,包括赛事的价值与理念等是否有清晰的了解和把握？

③举办地政府部门,尤其是与赛事直接相关的主管官员对赛事需要传达的形象与理念和价值是否有足够的理解？

④针对普通的消费者(市场),赛事营销部门是否进行了"互动式"营销？效果如何？

6.合作关系

主要的调查评估内容涉及以下问题：赛事的相关部门是否与外部利益相关者在营销活动的开展过程中有实质性的合作,或进行"联合营销"？如果有,效果如何？

7.组合

主要的调查评估内容涉及以下几个方面的问题：

①赛事组织举办者和协办方与举办地旅游管理部门和旅游企业之间是否就将相关赛事作为一个重要旅游吸引物整合到目的地营销与目的地形象建设中进行联合？如果有,那这些活动的效果如何？

②旅游市场对体育赛事的认知情况如何？

二、营销活动的整体总结

在对具体的营销策略执行情况进行评估后,体育赛事的组织举办方还需要从总体上对赛事的营销活动做一个全面的总结与分析,内容包括：

①实际营销与营销目标相比所形成的差异的原因综合分析。对此,评估部门(或专门机构)与管理人员可以通过对体育赛事的潜在市场进行调查来获取主要信息。具体做法是对没有参与赛事活动的公众进行调查,旨在了解他们没有观看或参与赛事活动的原因。对这些原因的分析和研究可以帮助赛事组织者发现营销工作的漏洞以及相关工作需要进一步改进的地方,同时可以拓展更多的市场机会。

②营销活动组织结构的有效性分析。评估专业人力资源配备是否足够和合理,相关工作人员的工作能力、工作水平以及工作质量,等等。

③市场营销总体计划中的关键活动与实际情况的对比。

④出现的不正常情况和由此引起的问题及解决方法。

⑤对如何根据确定的要求有效地实施营销的总体看法,包括营销成本、进度和计划、技术能力和工作质量等。

课程思政

文化自信:弘扬传统文化,LPL 推动国风文化出海

近年来,电竞逐渐成为年轻人的生活方式。据统计,2020 年全国电竞用户达 5 亿,其中 19~30 岁的年轻群体占 72%。英雄联盟职业联赛(League of Legends Pro League,LPL)是目前关注度最高和增长速度最快的赛事。2020 年,LPL 赛区职业赛事直播观赛人次达 218 亿。随着影响力的增长,LPL 也不断在赛场内外发挥更多正向的力量。

LPL 一直致力于将电竞元素与国风元素做更多的有机结合,将各式的传统文化带到各路观众面前。2021 年 6 月 12 日在上海举办的两场重量级赛事恰逢端午假期与 2021 年“非遗日”,上海虹桥天地演艺中心也迎来了夏季赛首个“LPL 国风日”主题活动周末,为广大电竞粉丝提供了一次不同的赛事体验。本次主题活动举办的目的是希望与广大的观众一起,通过电竞体验更多别样的中华优秀传统文化,领略它们的魅力,同时吸引更多年轻观众关注中华优秀传统文化。

“LPL 国风日”主题周末在海外同样备受关注,17 支战队的选手代表身穿华服在赛前拍摄了一组海报,如图 7-10 所示,解锁了他们的“国风限定皮肤”。在海外社交媒体上,选手华服海报一经发布,各队选手的国风形象大获好评,引发国内外电竞粉丝的火热讨论,一些战队的选手国风定妆照更是获得了不少海外选手和观众的热捧。中华优秀传统文化博大精深,可以与电竞进行相互结合的也不仅于此,LPL 官方希望中华优秀传统文化能够传递到海外,以游戏为载体宣扬中华优秀传统文化,用中国电竞影响世界。

图 7-10　“LPL 国风日”主题活动

中华优秀传统文化博大精深,可以与电竞进行相互结合的也不仅于此,在未来 LPL 的赛场上,希望会有更多的国风元素在赛场内外得到诠释,让全世界通过英雄联盟电竞的窗口更立体地了解中国。

资料来源:新浪网·新浪电竞。

【思考题】

1.选择近年来在国内举办的国际性综合体育赛事,利用网络资源等二手材料分析赛事组织举办机构与政府等的市场营销活动的主要内容及其特征。

2.假设你在为某一社区群众性体育赛事活动做市场营销,请拟写一份市场营销计划书。

3.结合案例 7-2 与自身的经验,思考在网络"自媒体"时代体育赛事市场营销活动面临的机会与挑战?

4.何为体育赛事的品牌? 如何进行体育赛事品牌的差异化和营销推广。

5.本章所讨论和分析的体育赛事未包括电竞类赛事,请结合本章的"7Ps"市场营销系统理论和课程思政案例思考:这类体育赛事与传统的体育赛事的市场营销活动有何区别?

第八章
体育赛事的利益相关者管理

【本章提要】

　　本章将利益相关者概念及理论应用到体育赛事的策划与管理领域,分析了体育赛事组织运营过程中所涉及的主要利益相关者。第一节简要梳理了"利益相关者"概念与理论的内涵。在此基础上,第二节简述了体育赛事利益相关者的识别与分析技术。第三节详细列举了赛事的主要利益相关者,并分析了各自的所属类型与利益诉求,讨论了赛事管理的相关问题。其中,重点阐述了前几章没有涉及的利益相关者,包括媒体、举办地社区和志愿者。在最后一节,本章从理论层面上对体育赛事的主要利益相关者的利益冲突与一致性进行了详细阐述,并在此基础上总结分析了体育赛事利益相关者的利益协调的机制与原则。

【关键词】

体育赛事;利益相关者理论;利益冲突与协调;媒体;举办地社区;志愿者

【学习目标】

1.总体上简要了解利益相关者的概念与理论。
2.掌握体育赛事利益相关者的识别与分析的基本过程与技术。
3.全面了解体育赛事的主要利益相关者并熟悉各自的主要利益诉求。
4.领会体育赛事利益相关者管理的内容与策略。
5.理解体育赛事利益相关者之间的利益冲突与一致性,并在此基础上掌握利益协调的原则与方法。

引导案例

从汨罗江龙舟节看体育节事的运作模型建构

2005 年,"汨罗江畔端午节习俗"被确定为"国家非物质文化遗产"。2007 年 6 月 19 日农历五月初五,首届"中国农机杯"2007 年"中国汨罗江龙舟节"在汨罗闪亮登场。2008 年,国务院把端午节列为法定节假日之一,人们有更多的时间来关注和参与因为端午节而产生的体育节事。目前,汨罗江龙舟节已经成为汨罗市一张闪亮的"城市名片"。

汨罗江是战国时期著名爱国诗人屈原投江殉国之处。这一地区与屈原有关的祭祀文化内容丰富,历史悠久。这一体育节事的产生是地域文化与时代潮流充分融合的"自然"结果。

汨罗江龙舟节的品牌打造离不开媒体的宣传作用。重要的地方媒体如湖南经视、湖南卫视、《潇湘晨报》和《三湘都市报》等进行了大幅报道。专业的旅游杂志《旅行》也从旅游的角度对其进行了报道。另外,网络媒体如新浪网、红网以及天涯论坛等也都进行了关注和报道。CCTV-4 台的《端午节之粽子》节目 CCTV-7 台的《汨罗端午习俗寻访》等节目无形中增加了汨罗江龙舟节的知名度。

汨罗江龙舟节除了龙舟竞渡,还有"龙行天下"龙舟拓展训练营、"龙之舞"大型游乐园活动、"龙舟文化寻根游"、屈原文化研讨会、招商签约活动、2007 年全国青年女子篮球联赛。汨罗江龙舟节在活动策划方面,贯彻"以体育竞赛为主体,促进其他行业发展"的理念。

汨罗江龙舟节严格采用市场化运作方式,整个节事活动由曾经运营过"超级女声"活动的上海天娱传媒有限公司组织运营。2007 年 4 月,市委通过与上海天娱传媒有限公司的接触签订了合作办节的合同,并逐步寻求到汨罗市中天科技股份有限公司等公司作为此次活动的各个等级的赞助商。节后,通过履行赞助合同回归赞助商权益活动资料文本归档和会议总结表彰等程序为下次龙舟节活动更好地举办做了很好的铺垫。

中国汨罗江龙舟节组织委员会充分利用汨罗当地地脉与人脉,在龙舟竞渡规则相应指导原则下,通过项目管理过程将这些要素转变为单次体育节事活动。在项目管理过程中,市委专门就龙舟节的举办召开会议,会议确定了组织机构,并将具体工作责任具体到了个人。

在历年的节事活动举办过程中,地方政府通过开发旅游产品、建设多功能现代文化产业园、汨罗江国际龙舟竞渡中心、"骚坛"以及各类基础配套设施,有步骤地推出公关活动宣传汨罗江龙舟节,及时改进龙舟节举办过程中出现的问题并想办法解决,通过多手段维系更新"中国汨罗江龙舟节"这一品牌。

学习提示:目前,体育赛事的策划已经越来越呈现出一种综合性的趋势,除了传统的体育竞技内容,还会加入许多其他内容的活动项目。其中一个最主要的目的就是尽量让赛事能够对地方的经济与社会文化发展带来更多的积极效应。因此,一项体育赛事的组织运营要顺利完成越来越需要多方个体和组织机构的参与和通力合作。这些影响赛事运营同时会被赛事活动的举办影响到的个体或组织即是体育赛事的利益相关者。这些利益相关者会有哪些? 他们各有什么特点? 在利益诉求上有什么不同? 他们相互之间的利益协调应遵循什么样的原则以及采取什么样的策略? 本章的目的就是要尝试对这些问题进行回答。

随着体育赛事产业的日益发展,它所带来的综合社会效益也吸引了众多的利益群体。这些利益相关者为了实现各自的目的,通过资金、人力、政策、环境以及渠道等多方面的支持而参与体育赛事的组织运营。赛事的成功举办离不开这些主体之间的协调与合作。这一方面有利于提升体育赛事活动的综合社会效益,同时给体育赛事的组织举办方与政府部门的管理带来了挑战,尤其是对一些特大型的综合性体育赛事来说,利益相关者更呈现出多元化和复杂化的特点。因此,从更为宏观的层面对利益相关者进行管理是体育赛事组织运营的一个重要和关键的内容。

体育赛事的利益相关者管理具有赛前—赛中—赛后的"全过程"管理性质。在赛事进行前,体育赛事的组织举办方就需要进行利益相关者识别、分析与评估,以确定那些对赛事成功的组织运营能起重要作用的个人或组织,在此基础上,赛事组织能够确定和哪些组织建立合作伙伴关系,提供何种资源,确定哪些组织将对赛事活动的进行产生重要影响。

第一节　利益相关者理论概述

一、利益相关者概念

"利益相关者"一词最早可以追溯到 20 世纪 20 年代。至 20 世纪 60 年代,"利益相关者"作为一个明确的概念由美国的斯坦福研究所提出后,以弗里曼、多纳德逊、克拉克森、琼斯、科林斯、卡罗尔和布莱尔等为代表的一批经济学家和管理学家进一步修正和完善了利益相关者理论。这一理论涉及的研究领域非常广泛,除经济学与管理学外,还包括社会学、伦理学等学科领域。该理论从根本上更加强调企业与组织的商业伦理与道德观及价值观。与传统的"股东至上主义"相比较,该理论认为,任何一家公司的发展都离不开各利益相关者的投入或参与,企业追求的是利益相关者的整体利益,而不仅仅是某些主体的利益。

目前,利益相关者的研究内容既涉及企业微观层面的管理问题,又涉及国家大政方针的宏观层面问题。在研究方法上,既有纯理性的规范性分析,也有经验性的实证研究。目前,这一理论的研究成果主要应用在两个方面:一是解释性应用,即对其他研究对象的利益相关者进行界定与分析,构建相关领域的分析框架。二是可操作性应用,即利用相关理论对某一专门领域的管理问题提出可操作性的具体解决方法。

二、利益相关者理论

爱德华多·弗里曼在他的《战略管理:利益相关者方法》一书中将利益相关者管理定义为:企业的经营管理者为综合平衡各个利益相关者的利益要求而进行的管理活动。其目的在于,通过对利益相关者的期望与协议目标进行合理的管理以创造各利益相关者之间的积极关系,并最终支持和达到组织战略目标的管理过程。

作为一种应用范围很广同时具有很好解释力的现代管理理论,利益相关者理论也有其自身的优点与缺点。其中,优点主要表现在以下几个方面:首先,强调"关系"及"关系管理"的重要性。这在社会分工越来越细的现代市场环境中具有十分重要的意义。其次,这一理论强调个人或组织的社会责任,这对经济与社会的可持续发展具有重要意义。最后,与传统产业相比,包括体育赛事在内的节事活动产业具有较强的公共性,因此涉及的利益相关者也会更多和更复杂。因此,这一理论具有更大的理论指导意义。这一理论的缺陷与不足则表现在以下3个方面:第一,概念的界定过于宽泛,边界难以确定。目前对利益相关者的界定和划分还只是停留在探讨和假设阶段。截至目前,还找不到一种理论和方法能够定量地衡量众多利益相关者的权重。第二,由于理论本身的不完善,很难在实践中运用。虽然弗里曼等人提出了利益相关者如何参与公司治理的"利益相关者授权法则",但是,理论的实施过程仍然需要操作人对利益相关者理论以及参与基础有比较深的认识,且不说这些参与机制可能本身就存在缺陷。第三,即使能够在行业管理或公司治理方面得以运用,中心企业或组织也极有可能陷入协调各利益相关者之间关系的妥协和谈判的"泥潭"。

第二节 体育赛事利益相关者的识别与分析

依据上述利益相关者的一般概念,体育赛事利益相关者可以界定为:在体育赛事举办过程中进行了一定的专用性投资,并承担了一定赛事风险的个人和组织,其活动能够影响或者改变体育赛事的成功举办,也可能受到体育赛事举办过程的影响。对于这一概念,需要对其内涵做如下几点说明:首先,这里的举办过程是一个包括赛前准备筹划、赛中举办和赛后收尾总结的全过程;其次,专用性投资的内容包括物力(实物,如实物赞助、城市的体育与基础设施)、财力(资金,如资金商的货币赞助)、人力(如赛事工作人员、志愿者等)、政策支持以及其他支持(如媒体支持)等多个方面;最后,风险不仅仅指活动本身的风险,而是包括影响各利益相关者主体的各类风险。

一、体育赛事利益相关者的识别

利益相关者的识别是指对与企业组织或某一行动计划有关的内部和外部相关群体进行全面的识别。目前在节事活动(包括体育赛事)管理领域,利益相关者通常采用职业管理人员的"头脑风暴"法、专家咨询法(德尔菲法)和历史经验推断法等方法进行识别。盖茨等学者在跨地区(北美与欧洲)多案例综合比较的基础上,综合运用前两种方法对节事活动的利益相关者进行了系统识别。他们首先根据利益相关群体与中心组织之间的关系性质将节事活动的利益相关者分为内部和外部两大类,然后又进一步根据其角色与功能对外部利益相关者进行了细分和归类,如图 8-1 所示。这一识别结果也可以应用于体育赛事。

正如前文在讨论利益相关者理论的优缺点时所说,体育赛事利益相关者的边界是很难确定的。这一结果只是列举和分析常见和主要的体育赛事利益相关者,这个图的结构应是开放性的,还可能有未识别出的利益相关者。这些利益相关者之间是有关联的,并形成了一个松散的整体。

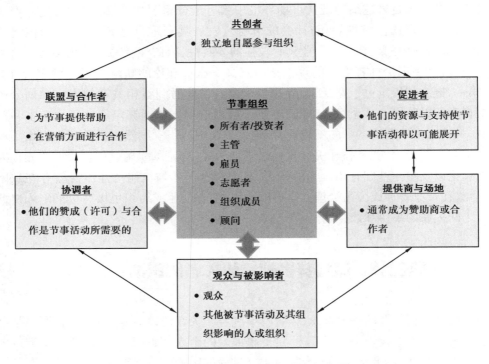

图 8-1 节事的主要利益相关者角色图

二、体育赛事利益相关者的分析与类型化

1.利益相关者的分析

目前最常用的分析方法之一是矩阵分析法,具体操作方法是以一系列指标中的某两个为轴建立坐标系形成矩阵图(每个指标分别分为高或强和低或弱两个程度),以对利益相关者进行分析和定位,并依此提出关系管理策略。这些指标主要包括权力、态度(积极或消极)、需要、利益、紧迫性、合法性和期望等。其中,基于"权力""紧迫性""合法性"3 个指标的分析最为紧要,关系到节事活动(包括体育赛事)的可持续发展。图 8-2 即为矩阵分析法的示例。这一分析方法是以"利益"和"权力"两个指标为对象进行的分析。分析结果显示,可以将体育赛事的利益相关者分为"潜在型""促进型""冷漠型""防御型"4 类。针对不同的体育类型,体育赛事的管理者可以采取相应的管理策略。

图 8-2 利益相关者的"兴趣—力量"二维矩阵列分类

2.利益相关者的分类

不同类型的利益相关者对于体育赛事的组织运营和管理的影响以及它们被赛事活动影响的程度是不一样的。在分析的基础上进行归类是"类型化"管理模式的要求,不仅可以节约管理成本,也可以提高管理效率。除上述由盖茨等人建立在实证研究基础上的角色-功能分类以

及图 8-2 所示的矩阵分析法外,国内外的诸多学者还从不同的角度对体育赛事利益相关者进行了分类。

利益相关者理论倡导者之一的弗里曼根据拥有的资源将利益相关者分为所有权利益相关者(体育赛事组织举办方和协办方等)、经济依赖性利益相关者(体育赛事的雇员以及与之相关的消费者、赞助商和供应商、竞争者、地方社区等)和社会利益相关者(如政府机关与媒体等)。弗雷德里克依据影响的方式将利益相关者分为直接和间接利益相关者两类。在体育赛事领域,前者是指直接与赛事有市场交易关系的利益相关者,包括员工、供应商、赞助商、消费者和竞争者等。后者则是指与赛事发生非市场关系的利益相关者,如政府、社会活动团体、媒体以及社会公众等。根据查克曼的观点,体育赛事的利益相关者又可以按照是否与赛事组织存在合同关系而分为契约型(最具代表性的是体育赛事的赞助商、供应商以及消费者等)和公众型(最为典型的是举办地社区和媒体)两类。

在各种分类体系中,美国学者米切尔与伍德提出的分类方法可能是最具有实践价值的,是利益相关者分类理论的一大进步。他们认为,利益相关者必须具备以下 3 种属性中的至少一种:权力性、合法性(Legitimacy,也即每个利益相关者与组织的关系)以及紧迫性(Urgency,也即某一利益相关者对组织提出的要求)。权力关系到某一利益相关者在多大程度上能对其他利益相关者施加影响力。紧迫性是指某一利益相关者的主张需要立即得到响应的程度。合法性是在一个由规范、价值观以及信仰等社会性地建构的系统中,某一利益相关者的行动被社会所感知到的合宜程度。依据这 3 种属性对利益相关者进行评估,可将体育赛事的利益相关者分为 3 种类型:

①同时拥有这三种属性的"确定型"利益相关者,主要包括体育赛事所有者、举办方和协办方以及体育赛事消费者等。

②有这 3 种属性中任意两种的"预期型"利益相关者,体育赛事的赞助商、媒体、志愿者、举办地政府以及赛事工作人员等属于这类。一些具备紧迫性和权力却没有合法性的政治和宗教极端主义者和激进社会分子往往会通过一些比较暴力的手段来达到目的,也属于这一类。

③具备这 3 种属性中的其中一种的"潜在型"利益相关者,举办地社区则通常归属于这一类。

除上述分类外,体育赛事的利益相关者还可以有多种依据不同指标进行的分类,例如以"合作性"与"威胁性"为指标,将利益相关者分为"支持型""混合型""不支持型""边缘型"4类,或者以"主动性""重要性""紧急性"为指标,将利益相关者分为"核心""蛰伏""边缘"3 种类型,等等。

第三节 体育赛事的主要利益相关者①

本节结合前述盖茨等学者识别出的节事活动主要利益相关者类别,对体育赛事的主要利益相关者进行逐一介绍。

---

① 赞助商是现代体育赛事最为重要的利益相关者之一,本部分与赞助商相关的内容详见教材第六章"体育赛事的赞助管理"。

一、体育赛事所有权人

体育赛事的所有权人通常是指赛事的发起者或拥有者，是依法拥有对赛事的占有、使用、收益和处置4项权利的个人或组织，其主体可以是举办地政府、企业、组织机构（如国际奥委会、亚奥理事会、国际乒乓球联合会和国际汽车联合会等）或某一社区，等等。

体育赛事的所有权人是赛事的"确定型"利益相关者，可以决定和调整赛事的定位、比赛规模、赛事举办地点与时间以及赛事发展方向等一系列与赛事本身休戚相关的重大问题，以促进体育赛事的经济效益（含商业价值）和社会影响力。以奥运会为例，国际奥委会作为这项全球规模和影响力最大的体育盛事的所有权人，肩负着奥林匹克精神在全世界推广的使命，包括竞赛项目的设置、举办城市的遴选以及奥运市场开发等主要工作。例如，国际乒乓球联合会为了增加比赛精彩程度和适应电视转播需要，将乒乓球由"小球"改为"大球"，同时将局分由原来的"二十一分制"调整为"十一分制"。

二、赛事举办方

体育赛事举办机构是直接负责某项赛事组织运营具体工作的机构。随着社会分工越来越细，赛事所有权与赛事举办权（即一般意义上的经营管理权）分离的现象越来越普遍。例如，越来越多的赛事选择体育赛事运营公司等商业性机构进行运营，特别是那些大型综合性体育赛事，还可以有若干个主办机构。作为赛事运营的执行者，赛事主办机构是赛事能否成功举办并实现赛事自身价值的主要影响因素，这也是赛事主办机构之所以成为"确定型"利益相关者的最重要原因之一。那么，这时一种新的且更为重要的供需关系就出现了：赛事活动的发起者或拥有者成为某项具体活动的需求方，而负责赛事具体组织运营工作的机构则成为供给方，它所提供的就恰是发起者或拥有者所需要的"赛事活动产品"。与此同时，发起者或拥有者又扮演了"参与者"的角色。当然，体育赛事活动也会向其他参与者开放——而这才是传统意义上的需求方（消费者或顾客）。这种新双重供需关系如图8-3所示。

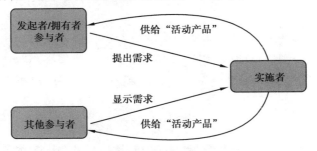

图 8-3　节事活动中的双重供需关系图

赛事主办机构可以是政府，也可以是一般的商业性运营机构或经济实体。对于后者来说，利润回报是其运作赛事的主要目的。另外，赛事举办给赛事主办机构带来的声誉和良好社会形象也是赛事主办机构的无形资产和利益诉求。例如，作为上海ATP1000大师赛和F1中国大奖赛的主办机构，上海久事赛事管理有限公司在致力于优化盈利模式的同时，也在着力将这两项赛事打造成为具有良好口碑的经典赛事，为企业树立优质的社会形象。

三、体育赛事的协办方

在现代市场经济日益发达和市场分工越来越细的背景下,不同规模和不同类型的体育赛事均需要寻求协办方的帮助才能得以完成。协办方通常包括活动的承办商和供应商等通过提供打包的产品、服务与资源,帮助赛事举办方完成各项筹备和管理工作。协办方的合作可以帮助体育赛事活动减少因添置物资、培训员工等造成的资金和时间消耗,有助于更有效率和更专业地完成活动的各项工作。但是,如果协办方较多,其所属员工不一定能全部对赛事活动具有全面的认识,这样就会出现活动目的和任务不明确的情况。因此,如何通过有效的岗前培训,确保协办方工作人员对节事活动的工作任务、工作内容和整体情况等方面的认识,将十分关键。

四、体育赛事的消费者（顾客）

在"市场导向"语境下的商品经济时代,消费者(市场)无疑是体育赛事最重要的利益相关者之一。一般而言,赛事观众的数量多寡与赛事的级别高低、项目普及程度以及市场营销推广效果等有密切关系。对于商业性赛事而言,观众的数量直接影响赛事的营业收入。另外,观众的数量还间接影响媒体和赞助商等利益相关者对赛事的关注度和兴趣,并进而影响赛事电视转播权和广告权的交易价格。

1.构成要件及其利益诉求的复杂性

这里的"消费者"包括赛事参与者与赛事观众。前者主要是指运动员、教练员和裁判员。后者除现场观众外,还包括赛事的媒体转播观众(场外观众)。对于专业竞技性的体育赛事而言,通常会有一套完整的行为规则用于对赛事参与者的管理。对他们行为的管理属于专业的体育范畴内容。对于这类赛事参与者中的运动员与教练员来说,其利益诉求体现在好的竞赛成绩、经济收益以及良好的竞赛环境3个方面。裁判员的利益诉求主要是经济收益,同时也有通过赛事提升自己在业界的影响力与知名度等非经济方面的利益诉求。而对于以公众参与为主的体育赛事活动而言,赛事参与者也是赛事观众,二者合二为一成为赛事消费者。他们消费的是赛事活动本身以及由赛事活动的举办而形成的一种"氛围(或气氛)"。或者说,他们既是"演员"又是观众。本节讨论的赛事消费者即指后一类。

体育赛事的观赏价值和娱乐价值是赛事消费者最主要的和最根本的利益诉求。另外,体育赛事还可以为促进人们之间的交流沟通或寻找身份认同等创造平台。这也是体育赛事的主要利益诉求。赛事消费者会对赛事进行"用脚投票",因此是体育赛事最不可或缺的主体。观众与参与者的数量、层次、类型结构以及他们与赛事相关的消费水平等是影响赛事是否能够成功的关键因素。从这个角度看,赛事消费者是"权力—合法性—紧迫性"合一的"确定型"利益相关者。

2.体育赛事的消费者满意度及其评价

观众与活动参与者的体验水平与质量是体育赛事活动成功与否的一个重要衡量标准。通过了解这类利益相关者对赛事活动的综合性评价,可以帮助赛事举办方识别赛事活动在组织安排与运营管理等方面的亮点与不足,从而针对下一次赛事活动的安排做出调整。良好的观众评价(口碑)是活动宣传的最有效方式之一,不仅可以扩大体育赛事活动的正面影响,还会直接影响已有市场在未来时间里对同一或同类节事的参与意向水平和参与程度,也可以在未来吸引更多的观众参与。因此,从可持续发展的角度看,体育赛事消费者的体验评估对赛事组织者的客户维持具有十分重要的意义。此外,这一方面的调查分析还可以帮助赛事举办方更有效地分析活动的市场价值,从而作为下一次活动吸引赞助商、媒体的重要参考指标。观众评价涉及的内容包括:

①赛事活动参与者与观众的人口统计信息(职业、年龄、性别、地区、收入情况、家庭与婚姻状况,等等)。

②满意度,包括对活动整体安排、节目内容、服务质量等情况的评价。

③有关赛事的花费情况,包括在活动举办地、活动本身的花销情况等。

④赛事活动的态度评价,如对该活动的意义、吸引力,对当地的社会或环境影响等进行定性的评价。

在服务质量管理领域,消费者对产品与服务的满意程度是通过纵向对比消费者的期望值与对服务质量的实际体验(即服务绩效)之间的差异来确定的。如果实际体验高于或与期望值相当,则消费者就会感到满意,甚至会有"惊喜"感;反之,如果实际体验低于期望值,则会感到不满意或失望。体育赛事的消费者满意度的评估也可以遵照这一评价模式来进行。体育赛事的消费者满意度受价值要素的影响,而且不同的价值要素对观众满意度的影响是不同的。依据服务质量管理的经验研究,体育赛事服务的价值要素包括可进入性(场馆的可达性和交通标识是否容易识别)、可靠性(赛事组织人员与运动员等对观众承诺的实现能力)、响应性(赛事人员对观众的服务态度与能力)、有形性(物理与物质环境因素)与安全性(赛场秩序的可控性)[①],见表8-1。

表 8-1　赛事消费者满意度评估的价值要素指标体系

要素	测试指标
可进入性	赛场车道通行的指示牌是清楚的
	赛场停车乘坐班车是方便的
	停车场到场馆的指示牌是清楚的
	场馆内各种指示牌是清晰的
可靠性	比赛前对观众的承诺得到了兑现
	工作人员的态度是值得依赖的
	工作人员展示了良好的服务意识
	工作人员具有很强的专业素养
响应性	询问服务的回答及时有效
	赛事信息发布及时有效
	突发事件的处理及时有效

① 由会贞.价值要素绩效与体育赛事总体观众满意度非对称关系实证研究[J].体育与科学,2014,35(3):52-56.

续表

要素	测试指标
有形性	整个场馆看上去是有吸引力的
	整个场馆的布局是合理的
	座椅的安排给人们提供了充足的空间
	小吃摊的分布合理,方便购买
	购物区各类纪念品的分布合理,方便购买
	整个场馆的卫生环境是良好的
安全性	良好的赛场秩序给人安全感
	严格的安全检查给人安全感

"三层次价值要素"理论认为,影响消费者满意度源于需求的满足状况。需求可以分为基本型、希望型和兴奋型 3 类。基本型需求价值要素满足得再好,顾客也只能是满意,但是一旦其价值要素得不到满足,消费者的总体满意度就会有根本性的转变。希望型需求价值要素的满足程度与满意度之间有正相关性。或者说,在这一需求状态下,价值要素满足或不满足时对满意度的影响程度(正向或负向)是相同的。兴奋型需求价值要素则是指即使得不到满足,消费者也谈不上不满意,但是如果提供了,则会表现出极大的惊喜和满足感。因此,兴奋型需求价值要素满足时对总体满意度的影响比较大,这对于体育赛事作为一种特殊的产品来说具有极为重要的意义。根据这一原理,体育赛事服务要素中的可进入性与安全性为基本型需求价值要素,可靠性与响应性为兴奋型需求价值要素,有形性则为希望型需求价值要素。

五、举办地政府

由于体育赛事本身具有公共性和外部性,政府部门对体育赛事的介入越来越多:一方面,政府对举办体育赛事的需求逐渐增加,特别是重大国际性体育节事活动;另一方面,城市良好的环境(自然、人文与社会)是实现体育赛事自身价值和功能的重要条件,而各种良好环境的营造需要举办地政府的重视和培育。因此,举办地政府也是体育赛事的"确定型"利益相关者。

举办地政府的利益诉求从性质上看可以大致分为直接诉求与间接诉求。前者是指诉诸赛事所产生的直接经济收益(如门票收入、赞助费收益等)。举办地政府是公共利益的代表者,对赛事的间接利益诉求主要是借助于赛事的公共性或外部性所带来的积极效应。这些效应主要体现在经济与社会文化两个方面。首先,赛事的举办对地方产业(主要包括城市旅游业、餐饮业、酒店业等)有很好的关联与拉动作用;其次,赛事的举办也可以产生良好的社会影响,如城市形象的改善、城市知名度的提升等。社会文化方面的影响更为深远,对地区与城市的发展更具有可持续意义。这也是世界各地争相申办奥运会等特大型标志性体育赛事的重要原因之一。

六、媒体

大众媒介已经强势介入各类体育赛事。在"全媒体"时代,每一项体育赛事都可能成为一个"媒体事件"。媒体关注体育赛事的直接动因是体育赛事广泛的社会影响力及其商业价值。

媒体最根本的利益诉求是指体育赛事的新闻价值,通过赛事报道(平面媒体)或转播(立体媒体)可以拓宽受众群体和提高发行量或收视率,并在此基础上通过吸纳广告给媒体带来更多的经济效益。对于媒介来说,体育赛事具有传播的符号价值,其意义价值往往超越赛事本身。麦克斯威尔·麦科姆斯和唐纳德·肖曾提出,大众传媒对某个事件的突出报道会引起公众的普遍关注和重视,进而成为社会舆论讨论的中心议题。通过介入特定的体育赛事,媒介正以"合谋"的方式,依据自身的媒体特征和价值诉求,通过公共议程设置将体育赛事重构成真正的全民狂欢的"媒介事件"。例如,2010 年南非世界杯,在其还处于筹备阶段时,各路媒体便纷纷出马,通过设置公共议程,运用营造话题、植入明星等各种各样的宣传手段,预先将足球打造成当世的神话,使受众在不知不觉中提前进入了这场人为的狂欢庆典中,见表 8-2。

表 8-2　"广马"的支持媒体

支持媒体	主要业务	媒体性质	地位	信息形式
网易新闻(网易体育)	体育综合频道	转载新闻媒体报道,可注册自媒体号	原创策划能力及体育圈内广泛的资源优势	视频、图片、文字等
"98 跑"	跑步培训平台	平台注册自媒体的营销号,例如百家号、微博等	拥有中国最优秀的跑步教练团队	咨询新闻、视频、采访(记者实地采访参与者)等
燃野FIERY/AMBITION	赛事官方支持媒体	运动领域厂牌	凝集跑者情感的炽热,承载助力跑步文化更好发展的野望	微博、超话、图片等
跑步经纬	博主本人对一些跑步赛事的报道	个人注册的自媒体营销号	V 指数运动 55.70 分	图片、微博、转发的视频
SMARUN 慧跑	标签是跑步、体育、南京、马拉松的平台	由南京慧跑网络科技有限公司经营的"微信公众号"	已加入"维权骑士"的版权保护计划)	公众号文章、视频号视频
马拉松 123	跑步频道公众号	体育自媒体,即平台注册自媒体的营销号	个人作者对马拉松赛事的关注记录	文章、视频、图片、评论
跑者视界	国内外优秀赛事短片赏析媒体	个人经营注册的自媒体账号	微博黄 V 认证,视频累计播放量 246.1 万	微博、视频、报道等
配速二五零	跑步赛事信息媒体	平台注册自媒体的营销号,例如百家号、微博等	担任北马、厦马、广马、杭马等的官方媒体	微博、报道、视频、图片
跑步之声	跑步咨询内容分享平台	运动自媒体。有微博、公众号、视频号等形式	微博黄 V 认证,视频累计播放量 358 万	图片、文章、视频、直播、专栏

续表

支持媒体	主要业务	媒体性质	地位	信息形式
ELITE 精英跑者	知名运动博主	个人注册的自媒体营销号	微博年度体育热门人物、热门运动健身博主	视频、超话、图片、评述、报道
运动女孩说	展示城市年轻女子运动能力的女性运动平台	团队注册自媒体营销号	主理人微博橙 V 认证,视频播放量 1 095.4 万	图片、视频、采访、报道等
跑马去旅行	马拉松赛事信息、马拉松公益宣传平台	平台注册自媒体的营销号	超百家赛事官方合作媒体、中国跑者线上马拉松主办方	视频、图片、转述等

目前,在消费文化的"蛊惑"和后现代主义倾向的影响下,传媒对体育赛事中的各种具有隐喻意义的符号文本(最为典型的就是体育明星)更感兴趣,在一定程度上颠覆了传统的秩序化和价值标准,具有强烈的去中心和反本质倾向。这在一定程度上加快了媒介体育进一步扩张的步伐[①]。

1.基于媒介理论的大众传媒对体育赛事的影响途径

大众传媒主要通过传播的"议程设置"和"框架设定"两个途径影响观众对赛事的了解与以通过提供信息和安排相关的议题来有效地左右人们关注哪些事实和意见及他们谈论的先后顺序。简要地说,大众传播可能无法影响人们怎么想,却可以影响人们想什么。同样,大众传媒对体育赛事的传播也会受这种机制的作用。议程设置理论的一个重要寓意是,经由议程设置过程,媒体"过滤"和"形塑"而不是"反映"事实。媒体在这个过程中扮演着"把关人"的角色,选择性地集中某些议题,强调它们相对于其他议题的重要性,并传播给大众。记者、媒体编辑以及一些报道文章的作者等都是具体的"把关人"。他们将他们认为有价值或有兴趣的信息传递给大众。

根据框架理论(Framework Theory),"框架"是人们将社会真实转换为主观思想的重要凭据,也就是人们或组织对事件的主观解释与思考结构。框架是个体或群体的过去经验和社会文化意识共同作用形成的。"框架"概念在这里可以理解为一个名词和动词的复合体。作为动词,是界限(或选择)外部事实并在心理上再造真实的框架过程。框架一件事,就是把认为需要的部分挑选出来,在报道中特别处理,以体现意义解释、归因推论、道德评估以及处理方式的建议。作为名词,就是形成的框架(思考结构)。框架是新闻工作人员、消息来源、受众、社会情境之间的互动的结果。在体育赛事领域,媒体可以从微观的心理学层面和宏观的社会学层面为受众建构一个框架以选择性地接受并理解与赛事有关的信息。框架在议程设置的基础上进一步影响了人们对可接近的信息或话题的理解或解释方式。

[①] 正是基于这一点,有学者强调媒介体育需要重整。其一,传播者需要明晰责任,回归理性;其二,受者需要抽离符号,寻找价值理性。[王章明,冯现玲,杨蕾.中国媒介体育:失真与规避[J].体育与科学,2012,33(6):31-34.]

2.大众传媒对体育赛事的主要影响形式

大众传媒对体育赛事发展的影响主要表现在以下几个方面:首先,可以促使赛事举办方改变赛事赛程、比赛数量与地点等。例如,2008年北京奥运会期间美国NBC公司为了在作息时间上方便美国观众收看他们喜爱的项目,与赛会组织磋商以更改比赛时间,最终以游泳为代表的一些项目被改到了比赛地时间的上午(美国的黄金收视时间段)进行。其次,影响改变比赛的内容与规则,这集中体现在一些职业赛事中。一些大众传媒正在作为赛事的创办人或合作者(例如,隶属于中央电视台的"中视"体育娱乐有限公司运营、管理和播出的赛事节目多达千余场,包括国际跳水冠军巡回赛、中国杯世界花样滑冰大奖赛、中国网球公开赛等国际赛事、中国乒超联赛、全国排球联赛等国内赛事以及武林大会这样的原创性极强的赛事)。再次,大众传媒增强了体育赛事与社会外部因素的互动性和联系的紧密程度。例如,我国各地的电视媒体以2008年北京奥运会为契机,开启了"体育+娱乐"类型的节目,增加了参与者和观众对奥运、对体育的兴趣,令体育与经济、文化、娱乐的结合更加紧密;最后,"全媒体"对体育赛事传播的强势介入已经成为近年来体育赛事转播的一个最为明显的趋势。所谓"全媒体",是指综合运用文字、声像、网络、通信等多种传播手段和媒介表现形式全方位和立体化地展示传播内容的一种新的传播形态。"全媒体"使体育赛事的传播速度更快,效率更高。例如2010年,"腾讯"网与CNTV联手,成为唯一的世界杯在线视频直播门户网站。由其独创的"视频+微博+实时数据"三合一"全直播"模式,在同一页面上呈现了3种形态的直播资讯,调动了用户的深层次参与,用户观看、参与讨论以及利用数据直播分析比赛形成,完成了从"吸引眼球"到"专业性参与"的升级,重新定义互联网在线直播,对未来的门户赛事报道具有深远的影响。在互联网时代,互联网体育赛事直播可以分为文字直播和视频直播。文字直播方式可以分为全程记录式、动态播报式、叙评式等,具有信息量大、便捷性强等传播特点。视频直播可以分为演播室评议式视频直播、动态式视频直播,具有观看的愉悦感与仪式感。

在全媒体时代,传受双方角色模糊(如自媒体的出现),议程设置也多样化。这导致传媒中的"把关人"难以胜任"把关"的角色,内容的控制机制更加复杂。在这种传媒背景下,几乎每一个体育赛事都有可能成为一个"媒体事件"(Media Event)。体育赛事活动被媒体构建并提供给受众消费。在这个过程中,受众的信息获得和价值构建扮演着重要角色。

3.体育赛事组织者的媒体关系管理

在体育赛事的筹备、举办甚至"后事件"过程中,体育赛事组织者为大众传媒提供各类产品与服务以维护相互关系的过程统称为体育赛事的媒体运行。在这一过程中,赛事组织方需要在以下几个方面注意维护好与媒体的关系:

①由于赛事的短期性和严格的时间限制,体育赛事组织者必须尽量为媒体的报道提供及时和专业的软硬件服务(如设计充足并且合适的采访位置、预留优质的记者工作席位以及提供辅助的发稿设备等)。

②组织举办方为记者提供更多的采访机会,增加新闻报道的素材。

③体育赛事组织者必须清楚地识别有价值的"新闻点",并通过合适的方式及时主动地传达给媒体工作人员。这个过程通常称为"新闻策划",比较常见的做法如举办新闻发布会和媒

体见面会,或邀请媒体参加明星见面会、赞助商见面会、新闻发布会或商务活动等。

④体育赛事组织者对媒体关注赛事的需求会随着赛事的临近而呈现"指数式"增长。因此,赛事举办方必须抓住"最后"的机会通过"事件"吸引媒体对赛事进行关注。实践表明,这种策略可以有效地增加公众对赛事的关注,增加票务销售或观众和参与者的数量。比如,可以邀请媒体人员参加开幕式的彩排,安排媒体对重要人物做专访,或参加一些测试赛等。

⑤赛事举办前需给媒体工作人员发放相关材料,内容包括赛事详细日程、赛事有关历史数据(特别是往届赛事)、明星参赛运动员的个人资料、运动队的选手名单以及与新闻发布会或媒体见面会有关的纸质印刷材料等。需要特别注意的是,这些材料要尽量在临近赛事开始时才发放,以便让媒体人员获得最新的相关信息。

⑥做好现场的媒体人员认证工作(Accreditation),为媒体工作人员创造一个安全和专业的工作环境,也可以保护一些媒体的"排他性"报道权。

⑦赛事方应该与目标媒介、业界重要媒介开展内容合作,开展会务、会展、论坛的合作,充分发挥媒介的优势,为自己所开展的活动营造氛围,力争成为业界权威内容的提供者(如人物采访、业界分析等)。

⑧赛事组织方应努力将各主要媒介作为支持单位,建立各种深入合作的模式。表 8-3 所列为体育赛事中的媒体需求。

表 8-3　体育赛事中媒体需求表

赛事前	吸引眼球的"故事"	● 参赛者的不寻常或动人的故事 ● 赛事既往以及以前参赛者的有趣历史或故事 ● 具有重大意义的商务故事(如经济收益或与赞助商之间令人激动的合作关系等)
	精确而丰富的信息	● 新闻发布会 ● 记者招待会 ● 媒体导引材料(赛事往届信息、日程表、官方统计数据等) ● 重要或高级赛事管理人员的采访许可 ● 一对一的信息获取机会
赛事期间	合适与舒适的工作环境	● 具有良好视野的工作台 ● 比赛即时数据的及时获取 ● 清晰的不受打扰的摄影记者的工作位置 ● 电话线、数据线以及传真机等通信工作设备及动力保障
赛事后	对相关人员的采访许可	与相关媒介(媒体)深入合作

案例 8-1:数字媒体让北京冬奥更精彩

2 月 16 日,国际奥委会电视和营销服务首席执行官兼常务董事蒂莫·卢姆在介绍北京冬奥会转播及数字媒体数据的总体情况时表示,"截至目前,北京冬奥会是数字媒体平台观看人数最多的一届冬奥会"。虽然大多数人无法亲临赛场一睹运动员的风采,但是媒体全方位助力冬奥,为普通大众打开冬奥窗口,让我们都有了机会了解冬奥,支持冬奥。

在数字技术支持下,冬奥赛场上的每一个细节都被镜头完美捕捉。北京冬奥会是奥运史上首次实现8K视频技术直播和重要体育赛事转播的冬奥会,媒体通过云转播5G背包,将前端设备采集的视频信号实时上传到云平台,实现高清视频即拍即传,快速触达比赛现场。无论是自由式滑雪大跳台项目中360°"自由视角"系统,还是冰壶比赛中的"子弹时间",无不体现了视频技术、数字技术在北京冬奥会上的强大作用。

媒体报道有力度,全方位展现比赛细节。"北京2022年冬奥会"官方微博每日发送比赛赛程,及时播报赛事盛况,带来最新资讯。在赛事报道上,央视解说团队既有专业体育主持人,又有历届奥运冠军,还有国内著名裁判坐镇,多角度答疑解惑赛场内外。国外国内媒体提供专业的赛事服务,24小时运行,全方位报道,不仅定格精彩,更传递精彩。赛场外,记者利用远程遥控摄像系统,实现跨空间采访。媒体助力,提升冬奥热度,让更多人关注奥运会,让奥运会得到更好的推广。

媒体报道有温度,书写人文情怀的冬奥故事。北京市科委立项实施的"冬奥手语播报数字人系统"已正式上线,体现了对残疾人的尊重,实现了人文与科技的结合。媒体的报道不是冰冷的,而是带着爱与热情。新闻人怀揣一颗热忱之心去感知冬奥,报道冬奥,让冰天雪地变得更加温暖。

"奥运会不仅是竞技体育的角力场,更是奉献给全世界体育爱好者的媒介盛宴,数字媒体技术的出现与成熟将体育赛事转播带入了新时代。"运动员的"高光时刻",赛场下的感人瞬间全部被记录。传统媒体与社交媒体共同努力,把冬奥精彩带给千家万户,展现给喜欢他们的观众,让更多人接触冰雪运动,了解冰雪运动,热爱冰雪运动。

资料来源:人民网。

七、举办地社区

社区是指居住在一定地域范围内,以一定的社会联系和社会关系为纽带和以同质人口为主体的人群生活的共同体,是一个相对独立的地域社会。作为体育赛事的直接发生地,其所在社区居民的态度、需求、情绪、要求等都会影响体育赛事参与者对赛事活动的体验感受。同时,赛事的举办也会对当地社区产生很大影响。举办地社区的配合是赛事成功举办的关键因素和重要保障。对于那些大型体育赛事来说,由于其公共性和公益性特点,组织运作具有高度的政治敏感性,公众的参与具有十分重要的意义。对于那些基于地域文化的公开性(群众性)传统赛事来说,社区居民的全面参与可以让赛事活动形成良好的"节庆"氛围,从而让社区居民自身和外来赛事旅游者获得有意义的体验。对于体育赛事举办方来说,要尽可能利用社区的资源(尤其是志愿者等人力资源),这样既可以减少成本与损失,还可以提高工作效率。对于一些"社区参与型"群众性体育赛事活动,赛事管理者需要识别与对话社区精英,通过咨询当地专家的意见来更好地规划和实施活动。例如在欧美国家,群众性体育赛事社区居民参与的一个常用做法是成立一个"赛事咨询委员会",成员由来自各行业的社区居民代表组成,委员会的领导人通常由在某一社区有影响力的"意见领袖"或者一些非官方机构的领导人担任。他们通常被称为"看门人"。在我国,比较适合担任这个职务的人选通常是各级人大代表或政协委员等。

社区是公共利益的主体。社区对体育赛事的利益诉求主要表现在有形收益(如社区基础设施建设的有效改善、社区配套服务的改善、社区就业率的增长等)和无形收益(如社区居民凝聚力和归属感等价值观的有效提升、当地居民在参与事件举办过程中形成的社会精神与合作意识的增强等)。国内外诸多学者用社会交换理论进行的相关实证研究结果表明,居民对体育赛事的支持度与他们对赛事给举办社区带来的效应感知有关:积极(正面)效应(收益)的感知与支持度呈正相关,而消极(负面)效应(成本)的感知则与支持度呈负相关。公众对赛事的风险、信息透明度和政策法规等的感知也会影响他们对赛事组织运作的参与。相比而言,风险感知和政策法规感知对公众赛事的参与具有更为显著的影响作用。

1.举办地社区公众对体育赛事的参与方式

国内学者经过实证研究的结论表明,社会公众对体育赛事的参与方式通常有以下几种:一是事后参与。即公众的参与在事后被告知的状态,在前期的赛事筹备运作和规划等环节缺少参与感。二是被动参与。在这种参与状态下,公众处于被动地响应政府号召(如赛事口号和吉祥物等标志的征集活动)。三是精英式参与。这种参与的方式通常表现为专家决策咨询。如2010 年广州亚运会的"亚运志愿者关爱团""亚运志愿信使团"都是由社会少数精英通过组建非政府组织参与大型体育赛事的组织运作的。四是暴力式参与。这是一种非制度性(或制度外)的公众参与方式。大型体育赛事因资源消耗大、涉及面广,比较容易加剧或引发社会各类主体矛盾的冲突,使部分公众以这种非正常形式参与赛事。

2.举办地社区公众对体育赛事的支持度

社区的参与需要是"全程"式的,在体育赛事规划阶段应该建立相应的鼓励居民参与的机制,广泛听取他们对赛事的目标设置、活动项目的内容与主题的设计以及资金筹措等事宜的意见。赛前的赛事市场营销对象也应该包括社区居民。后阶段的评估也应该充分了解社区居民的真实体验与感受,并以此作为在未来时间里赛事组织运营与管理的基础。表 8-4 列举了贵阳市居民对第九届全国少数民族运动会的影响感知。

表 8-4　贵阳市居民对第九届全国少数民族运动会的影响感知

观测变量	因子载荷	均值	特征值	方差贡献率/%
因子1 城市文化、活力与居民精神				
使城市居民更加友善好客	0.753	3.94		
提高了城市的创造力与活力	0.725	3.99		
增强了城市居民强身健体的意识	0.627	3.73		
促进了本地区和民族的融合与文化交流	0.649	4.20	6.621	15.173
促进了传统文化的保护	0.608	4.02		
为城市注入新鲜元素,增加了城市活力	0.560	3.92		
充分展示了本地的少数民族文化	0.546	4.23		
增加了居民作为东道主的自豪感	0.517	3.93		

续表

观测变量	因子载荷	均值	特征值	方差贡献率/%
因子2 环境与设施建设				
促进了休闲娱乐设施与场所建设	0.746	3.93	3.220	25.897
提供更多的城市体育、休闲与娱乐设施	0.744	3.77		
使城市的基础设施更加完备	0.608	4.01		
美化了城市环境	0.554	4.12		
因子3 知名度与形象提升				
积极有效地宣传和推广了城市形象	0.737	4.22	1.663	33.719
提升了贵阳市在国内和国际上的知名度	0.695	4.11		
促进了旅游业的发展	0.592	4.22		
因子4 环境成本				
给城市带来了更多的污染物与垃圾	0.829	3.105 9	1.364	41.126
造成城市更加拥堵	0.810	2.792 2		
因子5 生活成本				
加剧了普通商品价格的上涨	0.817	2.635 3	1.238	48.201
加剧了地价与房价的上涨	0.752	2.760 8		
因子6 居民生活质量提升				
有效地提高了居民的生活质量	0.779	3.24	1.057	55.199
增加了居民的收入	0.681	3.19		
因子7 公共服务				
改善了贵阳的公共交通系统	0.851	3.67	1.044	62.102
改进了公共区域的安全	0.781	3.58		
因子8 经济效益				
为本市提供了商机	0.811	3.93	1.001	68.836
创造了更多的就业岗位	0.622	3.41		

资源来源:华南师范大学旅游管理学院2012届毕业论文(作者:赵梓璇;指导老师:陶卫宁),2012年5月。

说明:问题采用李克特5级量表测量,1至5表示同意程度依次增强。

案例8-2：健身圈越来越近幸福感越来越强——把赛事活动办在群众身边

为最大限度调动市民参与赛事的积极性，本着"全民参与、老少皆宜"的原则，厦门市首届社区运动会在当地各大社区开展起来。

"我们在朋友圈看到有好友推荐社区运动会，觉得活动很有意思，就来参与了。"家住思明区莲兴社区的李先生带着儿子顺利完成所有挑战，其中"冰壶大作战"和"最强推杆王"两个项目是他们最喜欢的。

"我和儿子最喜欢'谁是灌篮王'这个项目。我们每次把球投进篮筐，都会击掌庆祝。"同住莲兴社区的叶先生表示，以后附近小区再举办社区运动会，一家人还要报名参与。

组委会相关负责人介绍说："本次社区运动会共涵盖全民挑战赛、社区趣味赛、社区专项赛三大项赛事，赛事各有特点，比赛项目丰富多彩，集趣味性、娱乐性、协作性和竞技性于一体。全民挑战赛以"奥运不止步，与邻共前行"为主题，弘扬奥运拼搏精神，赛事设置有冰壶大作战、谁是灌篮王、谁是神射手、腰力大比拼、最强推杆王、动感风火轮、梦幻全垒打共7个项目，以个人挑战为主，重在自我展示与竞技精神。社区趣味赛则分为家庭项目和邻里项目、个人项目，设置有亲子俯卧击掌、袋鼠接力跳、搬砖过河、大乒乓小篮球等多个项目，注重参赛成员之间的互助合作，引导参赛者齐心协力，共同比拼。"

莲兴社区居委会副主任谢发福表示，活动开始前，社区网格员在各社区微信群内广泛宣传本次社区运动会，居民报名活动也很踊跃，其中不少居民是以家庭为单位组团参与的。

来自海沧区兴祥社区的沈先生和女儿一起参加了家庭趣味赛，妻子则为他们录像留影。"大乒乓小篮球"项目需要家长和小朋友各执一个球拍，将放大的"乒乓球"运送到指定地点不掉落。小朋友刚刚参加完计时挑战赛，还有些着急想要迅速完成比赛，球拍不稳"乒乓球"差点掉落。在父亲的指导下，父女二人保持相同的步伐和节奏完成了趣味赛。沈先生表示，希望社区多举办这类活动，增进亲子关系和邻里关系。

资料来源：

1.国家体育总局官网。

2.微课视频：用好"大运遗产"打造惠民开放体育新场景（哔哩哔哩）。

八、体育赛事的志愿者

体育赛事志愿者是指在体育赛事的组织运营过程中，自愿贡献个人的时间及精力且不以获得物质报酬为目的，并能完成所分配任务的工作人员。志愿工作除具有自愿性和无偿性特征外，还具有公益性（利他性）和组织性特征。

大量实证研究结果也表明，志愿者工作对体育赛事的运营管理具有十分重要的意义。首先，在现代市场经济环境下，很多体育赛事的财务预算都比较紧张。志愿者的无偿服务可以有效地节约资金，减少预算。其次，随着赛事规模的越来越大，对人力资源的数量与质量也是很大的挑战。所以，相比其他形式的支持，志愿者服务显得尤为重要。从1984年洛杉矶奥运会开始，志愿者开始走进体育赛事中，成立了志愿者部，并第一次出现在奥运会的正式报告中。2008年北京奥运会期间，共有赛场志愿者约10万人，城市志愿者约50万人。因此，专家认为，奥运会志愿者的贡献可以与奥运会资金的主要来源方相提并论。

志愿者的利益诉求相对较为弱化,主要包括物质资助和"利他"价值认同。虽然体育赛事工作人员的构成较为复杂,但是,总体来看这个利益相关者群体有基本相同的利益诉求,包括经济收益、赛事成功举办为其带来的成就感及自我价值的实现等。

1.体育赛事志愿者的动机

需要说明的是,志愿者工作的"无偿性"是指他们不以获得现金形式的工资为目的,而不是指他们不期待得到任何形式的回报。联合国负责编写的《志愿者精神在中国》一书中提出:"志愿者参与志愿服务的动机非常复杂,其中有一些带有一定的强制性,研究者通常把它称作志愿精神领域的灰色地带"。总体来看,志愿者工作的基本动机包括自助(利己)、利他和社会责任3部分[①]。具体来看,志愿者通常会期望获得以下3个方面的回报:

①物质回报,如可以免费获得赛事纪念品和特许经营品,也可以免费观看比赛等。

②社会交往与人际关系,如获得单独与体育明星或名流近距离接触的机会,认识更多的人,等等。

③能力与技术的自我提升。表8-5所列为广州亚运会志愿者动机。

表8-5　广州亚运会志愿者动机

选项	人数 N/人	占比/%
做对社会有益的事	786	79.6
帮助有需要的人	760	77.0
令生活更充实	598	60.6
增加社会阅历	494	50.1
发挥自己的潜能	190	19.3
结交朋友	149	15.1
寻找恋人	8	0.8
打发时间	22	2.2
其他	7	0.7

2.体育赛事志愿者管理的基本程序

（1）工作分析与描述

"工作"是指相对具体地具有相同(或一致性)工作职责与任务的职位(如安保、停车场管理等)。工作分析需要将每一个职位的主要工作职责清晰地列举出来,并尽量将需要完成的职

---

① 王焕清,谭建光.广州亚运会志愿者服务文化遗产导论[M].广州:广州出版社,2011.

责具体化。在实际工作中,工作分析可以通过直接观察、关键事件和分类等方法完成。分析结束后,管理人员要对工作进行详细描述,对志愿者将要承担的工作进行进一步的阐述。除了工作内容,还包括职位管理上的上下级关系、工作者的权力(或权限)与义务、行为标准、工作的特殊性、所需的知识与技能要求、需要的资源以及工作的奖惩措施。

(2)志愿者招募与选择

这一部分的工作内容包括招募公告的发布、报名表的设计、报名人员的审核与面谈、分工与签订合约(如果需要)。其中,招募公告面向全社会公布,主要内容应该涵盖服务时间、服务地点、招募事宜(招募时间、招募形式、基本条件、权利与义务以及人数与岗位等)、报名方式以及联系电话等内容。表 8-6 所列为 2011 深圳世界大学生运动会志愿者招募报名表。

表 8.6　2011 深圳世界大学生运动会志愿者招募报名表

志愿者编号(市义工联填写):　　　　　　　　　　　　　　　填表日期:　　　年　　月　　日

		星期一	星期二	星期三	星期四	星期五	星期六	星期日
服务意向时间	上午							
	中午							
	下午							
	晚上							
	机动							
	服从岗位分配			是□		否□		
服务意向	□交通指引　　□文明宣传　　□社会宣传　　□啦啦队 □医疗卫生　　□新闻报道　　□通信维护　　□礼仪接待 □文艺演出　　□环境整治　　□其他＿＿＿＿＿＿(请注明)							
参与志愿者服务最担心的问题								

(3)职业培训

在职业培训之前,有时候志愿者管理组织还会实施一个"导入与社会化"(Orientation and Socialization)过程,即让志愿者熟悉他们的工作环境,了解组织文化(Indoctrination),彼此认识和了解工作中的上下级管理(或被管理)人员,了解接下来要培训的内容与日程安排等。培训工作中要特别注意对需要特殊技能(术)的工作职位志愿者的培训。表 8-7 所列为中国网球公开赛志愿者培训内容。

表8-7 中国网球公开赛志愿者培训内容

培训类型	主要内容
通用培训	志愿者服务理念、礼仪规范、志愿者职责义务、志愿者的素质等
专业培训	网球赛事的基本知识、中网赛程、场地、各部门工作概况等
岗位培训	各岗位的基本情况、工作任务、地点等
场地培训	深入会场、了解具体工作地点和区域

（4）工作监督与评估

通常来说，赛事规模越大和活动内容越多，监管工作就越有必要。这既是为了保证工作表现的质量，也有助于提高志愿者的工作满意度。

目前，在志愿者管理领域常用的评价方法是对接待业领域的"一般工作业绩评估法"（Common Performance Appraisal Methods，CPAM）进行调整后使用。这种评估方法是将工作的质量分解为一系列可以相对精确评价的指标（或标准），通常包括"投入"标准与"产出"标准两个方面。前者是指志愿工作者在工作方面需要投入的东西，而后者主要是指他们的工作被期望得到的结果。其中，后者又是工作表现最为直接的呈现。

"投入"方面的标准包括：

①工作所需要的必要知识与技能。

②口头与书面表现技能。

③态度与个人人格品性。

④动机。

⑤经验。

"产出"方面的标准包括：

①工作是否按时完成情况。

②工作的可靠性与准确性。

③危机或突发情况的评估与应对水平。

④工作效率。

⑤工作的创新性与创造力。

⑥组织、计划能力。

⑦问题解决能力。

（5）志愿者的遣散

对于某一次体育赛事来说，志愿者的工作具有临时性。随着赛事的结束和志愿服务的完成，志愿者将重新回到原来的工作岗位中。但是，对于那些在一个地方长期举办的赛事来说，志愿者管理是一项持续性的工作。而对于一个地区来说，培育好的志愿者文化也是地区经济与社会可持续发展的重要工作。志愿者的遣散是体育赛事志愿者管理中非常重要但又常常被忽略的工作。

需要志愿者参与工作的体育赛事通常是大型综合性的,志愿者人数多,涉及的部门也多,构成复杂。因此,志愿者应根据工作需要井然有序地逐步进行解散。有的后续工作还需要一些志愿者的合作,有的志愿者可能被组织聘为长期的志愿者或者正式的员工。同时,有的志愿者因多种原因中途退出,需要根据一定的程序进行妥善的安排。以下是节事活动过程中常见的志愿者退出原因:

①在活动前、活动期间以及活动结束后,需要投入大量的时间和精力。

②试图完成所有工作的合格或敬业的人员太少,但工作量过大或要求过高。

③工作人员与志愿者之间以及团队小组内部的紧张关系,这通常是由于缺乏有效的领导或管理系统。

④大量人群带来的风险和压力。

⑤媒体报道、政治关注和公开的公众监督。

⑥缺乏资金支持以及需要持续争取到资源。

⑦缺乏实质性的回报和奖励。

⑧对自己的任命或志愿者职位的无把握感。

⑨缺乏方向。

⑩枯燥或不能使人拥有满足感的劳动。这意味着志愿者必须被赋予有意义和具有挑战性的任务,以及多样性和有社会刺激的任务。在组织内部和任务之间实施计划性的调动是一个避免无聊的好策略。定期进行目标设定练习也会有所帮助。

⑪感觉自己的服务不再被需要使志愿者职业倦怠或退出。因此,必须始终承认他们的价值。

⑫缺乏培训。

⑬对带薪员工的批评。

⑭官僚作风、官僚主义。

⑮缺乏沟通。

⑯感觉未被充分利用。

⑰缺乏影响力。

⑱对组织如何实现目标存在分歧。

值得注意的是,参与最深入且高效的志愿者是最有可能因过度劳累和承担过多责任而倦怠的。不幸的是,这通常适用于活动领导者和关键管理人员,给组织造成了潜在的危机。志愿者职业倦怠的3个症状:一是情感耗竭(例如,"我再也无力付出了!")。二是去人格化(反映在对他人的不良看法上)。三是个人成就感降低(可能伴有抑郁或自尊心丧失)。

3.体育赛事志愿者管理的原则

志愿者的身份具有特殊性,工作性质与动机也都与一般的体育赛事工作人员不一样。因此,对体育赛事中的志愿者进行管理应该实行独特的原则。

(1)动机管理为主,道德宣讲为辅

体育赛事志愿服务是一种高尚行为,从道德层面进行鼓励固然重要,但并不是唯一,也不是最重要的方面。因此,道德宣讲应该注意度与方式。与此同时,重点应该放在动机管理上,即详细了解志愿者的动机,并根据动机给他们安排适合的工作任务。

（2）自我管理为主,被动管理为辅

根据美国心理学家马斯洛著名的"需要层次理论",志愿者是有较强烈的社交需要、受尊重需要和自我实现需要的群体。对这类人群,比较适合利用"Y"理论进行管理。这个理论认为,人们追求承担责任,能够自我控制,人的潜能都能得到充分发挥。因此,志愿者管理工作的重心应放在创造适宜的工作环境与发挥志愿者潜能上。

（3）柔性管理为主,刚性约束为辅

由于志愿者工作本质上是自愿的,因此严格的规章制度约束是不可行的。作为具有较高层次需要（以精神需要为主）的志愿者来说,柔性管理更适合他们,即管理要人性化、人情化与灵活化。

（4）内部激励为主,外部激励为辅

内部激励即"工作报酬的本身就是工作"。这句话反映了内部激励的重要性。赛事志愿者管理人员应该以志愿活动本身为导向,使志愿者更多地体会到参与志愿者活动的乐趣与意义,以及活动本身带给自己的满足与收获。

（5）精神激励为主,物质激励为辅

志愿者想得到的更多的是精神上的激励与回报。以2000年悉尼奥运会为例,组委会在赛事结束后举行了盛大的游行,让志愿者接受市民的致意。组委会还在奥运村为4万多名志愿者竖立了290根柱子,将他们的名字刻在上面以示纪念。另外,组委会还出版了《志愿者——平凡的澳大利亚人带来了2000年奥运会的非凡成功》和《志愿者的经历——生活被赋予意义》两本书,通过大量图片与文字展示了赛会志愿者的风采。这些都比丰厚的物质酬劳更能让志愿者感到激励与难忘。当然,在进行精神激励的同时,也应该给予志愿者服务所必需的物质保障以及一些物质性奖励。

（6）正向激励为主,负向激励为辅

这一原则也就是我们常说的奖惩结合的原则。

第四节　体育赛事利益相关者的利益协调

由表8-8列举的内容可以看出,体育赛事利益相关者的利益诉求呈现多样化特点,他们之间围绕"利益"所形成的关系也是复杂的。利益诉求趋同的利益相关者之间有可能产生利益冲突。这种冲突有时候是完全对抗、无法协调的,但有一些则是非对抗性且可以协调的冲突。而对于利益诉求不同的利益相关者,赛事组织举办方相关管理工作的重点则在于如何让不同的利益相关者之间进行良好有效的协同合作以形成双赢和多赢的局面。

表 8-8 体育赛事利益相关者的利益诉求

利益相关者	利益诉求（关键词）			
举办地政府	经济拉动	城市或旅游目的地形象	社会凝聚力	知名度
所有权人	商业价值	经济效益	社会影响力	长远发展
主办机构	经济收益	良好声誉	—	—
主办社区	基础设施	凝聚力	归属感	居民自豪感
赞助商	品牌知名度	品牌美誉度	目标市场进入	提高销量
媒体	新闻价值	传播价值	社会影响力	
观众	娱乐价值	沟通平台	—	—
参与者	竞赛成绩	良好服务	经济收益	—
工作人员	经济收益	自我价值的实现	—	—
志愿者	物质资助	精神嘉奖	"利他"价值认同	获取资质认证

一、体育赛事利益相关者利益管理的原则

体育赛事利益相关者利益协调原则是构建体育赛事利益相关者利益协调机制的基础，协调方式、内容和具体实际操作都需要在协调原则的指导下进行。

1.自我发展原则

自我发展原则强调体育赛事管理者在进行利益协调时，要始终站在核心利益相关者（举办地政府、所有权人、主办社区和赞助商）的角度，以实现体育赛事的良好运行和自我持续发展为首要目标。要注重体育赛事盈利能力，以满足核心利益相关者的利益诉求为首要任务。这既是体育赛事能够获得长远发展的基础，也是满足其他利益相关者利益诉求的前提。

2.全面性原则

全面性原则要求体育赛事管理者要充分分析和考虑体育赛事各个利益相关者的利益诉求，不可忽视任何关联主体的利益。在满足核心利益相关者利益的前提下，也需要充分考虑蛰伏（或潜在）型和边缘型利益相关者等的利益诉求。

3.共同参与原则

研究表明，共同参与或共同治理模式能够弱化利益相关者之间的利益冲突。体育赛事利益相关者协调机制的构建，要求赛事管理者以构建各利益相关者共同参与赛事运作和管理的机制为重要任务，其中，不同种类利益相关者参与体育赛事运作和管理的方式可以不同。

二、体育赛事利益相关者利益协调机制

根据体育赛事自身特点,可以将体育赛事利益相关者利益协调机制分为4种,即经济协调、政治协调、法律协调和道德协调。

1.经济协调

在市场经济时代,体育赛事核心利益相关者之间的利益和冲突更多地体现在经济与物质层面上,因此经济协调机制是利益协调的基本手段和首要方式。例如,通过经济合约的签订来规范赛事所有权人或主办机构的权利义务关系和经济关系,通过赞助合同来明确赛事赞助商和赛事所有权人或主办机构的经济关系,等等。

2.政治协调

政治是经济的集中体现,反映了经济关系中各阶层的根本利益。政治协调机制是利用国家和政府的职能、政治制度以及各种政治手段进行利益调节的协调方式。依据现阶段的实际情况,政府在体育赛事的运营和管理过程中往往具有关键性作用,在体育赛事利益相关者之间的利益冲突协调中也扮演着重要角色。例如,政府通过有关部门协调和缓解赛事举办期间的交通拥堵等问题,通过政府资源拓宽赛事主办方的融资渠道,同时促进赞助商和赛事所有权人或主办机构的契约订立,等等。

3.法律协调

在现代法治社会,法律是协调各类关系的最重要和最具强制性的手段,体育赛事利益冲突的协调也不例外。法律协调以权利和义务为特征,通过明确规定人们的权利义务来协调利益关系,维持社会秩序。同时,法律还通过监督社会公共事务的实施,维护全体社会成员的基本利益,如保障公民的人权、财产权等。体育赛事作为特殊事件,在赛事的申办、筹备和举办等环节中牵涉众多关联主体,因此通过法律手段进行利益协调是实现赛事正常运转的重要保障。例如,《中华人民共和国劳动法》可用于对赛事工作人员、志愿者与赛事主办机构之间的利益进行协调;《中华人民共和国环境保护法》可以作为赛事主办方与自然环境保护组织之间利益协调的法律依据等。

4.道德协调

道德协调机制是体育赛事利益相关者利益协调机制的重要补充。体育赛事举办期间,当赛事利益相关者的言行不触及法律规范时,法律便无法起到协调作用,这体现了法律协调的局限性。道德的产生早于法律,在体育赛事活动中,道德协调的作用和范围也很广泛,例如,赛场观众乱扔各种垃圾造成环境污染等都是需要协调的对象。

案例8-3:运动品牌"宫斗戏":运动员是赞助商利益冲突的炮灰?

"一山不容二虎。个人赞助商与赛事代表团赞助商出现利益冲突,直接影响到运动员。当赞助商为了利益而博弈时,运动员本身由谁来保护? 没有运动员,比赛本身和赞助商没有任何意义。"

2018年8月19日晚，在雅加达亚运会200米自由泳决赛现场，泳坛名将孙杨轻松夺冠。颁奖仪式上，国旗杆突然掉下，孙杨连说三遍"one more time"，沉稳中彰显自信，观众被他的积极反应所感染。颁奖台上，孙杨一身橙色的服装尤为抢眼，画面感十足。这应该是孙杨比较幸福的时刻。不过，这身看似"和谐"的服装似乎不太和谐。世界冠军也因一个举动引来新的争议。孙杨并没有穿中国代表团指定的安踏品牌领奖服，而是穿着个人赞助商提供的361°品牌上台领奖。这一做法显然让安踏不爽。理由很简单，安踏才是本次亚运会中国代表团领奖服的指定赞助商，361°是孙杨个人品牌赞助商。合同规定，361°Logo可以出现在比赛服装的泳裤、泳帽上，而中国体育代表团出场服和领奖服应该是安踏品牌。显然，孙杨违背了契约精神。体育产业专家王奇当日在社交平台接连质疑孙杨，"这是'客大欺店'，还是领导'默认同意'？"

对此，安踏于19日发表声明，"个人利益决不能凌驾于国家利益之上，中国代表团对于违规事件，将会有公正严肃的处理决议。"

随着体育产业发展，不少赞助商找上运动员和赛事，凭借运动员和赛事的影响力来达到品牌宣传效果。赛事、运动员、运动队之间的赞助商冲突成为热点，从国内到国外，诸多事件屡见不鲜。

孙杨至今未对此事作出正面回应，但他在20日晚摘得亚运会男子800米自由泳比赛冠军后的颁奖仪式上，领奖服已经换回安踏，但他身披五星红旗入场，并用五星红旗贴纸遮住了安踏Logo。

资料来源：搜狐网。

课程思政

北京社区运动会提升居民健康水平

2024年北京市社区运动会营养社区行日前走进北京西城区广安门外街道马连道茶城南侧广场，来自辖区的400余名居民、社会体育指导员参与其中。

北京市社区运动会充分发挥基层体育组织作用，倡导科学健康文明生活方式，后续将继续深入社区，切实将健身方法和营养知识带到群众身边，为群众提供科学健身指导服务，促进全民健身与全民健康深度融合，鼓励社区居民参与到体育活动中来。

活动现场进行了夏季营养膳食与运动健康相关知识专题讲座，通过"清淡饮食、多喝水、注意饮食时间、吃动平衡、避免冷饮"等内容为在场的居民讲解了健身知识和科学营养搭配。讲座结束后，还安排了营养健康测试与现场咨询，居民们通过营养健康测试更加了解自己的身体状况，让锻炼更具有针对性。居民张芝莲表示："之前锻炼不注意营养补充，走了很多弯路，通过这次活动，让我知道了科学健身和营养搭配的重要性，为今后的锻炼提供了很多帮助。"

近年来，北京西城区广外街道积极整合辖区健身资源，组织开展了多项丰富多彩的全民健身活动，改善健身基础设施，满足群众健身需求，努力将社区建设成为"民有所呼、我有所行"的坚强阵地。

资料来源：国家体育总局官网。

【思考题】

1.选择在国内近年来举办的国际性综合体育赛事,利用网络资源等二手材料识别出赛事的主要利益相关者及其相关活动。

2.从权力、态度、需要、利益、紧迫性、合法性和期望等指标中任选两个,对某一社区群众性体育赛事活动中的"确定型""预期型"利益相关者进行矩阵分析。

3.分析"网络全媒体"时代媒体对体育赛事的影响内容和方式与传统媒体时代相比发生了哪些变化,并在此基础上分析讨论体育赛事的媒体关系管理面临哪些挑战与机遇?

4.分析下列各利益相关者之间的利益关系:

赛事所有者与赞助商;赛事举办机构与媒体;赛事举办方与赛事消费者(要求:需要对"消费者"进行详细的划分和说明);赛事组织举办方与政府。

第九章
体育赛事的风险管理

【本章提要】

节事活动的一个最大特点就是时间上的暂时性与空间上的集中性,这决定了节事活动举办过程中的风险因素会相比人类其他的活动要多一些。体育赛事作为节事活动中的一种,同样也具有这个特征。首先,本章第一节对体育赛事风险进行概述,包括概念的内涵、风险的内容与分类。在此基础上,第二节详细分析了体育赛事风险管理全过程,包括风险的识别分析评估、风险的应对、风险管理的监控等。最后,本章第三节专门就体育赛事风险管理中的核心和重点工作内容进行了讨论与分析,包括突发事件管理、服从管理、公共卫生与个人安全管理以及损失防范等几个方面。

【关键词】

体育赛事;风险管理;风险识别;风险分析与评估;损失防范;突发事件

【学习目标】

1. 深刻领会体育赛事风险的概念与内涵以及风险管理之于体育赛事管理的重要性。
2. 理解体育赛事风险的构成要素及常见的类型。
3. 全面掌握体育赛事风险管理的主要流程及工作内容。
4. 掌握体育赛事风险识别与分析方法。
5. 理解常用的体育赛事风险应对策略及其使用情境。

引导案例

5·22 黄河石林山地马拉松百公里越野赛公共安全责任事件

2021 年 5 月 22 日,2021 年(第四届)黄河石林山地马拉松百公里越野赛暨乡村振兴健康跑在白银市景泰县黄河石林大景区内举行。在本次比赛进行过程中突然遭遇大风、降雨和降温等极端天气,最终造成 21 名参赛选手死亡、8 人受伤的悲剧。

2021 年 6 月 11 日,甘肃省人民政府新闻办公室召开新闻发布会,通报白银市景泰县有关这次赛事公共安全责任事件调查与问责情况。调查结果表明,这是一起由于天气、赛事组织管理不规范和运营不专业等自然和人为原因导致的重大安全责任事件。相关责任人员均受到不同程度的处分。通报否定了比赛进行时当天的天气情况为极端天气,因此天气原因不构成重大事故的最主要和直接的原因。本次天气为典型的大尺度冷空气过程,整个西北地区有明显的大范围降温、降水、大风和部分地区的沙尘天气,景泰县主要发生了最大不足 10 毫米的降水、6~7 级的最大阵风以及 4~8 ℃的降温,高海拔地区阵风可达 8~9 级。综合来看,此次冷空气过程不属于极端天气事件,但对第四届黄河石林山地马拉松百公里越野赛是一次高影响天气事件。

根据《中国越野跑运动赛事组织标准》,此类比赛的赛道沿途每 10 千米应设置 1 个补给站,且两个补给站之间最远不应超过 20 千米。此次赛事在难度最大、海拔最高的赛段 CP2—CP4 之间只在 CP2 站点和 CP4 站点设置了补给点,而在两个补给点之间(相距 14 千米)未设置急救补给点。根据专家组实地勘查,CP3 站点的设置在距离 CP2 站点 9.5 千米处,已接近标准上限。如果综合考虑高海拔、高难度等因素,在 CP2—CP3 赛段之间,应设置急救补给点。另外,根据该标准,赛事组织运营方必须根据赛道情况、天气情况以及补给站设置情况等条件,制订强制携带装备清单,对选手提出强制装备要求。在此次赛事中,赛事组织者没有将冲锋衣等保暖装备列入强制携带装备清单,明显违反高海拔越野赛标准规范。急救补给点设置不合理、随意降低强制携带装备标准,再次印证了赛事承办、执行、运营机构风险防范意识不足、赛事举办不专业、组织管理混乱的问题。

学习提示:体育赛事属于风险性强的活动类型,对于那些在户外特别是极端环境下举办的体育赛事活动来说尤其是这样。如果对这些风险管理不当就会造成人员与财产的损失,产生不可预期的后果。导致各种风险情况出现的偶然性因素更多,因此组织运营与管理工作更为复杂,面临的挑战也更多。某一次风险事件的发生通常是多种因素叠加作用的结果,因此体育赛事管理者需要提前规划,并通过各种方法进行有效的规避,将风险降到最低。本章将着重讨论体育赛事组织运营过程中各类风险的识别、分析评估以及有效控制等问题,从而帮助体育赛事管理人员更安全有效地对赛事进行管理。

体育赛事的风险管理有着特殊的内涵与方法,它将传统企业管理中降低经济风险的目标与体育行业为消费者提供安全的体育产品和服务的目标有机结合起来。风险管理应上升为体育赛事的一种管理战略。

第一节　体育赛事风险概述

一、概念及内涵

按照美国项目管理协会(Project Management Institute, PMI)的定义,"风险"是指具有不确定性并且一旦发生就会对项目目标产生积极或消极影响的事件或情况。体育赛事风险就是指体育赛事组织运营过程中出现的这种不确定性及影响。"风险"概念的内涵可以从以下几个方面理解:第一,从理论(定义)上讲,风险可以产生好的和坏的两方面影响。所以,有学者从这个角度将风险分为"投机风险"(Speculative Risks)和"绝对风险"(Absolute Risks)两种。前者即指组织或个人有意识地为了达到某种积极效果而主动承担的风险,具有积极意义。后者则是指被动出现的只有消极意义的风险。在实际中,人们习惯将风险用于强调负偏离或消极的影响(后果)。第二,风险与人的决策与行为相联系,也可以促使人们发现机会,尽量避免、减少或减轻损失。

相比其他事物来说,包括体育赛事在内的各类规划事件(Planned Events)与风险之间具有更紧密的内在联系。这主要有两方面原因:第一,节事活动的一个最根本的特征就是在有限的时间与空间范围内聚集大量的人流、物流与信息流,这个特点导致在节事活动组织运营过程中风险产生的概率要大于其他项目的执行与管理过程;第二,冒险性在很多时候是规划节事活动(特别是具有挑战性的体育赛事活动)吸引力的主要体现,本身就是节事活动的一部分。在这种情形下,体育赛事活动的组织策划与管理人员经常会陷入一个两难境地:如何在尽可能提高节事活动的冒险性给消费者带来的刺激体验的同时,又保证所有相关人员的生命与财产安全。

二、体育赛事风险的内容与分类

国内有学者采用德尔菲法(专家咨询法)对体育赛事的可能风险进行了系统研究,得出结论认为,大型体育赛事存在 21 种可能风险[1],并将其归类为外部社会环境风险、人员治安风险、经济风险和赛事运营风险 4 类[2]。在各种体育赛事分类中,以风险的引致因素为标准的分类可以帮助风险管理者有针对性地做到防微杜渐。这一分类方法将体育赛事的风险分为自然风险与人为风险两种。

大型体育赛事的风险类型及构成见表 9-1。

---

[1]　并不是所有类型和层次的体育赛事都存在这些风险,但可以认为所有可能的风险都应该包括在这些风险类型之内。
[2]　蒲毕文,贾宏.大型体育赛事风险评估的结构方程模型构建及实证研究[J].中国体育科技,2018,54(2):51-58.

表 9-1 大型体育赛事的风险类型及构成

风险类型	具体风险
外部社会环境风险因子	恐怖行为
	蓄意破坏风险
	宗教和民族问题
	政治抵制
	示威游行
	自然环境风险
人员治安风险因子	工作人员风险
	安保风险
	观众风险
	盗窃和纵火等治安风险
	运动员风险
	赛事参与人员交通风险
赛事经济风险因子	赞助风险
	门票和纪念品销售风险
	地区经济危机
	融资风险
赛事运营风险因子	设备故障
	场馆质量安全风险
	管理决策风险
	赛事日程安排风险
	器材安全风险

1.自然风险

由自然原因导致的风险有两种情况:一是自然条件原因(如地震、恶劣天气、大型流行性传染病等)导致赛事活动不能正常举办并造成损失的风险。例如,原定于 2003 年在中国举办的国际足联女子世界杯,由于"非典",不得不移到美国举办。由于组委会赛前对防范赛事举办风险的准备不足,给主办方带来了巨大的经济损失。根据中国足协公布的数据,中国组委会、承办地组委会及参与前期市场开发的福特宝公司的直接损失总计达到 8 952 万元人民币。由于"新冠",原定于 2020 年在日本东京举办的第 32 届夏季奥运会被迫推迟到次年举办。许多室外比赛由于极端天气状况(如大雨)而被取消或延迟。二是由于某些赛事活动本身需要利用自然条件(如本章"引导案例"中的体育赛事)并由这种自然条件导致的人身伤害、赛事中断或取消等风险,因此这类风险因素是某些体育运动本身所固有的。

2.人为风险

导致这类风险的人为因素又可以进一步分为个人和群体两种。因个人犯罪如恐怖行为、盗窃以及抢劫等行为导致的风险需要活动现场采取严格的安保措施进行监管;而对于一些偶然行为(如运动员受伤等),虽然有偶然性,但也要经过风险预估及现场管理来降低这些事件发生后的危害。群体因素导致的风险是指因体育赛事组织机构或部门的工作不力或失误等导致的风险,大致可以从政治、社会-文化、经济以及环境等几个方面来进行分类。另外,体育赛事的人为风险总是随着经济与社会的发展而不断有新的风险出现。例如,在21世纪是"全球风险社会"和新媒体语境下,体育风险与危机事件的情绪极化传播变得非常普遍。这给体育赛事尤其是大型赛事的风险管理带来了极大的挑战。

(1)政治风险

国际性体育赛事会涉及国与国之间的政治关系。不同国家在政治体制与意识形态等方面的差异很多时候也会影响赛事的正常举办。国际上代表不同政治与宗教观点的利益集团或组织对体育赛事的抵制与破坏也会阻碍赛事的正常运营。例如,1972年慕尼黑奥运会上巴勒斯坦恐怖分子对以色列运动员的绑架事件就造成多人丧生。

(2)经济方面的风险

在市场经济体制下,信息不对称和竞争的残酷性往往会让体育赛事的投资主体面对众多的市场与经济方面的不确定性。能否准确把握市场风险是体育赛事投资成功与否的核心指标之一。体育赛事投资的市场风险主要考虑"市场需求量"和"市场接受度"两个方面。后者是指消费水平、认知和接受程度与体育赛事活动的匹配程度。体育赛事的经济风险不仅与产品或服务的市场需求有关,也直接受成本与财务预算控制及收益管理的影响。体育赛事组织举办方需要进行各类软硬件投资,是否达到预期的效果(如场馆在规定时间内完工并按标准交付使用)或收回投资也存在很大的风险。

(3)社会文化风险

体育赛事的所有利益相关者都具有不同的文化背景以及宗教信仰,他们在活动参与以及消费行为等方面由于文化差异而造成的冲突也有可能具有潜在的风险性,需要在风险管理中加以注意。

(4)生态环境风险

体育赛事的举办有可能对举办地的自然生态环境带来风险。研究显示,城市承办大型体育赛事的生态风险类型主要分为生态失衡风险、生态空间占用风险、环境污染累积集中暴发风险、资源能源无序利用过度消耗风险4种。在"绿色经济"与可持续发展背景下,体育赛事的举办有可能因为严格的环境执法而增加成本风险,甚至有可能导致赛事无法举办。为了防范这种风险,体育赛事的组织举办方的赛前规划中就必须划拨一定的专门资金以应对这种风险,其中包括为了满足严格的环境保护需求而增加的环境评估、保护以及其他费用。

第二节　体育赛事风险管理的流程

所谓风险管理,是指组织有意识地通过一系列过程应对处理各类不确定性以将效益最大化的同时将损失或可能承担的责任(Liabilities)减小到最低程度的过程。这个系列过程包括风险识别、风险分析与评估、风险应对计划与风险监控。相应地,体育赛事的风险管理就是指体育赛事组织管理者对赛事的筹办、举办以及赛后一系列运营过程中存在的可能危害赛事组织者利益的不确定性因素,通过对风险的识别与评估,采用合理的经济与技术手段对风险进行处理,以降低事故发生率和伤害程度,并以最低的成本获得最大安全保障的一种管理过程。

目前,不同的组织和学术机构以及学者对风险管理的基本流程有不同的看法,比较普遍接受的是将整个过程分为两个部分,一是风险规划,二是风险管理。其中,后者包括风险识别、风险分析与评估、风险应对和风险管理监控与归档4个过程,其风险管理监控贯穿整个过程。

一、体育赛事的风险管理规划

这个具有统领性质的过程,是指体育赛事组织举办方的相关部门规划和设计一个系统化和持续的全过程风险管理机制。其目的在于,在现实科学的预测和切实可行的方法基础上,结合先前的风险管理的经验,为赛事的风险管理和执行决策提供一个结构性的框架。规划的内容包括管理目标、专门的管理组织机构、相关人员与资源配置、风险管理的技术手段、基本策略以及基本程序等。

二、体育赛事的风险识别

风险识别是大型体育赛事具体的风险管理工作的首要一环,内容包括识别风险源、影响范围、事件及其原因以及潜在后果等几个方面。具体来说,风险识别需要围绕"损失"回答3个基本问题:第一个,谁将受到伤害或损失? 第二个,有可能造成什么样的损失? 第三个,损失可能由什么引致? 识别出来的风险应该列出一个清单,分发给与风险管理工作相关的部门与人员备用。常用的风险识别的主要方法有下述几种。

1.头脑风暴法(或专门会议法)

头脑风暴法是项目决策与管理实践中广泛应用的一种策略。这种方法用于在体育赛事风险识别时,请赛事的各个项目部门负责人、外聘的风险管理专家、赛事活动相关人员(赞助商、媒体等)、员工代表等组成讨论小组,针对体育赛事运营过程中遇到的风险及其危害程度如何等问题展开思考,提出各自的看法。采用头脑风暴法时,最重要的法则是不要在会议上对参与者的意见提出疑问,更不能指责或阻止别人的设想,要鼓励所有参与者提出尽可能多的潜在风险。

2.风险档案分析法

体育赛事风险管理通常具有连续性。举办地政府相关部门和标志性体育赛事组织机构自身均需要建立风险档案,将以前举办过的赛事所积累的资料、数据经验教训以及组织成员的个人常识经验和判断作为档案保存起来,并随时将赛事举办过程中遇到的新风险加入以更新原有的风险档案。通过查询和了解类似赛事历史风险档案资料来识别赛事运营管理中可能存在的风险是一种常用的风险识别方法。

3.人物访谈与"焦点小组"法

这些人物应该包括赛事组织所有部门的领导、主要利益相关者代表、同行以及其他所有与赛事运营有关的人物代表。访谈既可以一对一进行,也可以小组的形式进行。访谈的问题应根据责任范围准备,并针对访谈对象列出相应的问题。经由这个途径,可以有效地避免一些困难、不一致、误解甚至冲突。

4.德尔菲法

德尔菲法又称专家咨询法,是一种匿名反馈咨询法。它以匿名方式征求专家意见,预测领导小组对每一轮意见都进行汇总整理,作为参考资料再发给参与咨询的每位专家,供他们分析判断,提出新的论证。如此反复多次,专家意见趋于一致,结论的可靠性越来越大。德尔菲法有如下3个特点:一是为克服专家会议易受心理因素影响的缺点,德尔菲法采用匿名形式;二是德尔菲法不同于民意测试,一般要经过3~4轮;三是为了定量评价预测结果,德尔菲法需采用统计方法对结果进行处理。

5.情景分析法

情景分析法是根据既往的经验设计一些可能出现的风险情景,然后让与会人员就问题出现的原因、过程、后果以及拟采用的解决方法等展开分析与讨论。

6.测试事件法

测试事件法对特大型体育赛事非常有用。通过举办一系列小型的测试赛事或活动可以有效地检测设施、设备以及资源利用方面有可能出现的问题。

7.SWOT 分析法

SWOT 分析法是市场营销领域对市场环境与竞争力分析的一个很实用的工具。在 SWOT 坐标系中,处于"劣势"(Weak)和"威胁"(Threat)象限中的环境因素出现风险的可能性最大,应引起赛事组织者和风险管理者的注意,如图 9-1 所示。

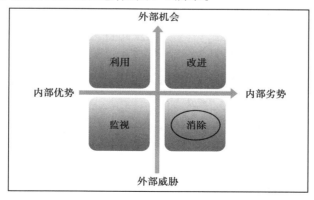

图 9-1 体育赛事风险识别的 SWOT 分析法

8.制约因素分析法

任何项目的执行在人、财与物等方面通常会受到能力或容量范围、质量、时间（日程）以及资源等几个方面的制约。另外，法律法规等硬性制约也应该考虑在内。这些"瓶颈"也是最脆弱和最容易产生风险的环节。赛事组织者与风险管理人员应该对这些限制因素的机动性和优先性以及对将要进行的决策的影响等进行详细分析，以识别出可能会出现的风险。

9."影响图"分析法

"影响图"分析法类似于"心智地图"（Mind Mapping）法，基本工作原理是：以某一要素为中心，分析它对其他要素的影响以及相互之间作用的范围与结果，并在这种情境下分析有可能产生的所有可能风险。这种工具利用关系图解的方法识别在一定环境中某个因素驱动的其他因素以及它们之间的关系。在这个图中，"箭头"开始于作用因素，结束于被影响（或作用）的因素。引出箭头最多的要素通常是风险驱动的根本因素。

三、风险分析及评估

风险分析及评估就是在对赛事风险进行识别的基础上对赛事风险进行综合评价，应用各种风险评价技术来判定风险影响大小、危害程度高低。这个过程为如何处置这些风险提供了科学依据，以保障赛事的顺利运行。

风险分析与评估的结果是赛事风险发生的概率、风险损失大小、风险的影响范围以及主要的风险因素，并在此基础上做出风险预警，提醒赛事风险管理者采取适当的风险控制措施，以达到规避或降低风险的目的。需要注意的是，风险分析与评估是协助赛事风险管理者管理风险的工具，并不能代替风险管理者的判断。常用的风险分析方法有下述几种。

1."因果树"分析法

这种图示风险分析法形成的结果状如"鱼骨"，因此也称为"鱼骨图分析法"。它是一种通过集思广益、发挥团体智慧，从各种不同角度找出问题所有原因或构成要素的会议方法。从方法论上来说，这种方法具有归纳性质，如图9-2所示。

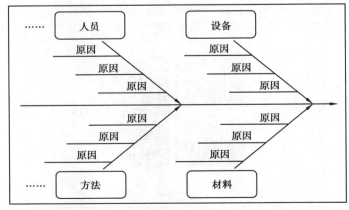

图9-2 "因果树"分析法示意图

2.故障树形图分析法

这是一种"演绎"推理分析法,与上述的"因果树"分析法正好相反。这种方法将系统可能发生的某种事故与导致事故发生的各种原因之间的逻辑关系用一种被称为事件树的树形图表示,通过对事件树的定性与定量分析,找出事故发生的主要原因,为确定安全对策提供可靠依据,以达到猜测与预防事故发生的目的。此处以在封闭场馆中进行的赛事中最容易出现的观众拥挤与踩踏事件为例进行说明,如图9-3[①] 所示。

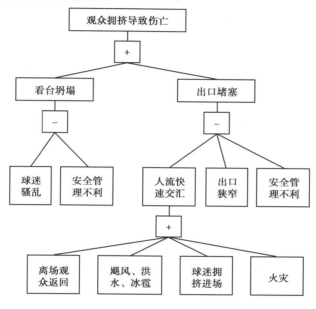

图9-3　故障树形图风险分析法

3."可能性—严重性"矩阵图分析法

体育赛事运营管理过程中出现的风险还可以用事件发生的"可能性或概率"(可以从小到大量化为1到10)和"结果的严重程度"(可以从小到大量化为1到10)这两个最基本的指标来评估。风险大小取决于风险发生的概率与发生后果的严重性[②],二者的乘积即风险的预测值。很显然,预测值越大,风险应对的优先等级就越高,在系列风险中可以进行等级排列。在风险计算过程中,若出现相同预测值的情况,可以将可能性和严重性赋予一定权重,再进行下一步分析,如图9-4所示。

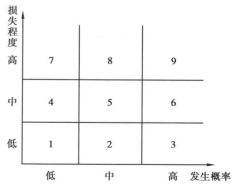

图9-4　"可能性—严重性"
损失等级评估矩阵图

---

①　董杰,刘新立.体育赛事的风险管理研究[J].武汉体育学院学报,2007,41(5):28-32.

②　这两个最基本指标的量化评价赋值可以取1~10,或1~100,或0~1。只要这些值在分析过程中的使用是一致的,就不影响分析效果。

4.外推法

外推法可以分为前推法、后推法与旁推法 3 种不同的类型。

前推法是以历史经验与数据为基础对未来事件发生的概率及后果进行推断的方法。比如根据该赛事举办期间的各种天气的历史记录对体育赛事举办期间气象灾害类风险出现的概率以及可抵御灾害程度的推断。当历史数据呈现较强的周期性特征时,前推法还可以估计风险出现的类型及大致时间。有时也不能准确估计风险发生的时间,只能根据历史数据估计其出现的概率。有时限于历史数据不够充分或者客观现象本身不具有明显周期性,则可认为获得的这部分历史数据是更长的历史数据序列中的一部分,根据相关的定性分析可以假定它服从某种分布函数,再根据此函数进行外推。这是赛事风险评估中常用的一种方法。

后推法在逻辑上与前推法正好相反,是指在没有直接的历史经验与数据可供使用的情况下把想象的未知事件及后果与某一已知的事件及后果联系起来的推断方法。

旁推法是指利用情况相类似的其他地区或事件的数据(横向数据)对本地区或本事件进行外推。比如,分析长三角地区某一城市 8—10 月举办体育赛事遭遇灾害性气候的概率,可以通过收集自然条件类似的上海市相同时间段的数据作为分析和评估该城市出现灾害性天气的重要参考依据。

5.“决策树”分析法

“决策树”分析法是指针对每一个风险事件,都有多种可供选择的应对方法并产生相应的成本、收益和次生危机。通过将这些可替代性方案进行比较,风险管理人员可以确定相对较合理的风险应对方案。这种决策或事件的分支画成图形很像一棵树的枝干,故称为“决策树”分析法,如图 9-5 所示。

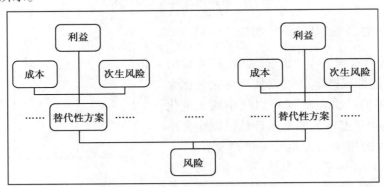

图 9-5 “决策树”风险分析法示意图

体育赛事组织者与风险管理人员在完成风险识别与分析之后,需要对结果进行总结并形成报告。

四、风险应对与处理

针对上述风险识别与评估分析的结果,体育赛事的相关管理部门与管理者要对可能出现的风险提出切实可行和有效的应对预案。大型体育赛事的风险应对与处理方法分为控制型风险处理和融资型风险处理两种类型。

控制型风险处理是指针对可能存在的风险因素积极采取控制措施,以减少甚至消除风险事件的发生概率以及减轻风险发生时造成的损失程度的处理方法。这种策略的具体应对措施有下述几种。

1.风险回避

这种风险应对措施主要是指针对发生的可能性很大、后果也很严重,同时无其他策略来减轻的赛事风险。赛事组织者与风险管理人员可以主动放弃此项活动(事件)或改变该活动的目标与行动方案,以避免风险的发生或尽量减少风险造成的损失。风险回避对赛事来说是最彻底、最有力的应对策略之一,也是最简单、最消极的一种技术,因为风险总是与机会(收益)并存,避免风险也就意味着放弃收益机会。因此,风险管理人员在实施这种措施时需要考虑以下3个方面的因素:第一,某些赛事风险不可能回避,比如地震、灾害性天气、水灾、流行性传染病等;第二,某些风险即使可以避免,但也会因此失去较高的经济效益;第三,避免了某一种风险后有可能产生新的风险。基于以上因素的考虑,最适合采用风险回避办法的情况有以下两种:一是某种特定风险所致的损失概率和损失程度相当大;二是采用其他处理技术的成本超过赛事预期的收益,而采用风险回避的方法可使赛事组织者受损失的可能性降为零。

2.风险转移

风险转移是指体育赛事的相关管理部门有意识地将赛事的某种特定风险通过一定的方式转嫁给其他组织或个人的一种风险处理方法,又称为合伙分担风险。这类风险控制措施主要用于处理那些发生概率较小,但损失大,或者组织者很难控制的风险情况。

可以采取两种方式以应对这种风险:保险风险转移和非保险风险转移。保险风险转移是指通过购买保险的办法将风险转移给保险公司或保险机构(如体育赛事运营管理机构为所有参赛人员购买人身意外险)。非保险风险转移是指通过保险以外的免责协议和套期保值等方法转移风险。例如,向赛事提供交通服务的汽车公司与体育赛事运营管理机构就赛事用车服务签订了固定价格合同,那么汽车公司将承担由燃油价格上涨而引起成本上升的风险。再如,赛事组织者同有关责任人员,如教练员、医护人员等签署合同,由他们对自己的过失行为所造成的损失负责。还有的赛事组织者使用让参与某项赛事的人员签署免责协议,使事故的可能受害者放弃追究赛事组织者法律责任。但在签署合同或者协议时双方均必须遵守相关法律法规。

案例 9-1:这些保险为奥运保驾护航

作为全球最大的体育赛事,奥运会从赛场内到赛场外,庞大又复杂的运作体系中无疑也可能出现各种风险。因此,奥运会的方方面面都少不了保险这只"无形的手"为其保驾护航。此前根据媒体报道,国际奥委会通常会通过为夏季奥运会购买保险的方式,为其高额投资提供保障。安联是目前奥运会和残奥会的官方全球保险合作伙伴。国内的大型保险公司也从各个角度为中国参与此次奥运盛会提供保险服务。

安联商业险文娱保险区域主管仰恩·普瑞切特(Jan Prechtl)表示,2024年巴黎奥运会和残奥会预计是有史以来投保金额最高的体育赛事。"观众变得更加全球化,我们看到近几十年来与体育赛事相关的保险金额有所增加。自"新冠"以来,随着通货膨胀,成本进一步上升。这些都助推了大型体育赛事的保险价值。"普瑞切特说。安联公司称,从体育组织机构、国际奥委会和国家组委会,到国家队或个人运动员,以及赞助商、广播公司、酒店公司、零售商和供应商,几乎所有参与奥运会等活动的利益相关者都购买了保险。

随着全球局势的变化以及网络科技的发展,近几届包括奥运会在内的重大体育赛事面临着一些不同以往的新型风险。安联表示,当前全球地缘政治所可能产生的安全风险已超过公共卫生事件风险,成为2024年重大体育赛事的最大威胁。保险公司已被要求为恐怖主义相关事件、财产损失、业务中断和责任提供专门保险,这通常是对政府计划的补充。此外,保险公司需要考虑民众示威、气候变化、激进分子扰乱事件的风险,并为相关事件造成的财产损失、业务中断和责任索赔提供保险。

资料来源:第一财经网。

3.风险预防与控制

这是指赛事举办方对不愿放弃也不愿转移的风险,采取消除或减少风险因素的措施,以达到降低风险发生的概率和减轻损失程度目的的一种风险应对策略。

根据帕累托"二八"定律,预防好20%的主要风险就能有80%的安全把握,因此在所有风险中只有一小部分是威胁最大的。高风险一般是由风险耦合作用引起的,一个风险减轻了,其他一系列风险也会随之减轻。在进行风险预防时,最好将每个具体风险因素都列出来,分析并找到其风险源,通过加强工作人员素质、进一步强化安全管理或其他行之有效等措施,将风险扼杀在摇篮中。例如,针对赛事期间可能发生的火灾事故,应先分析造成事故发生的可能原因(由于对社会不满而出现的人为纵火、电路短路、场馆总体监控系统故障或者消防系统故障等),根据发生火灾的可能原因,相关部门采取加大警力投入、预防恶意纵火、对各系统线路进行细致严密的检查,加强安全管理等具体措施,以预防火灾事故的发生。安保是一个系统工程,包括的工作内容有4个方面,除提前设计预案进行防范外,还有主动干预、现场观察和严格的审查等。例如,北京奥运会借鉴现代军事指挥系统,采用了4C-ISR安保系统:指挥(Command)、控制(Control)、通信(Communication)、计算机(Computer)、情报(Intelligence)、监视(Surveillance)、侦察(Reconnaissance)。2008年北京奥运会安全筹备期间,承担奥运安保的航天科工在所有94个场馆中总共部署了108套指挥系统,集成了2万多套设备,安装摄像头12 000多个。北京奥运会的安保指挥系统分为场馆指挥部、场馆群(区域)指挥中心、仰山桥前沿指挥部三级指挥分系统,这是现代奥运会历史上最大规模的三级安全保卫能力的统一。

对于大型体育赛事来说,开、闭幕式等重要活动都会举行彩排和预演,这是为了提前发现组织策划与实施中可能存在的问题,并找到解决办法。在新建体育场馆举行测试赛,也是大型赛事正式举办之前主动抑制因场馆功能不完善而有可能出现的风险的一种惯用做法。另外，针对有可能出现的风险，许多活动必须有备用方案。

案例 9-2：UTMB 的风险防控之道

UTMB 赛事全称"环勃朗峰越野挑战赛"（The Ultra-Trail du Mont-Blanc），始于 2003 年，是在阿尔卑斯山区举行的年度山地越野跑赛事，被认为是欧洲最难的越野跑赛事之一。该赛事凭借其赛道的挑战性以及沿途的美丽风景，迅速吸引了大批的参赛选手和赞助商。在成立的 20 余年的时间中，UTMB 逐渐发展成全球"殿堂级"的越野赛事，而这与其先进完善的风险防控体系有着密切关系。

UTMB 在参赛门槛设置、医疗保障体系以及突发事件应急救援制度等方面都建立了成熟的风险防控机制。2022 年，一名巴西选手在参赛过程中不幸身亡。事故发生后，组委会将是否继续比赛的选择权交给了参赛选手，展现了这项赛事背后的精神和底蕴——阿尔卑斯式的攀登精神，即出发前尽可能了解前进道路上面临的风险，依靠自身力量去完成目标。

此外，UTMB 还与加拿大卡尔加里大学教授、运动生理学家纪尧姆领导的小组制订了一份有趣且有效的清单，列出了参加 UTMB 赛事要避免的 12 个错误，对参赛风险及注意事项进行系统提示。

在 UTMB 赛事中，官方对参赛者的参赛设备做了明确的要求规定，所有人都必须有强制性装备套件，否则将面临处罚。官方对部分装备的质量、面积、材质以及大小做了明确的规定，并对部分强制性装备的携带进行了相应的解释。

UTMB 针对极端炎热和极端寒冷的条件提供了相应不同的工具包，在赛事官网明确指出了工具使用过程中可能产生的一系列问题。UTMB 在参赛者赛事装备规定这方面可谓面面俱到。UTMB 每年都会在官网上面向全球招募综合素质优秀的护士以及麻醉师，以保障参赛人员的人身安全。经验丰富、专业技能过硬的医疗团队和一架医用直升机随时待命。

同时，UTMB 针对极端恶劣天气也有具体防范建议。在其赛事官网，明确对运动员提出了一旦出现雪、雾、冰雹等极端恶劣天气，参赛运动员要注意的事项，例如运动员不要在出现哆嗦的状况时才将自己盖起来的注意事项等，并给予专业指导。

资料来源：网易新闻。

4.风险保留

这种风险应对策略是指赛事举办方自己承担风险造成的损失，可以分为主动的和被动的两种类型。主动的风险保留是赛事举办方在对各种可能出现的风险处理方式进行比较和权衡利弊之后，认为损失相对较低而且在举办方可承受范围之内时采用的风险应对策略。被动的风险保留是指赛事管理者由于主观或客观的原因，对于风险的存在和严重性认识不足，没有预先对风险进行处理，而最终不得不由赛事管理者自己承担风险损失的情况。在某些情况下，如损失数额较小或损失程度不严重，不影响赛事正常运行时，赛事管理者会将损失作为运营费用纳入成本。还有一些情形，如赛事组织者虽然已经意识到某种风险的损失程度很大，但由于发生概率极小(比如不可抗拒事件如地震、洪灾等情况),赛事运营机构一般会采取无计划的风险保留方式处理此类风险。

五、风险管理监控

体育赛事风险监控就是通过对赛事风险识别、评价、应对全过程的监视与控制,保证赛事风险管理达到预期目标。它是赛事风险管理实施过程中的一项重要工作。

六、风险管理信息与归档

作为体育赛事风险管理的最后一个环节,这一部分的工作内容即将前述各个程序的过程、结果以及相关的文件资料等进行记录、整理并存档。这一过程为体育赛事举办组织和举办地的政府与相关部门提供了有价值的信息,并为后续的赛事风险管理提供了有意义的历史数据。赛事风险管理的信息归档载体通常包括传统的纸质文档(内容包括文字、图表与图片等)、多媒体介质材料(录像与录音等)。

第三节　体育赛事风险管理的核心事务

体育赛事的风险类型多样,涉及面广,但综合各类管理要素可以看出,体育赛事风险管理的核心事务无非以下几个方面。

一、突发事件管理

"突发事件"(Emergency),顾名思义是指某一事件以始料未及的方式或时间点出现的情形,它是一种可能对人的生命或财产产生破坏性影响并因此需要紧急应对的事件或环境。所有事先的识别、分析与评估都不可能对体育赛事可能出现的风险做到完全的预判,即所谓百密一疏。有些突发性事件在先前的体育赛事举办经历中甚至从来都没有出现过,例如就在2024年巴黎奥运会期间(2024年7月30日),中国乒乓球混双选手王楚钦(男)/孙颖莎(女)在夺得巴黎奥运会乒乓球混双金牌后,王楚钦的球拍被一拥而上的摄影记者踩坏,已经无法正常使用,直接影响了选手后面的单打比赛[①]。因此,对所有实际出现的风险事件的应对与处理总是有应急性的,是对赛事组织运营者的应变能力与综合反应能力的严峻考验。风险应急计划的具体内容又可以分为补救方案与影响消除方案两部分。

突发事件涵盖的内容广泛,通常包括突发的自然灾害、公共卫生事件、社会安全事件以及各类事故。其中,社会安全事件主要有恐怖袭击和暴力冲突。恐怖袭击属于源于赛场外部的突发事件,在体育赛事中时有发生。例如,1996年亚特兰大奥运会奥林匹克公园炸弹爆炸事件和2013年美国波士顿马拉松比赛的终点处发生的两起爆炸事件,死伤上百人。自1972年慕

---

① 2024年8月1日,巴黎奥组委回应,正在调查此事,将确保类似事情不会再发生。同时,巴黎奥组委表示,对此事感到深深的歉意。

尼黑奥运会人质惨案之后,安全和恐怖主义问题就成为一直困扰体育赛事的一个难题。2001年"9·11"事件之后,恐怖主义已经成为重大体育赛事中最受关注的风险因素之一。例如,2008年的达喀尔汽车拉力赛因为受到基地组织恐怖分子的威胁而被迫宣布取消在马里境内的两个赛段的比赛(在相对安全的毛里塔尼亚举办了9个赛段)。随着政府及相关部门对社会安全越来越重视,体育赛事安保工作的资金与人力投入急剧增加,2004年雅典奥运会的安保投入5万人力(包括军人、警察、海岸警卫队等),安全预算达到了10亿欧元。需要强调的是,赛事安全和恐怖主义已经不单单是影响赛事本身了,其负面影响已经扩展到举办地社会。

　　暴力冲突是源于赛场内部的突发事件。体育赛事具有竞技性,尤其是不同民族、不同国家和地区之间的体育竞争异常激烈,因此赛场上的暴力冲突事件也时常发生。从性质上看,这是一种体育的异化行为,冲突的主体涉及运动员、观众(球迷)、裁判等。其中以球迷间所爆发的冲突最为常见,影响也最大。对于暴力冲突的管理,一项重要的工作是赛事观众的消费行为管理。

　　对于某一次突发事件来说,其应对与管理是一个过程,通常会包括"预警""判断""培训""实施""恢复"5个基本步骤,如图9-6所示。体育赛事风险治理的"精细化"理念要求治理实践从被动应对向主动干预转变。因此,预警就成为体育赛事突发事件管理的关键环节①。但是,对于持续举办的某一项体育赛事以及对举办地政府来说,体育赛事的突发事件管理本身也是一个循环往复和不断进步的持续过程,如图9-7所示。

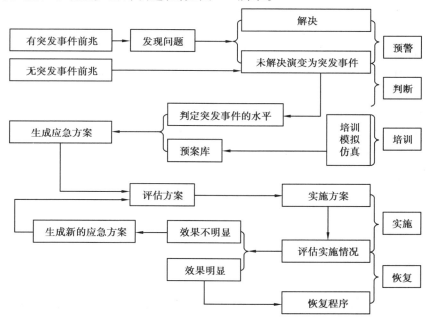

图9-6　突发事件应急管理流程图

①　王聃,冯卫国.基于突发事件:大型体育赛事中的情报需求分析与风险防控[J].情报杂志,2019,38(8):56-62.

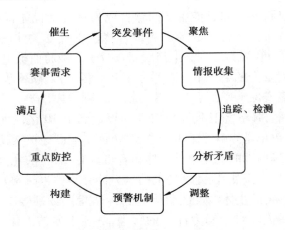

图 9-7　突发事件预警系统示意图

案例 9-3：昆明半程马拉松现悲剧多人不适 1 人意外身亡

2014 年 5 月 25 日上午，昆明高原国际半程马拉松赛如期举行。当天昆明气温高且干燥，这对参赛者的体能和水分消耗构成了极大挑战。并且，尽管赛事受到红牛饮料和康师傅饮用水的赞助，但饮水站数量较少且分布不均，加之参赛人数激增，导致供水不足，许多选手在比赛中长时间得不到及时补水。加上部分参赛者可能平时缺乏长距离跑步的经验，对高原环境和高温条件下的跑步难度估计不足，未能做好充分的赛前准备。导致在比赛过程中，出现了严重的意外事件。来自昆明冶金高等专科学校的大一学生小冯，在参与半程马拉松项目时，于 16 千米处突然倒下，随后被紧急送往医院抢救，虽经全力抢救，但仍不幸于当天中午 12 点左右身亡。同时，另有 9 名参赛者也出现身体不适，被送往医院接受治疗。其中，41 岁的许先生情况最为严重，因中暑导致大脑缺氧、大小便失禁及昏迷，后被转送至解放军昆明总医院进行救治。小冯的意外身亡给其家庭带来了巨大的悲痛和无法弥补的损失。除小冯外，多名因身体不适住院治疗的参赛者，其身体健康也受到了不同程度的损害。此事件引起了社会各界对马拉松赛事安全问题的广泛关注和深刻反思，促使主办方和相关部门加强赛事安全管理和医疗保障措施。

资料来源：网易体育。

二、服从管理

体育赛事活动是社会组织的一部分，因此赛事活动的规划设计与运营管理必须遵守一系列相关的各类法律与法规。对于体育赛事组织管理者来说，如果不遵守这些社会规范，就会面临受到法律或制度性惩罚的风险。因此，如何进行服从管理以规避这类风险及其带来的损失是体育赛事风险管理中的一项重要内容。

服从管理（Compliance Management）是指体育赛事组织者获得并正确展示活动运营所必需的许可证、营业执照、书面免除证（如免税证）以及其他授权（如知识产权）资证文件以及法律文件，以表明赛事活动是在相应的法律法规和规则制度许可下举办的过程。服从管理的首要任务是了解赛事活动组织运营过程中需要承担的法律责任与义务（包括合同和其他一些法律文件）。这些责任与义务可以保护所有利益相关者的人身与财产权利。因此,理解并谨慎地履行与赛事活动有关的法律责任是非常关键的管理内容。服从管理所涉及的内容包括下述几个方面。

1.法律责任

法律责任是因某种行为而产生的受惩罚的义务及对引起的损害予以赔偿或用别的方法予以补偿的义务。体育赛事的组织与管理人员有可能因为不履行或不正确履行某些职责而被追究法律责任,并对受到损害(或伤害)的自然人或法人进行赔偿或补偿。在现代市场经济越来越发达,分工越来越细的背景下,通过合同与契约的形式分派一些职责是体育赛事责任管理的一个有效手段。因此,这种责任也称为合同责任。对法律责任的追责要求对赛事组织者与监管者的责任进行区分,厘清责任单位和责任人员,明确处分种类和运用规则。法律责任分为行政法律责任和刑事法律责任。另外,责任管理的一个重要手段和内容是对相关人员失职情况进行等级评估。相应地,这些行为所造成的损害或伤害也形成了不同的水平层次,如图9-8所示。

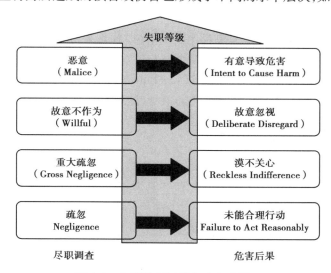

图9-8 失职等级及其危害程度图

2.知识产权保护

知识产权(Intellectual Property Rights, IPR)是指权利人对其所创作的智力劳动成果(如发明、文学和艺术作品以及在商业中使用的标志、名称、图像和外观设计等)所享有的在有限时间内有效的专有权利。任何自然人或法人如果没有所有权人的许可,均不得使用这些成果的载体。IPR通常包括专利权、商标权、著作权(版权)等。知识产权保护的客体通常是创意的外在表现形式(有形成果)而非创意本身。因此,它不仅具有独创性,而且必须是可识别的和可再生产的。

3.隐私

在这样一个信息爆炸的时代,体育赛事活动无疑会涉及大量的个人的、组织专有的和公共的信息。这会导致在赛事的组织运营过程中非常容易出现侵犯隐私的行为,并有可能产生法律纠纷。因此,赛事组织者需要在数据收集与信息处理过程中,保证赛事相关人员个人信息的机密性,并且要尽量保证这些信息的使用目的能让当事人了解并得到许可。

体育赛事活动中侵犯隐私的行为通常有未经许可的打扰、出于商业目的的个人身份的挪用、个人身份以及个人信息的未经许可的曝光等。隐私的侵犯有时候是主动(或恶意)的,有时候则是由于管理手段或技术本身造成的一种客观上的侵犯。如上海"大师杯"网球赛就采用一种"无线射频身份识别"(Radio-Frequency Identification, RFID)技术进行入场人员验证管理。这是一种像别针一样,体积极小的电子产品,佩戴在人员身上可以进行身份识别和行为跟踪,以了解他们的消费行为、活动空间等。这种方式虽然方便了管理,大大提高了效率,但也存在着对人员个人隐私的侵犯和法律上的风险。2023年8月28日的杭州马拉松报名网站疑因赛事举办方过度收集和管理不善,导致个人信息泄露。有报名者表示,在官网登录自己的账号报名时却跳出来另一位参赛者的个人信息(包括姓名、身份证号、性别、出生日期以及服装尺码等)①。

4.伦理问题

简单来说,伦理是指人们对什么是对什么是错(或什么是好什么是坏)进行评判、选择及行动,即讨论道德责任义务以指导人们进行决策、协调与行动的科学。在体育赛事领域,人们将有关的伦理行为与价值总结为"ETHICS"(E—Equality,平等;T—Trust,信任;H—Honesty,诚实;I—Integrity,正直;C—Clarity,透明;S—Sincerity,诚意)。

三、公共卫生与人身安全问题

公共卫生与健康问题可以进一步细化为传染病疫情事件、食品安全事件、生活饮用水安全事件、病媒生物引起的公共卫生事件以及其他公共卫生事件等,这是体育赛事风险与危机管理的一项重要内容。对于体育赛事来说,公共卫生方面的风险可以是赛事外部环境的原因导致的,如近年暴发的"新冠"作为一个特大的全球性公共卫生突发事件给国际上的诸多体育赛事造成了严重的影响。当然,这类风险也可以是赛事自身在运营管理方面的原因导致的。

在人身安全方面,体育赛事由于在有限的空间内聚集了大量的人流,很容易造成拥挤、踩踏等危及人身安全的风险。这种情况在封闭的空间(如足球场)内特别容易出现。除球迷的骚乱和情绪化的行为等因素外,现场人员的管理手段不当或不作为等也是这种情况出现的主要原因。另外,在这类空间中,如果出现火灾等突发事件,也极容易因为恐慌而造成重大伤亡事故。

四、损失防范

体育赛事组织运营过程中会有很多导致人、财与物损失的事件发生。除直接关系到体育赛事的经济效益的收入损失与财产损失,还有人身意外伤害所造成的民事责任赔偿损失以及其他特殊原因造成的损失,如因转播设备故障或损毁造成的不能转播赔偿、比赛无法(或不能如期)举行造成的电视转播不能如期进行的赔偿等。另外,这些损失还会涉及体育赛事组织举办机构的声誉与形象等无形的影响。因此,如何对各类损失进行有效的防范是体育赛事组织

---

① 南方都市报.

者在风险管理方面的一项重要工作内容。

　　损失防范的一个有效策略是实施风险融资,可以通过两种方式实施这种策略。一是组织内部在赛事财务规划时专门拨付一部分资金以应对风险损失,这实质上是一种"风险自留"。二是通过购买保险的形式进行损失的"转移"①。

　　按照损失出现的可能性和严重程度,可以对损失等级进行评定,并依此决定应对策略。如图 9-9 所示,处在左边两个象限的损失由于严重程度相对较低,组织可以自行解决和处理。处在右边两个象限的损失则需要采用第二种方式进行有效的风险规避。尤其是位于右上角象限里的风险,有时还不得不放弃某一活动甚至取消整个体育赛事。

图 9-9　"可能性—严重程度"损失等级防范策略矩阵图

课程思政

　　微课视频:加强赛事安全管理,完善风险防控举措(央视网)。

【思考题】

　　1.识别奥运会对于举办地、赛事活动的现场观众、运动员以及嘉宾(VIP)等不同群体的风险有哪些。

　　2.2012 年美国波士顿马拉松比赛现场发生了恐怖爆炸事件,请分析举办方(地)危机发生后的风险应对与处理方式。

　　3.针对风险转移、规避、接受和控制 4 种方式,各列举 3 个相应的风险以及对应的体育赛事活动。

---

① 　卢文云,熊晓正.大型体育赛事的风险及风险管理[J].成都体育学院学报,2005,31(5):18-22.

第十章
体育赛事的评估[①]

【本章提要】

　　本章具有明显的"后赛事"阶段特征,内容集中在赛事举办后对赛事本身和给举办地带来的影响进行综合评估。本章将体育赛事的评估分为两大部分,即有关赛事本身的"绩效评估"和赛事给举办地区所带来的"影响评价":前者是指对赛事各方面目标的实现情况进行规划与实际绩效进行对比的评价,包括评价的步骤、评价的主体、评价的内容以及评价的主要方法。后者则是对体育赛事的"外部性"影响进行评价,内容涉及经济、社会-文化和环境 3 个方面,最后还在整体上对体育赛事在城市形象的建构与传播方面的影响进行了分析。本章的第三节对体育赛事评估的过程与结果的相关文档整理和归档事宜进行了简要的阐述。

【关键词】

绩效评估;环境影响;经济影响;社会-文化形象;城市形象;评估结果归档

---

① 对于体育赛事的整体管理来说,评估是一个贯穿赛前、赛中与赛后 3 个阶段的全过程事务。赛前评估的目的在于评判项目的可行性。赛事组织运营过程中也需要持续不断地进行动态和阶段性的监控评估,通过反馈的数据和信息来保证项目活动在正常轨道上进行,并尽量和规划目标保持一致。赛前的可行性评估与赛中的监控性评估详见教材的第二章至第九章的相关部分,本章专门讨论赛后评估。

【学习目标】

1.总体上了解体育赛事评估的基本内容。

2.全面了解体育赛事综合影响的分类。

3.掌握体育赛事绩效与综合影响评估的常用方法。

4.领会体育赛事对举办地城市形象的重要性及其评价方法。

5.领会体育赛事与环境之间的"共生"关系。

6.领会体育赛事评估的相关文件归档的重要性及主要的工作内容。

引导案例

巴黎 2024 奥组委的体育赛事综合社会效益评估

巴黎 2024 奥组委采用了一套完整的评估机制来评估其"影响与传承"战略,此项评估不仅涵盖巴黎 2024 奥组委直接执行、部署的活动,也包括了所有参与"影响与传承"战略的利益相关者所开展的活动。为展示体育的社会影响并推广统一的评估方法,巴黎 2024 基金承诺支持"2024 影响力"项目的获选者进行评估工作。从 2022 年开始,基金会为获选者提供包括资源、工具和方法,以及培训在内的支持。

除巴黎 2024 奥组委主导的社会影响评估外,法国政府和巴黎大区的主要地方政府也决定自 2024 年起开展多项研究,以评估奥运会和残奥会对法国的影响。在主办城市层面,这些研究将考虑到所有政府部门制定的传承和支持政策。

2024 巴黎奥运会的评估过程受委员会监督,委员会由多名法国和国际专家组成,他们将独立审查开展的各项工作,以确保评估过程遵循最严格、最科学的方法。巴黎 2024 奥组委的评估策略是一个循序渐进的过程从制定严格和稳健的基准框架,到合理使用评估结果。

一、评估的背景与灵感

巴黎 2024 奥组委的评估机制遵循国际上关于体育社会影响评估的建议,包括:

①国际奥委会的《奥林匹克 2020+5 议程》。

②国际奥委会与经济合作与发展组织(OECD)间的协议。

③《经合组织理事会关于国际活动和地方发展的建议》。

④《喀山行动计划》。

⑤《联合国可持续发展 17 项目标(SDGs)》。

⑥夏季奥林匹克国际单项体育联合会协会(ASOIF)2021 年的有关工作。

⑦英联邦秘书处的有关工作。

⑧2022 年伯明翰英联邦运动会主办方的有关工作。

二、评估所依据的两份框架文件

①《传承与可持续性计划》:介绍了 2024 巴黎奥运会及利益相关方在该领域的承诺。

②《可持续性与传承报告》:介绍了 2024 巴黎奥运会及其生态系统的一些标志性初步成果。其中包括了 15 份文件,概述了 2024 巴黎奥运会和残奥会组委会应对当前环境和社会挑战的方法。

三、影响评估的范围与内容

特别说明:由于时间限制,在 2024 巴黎奥运会和残奥会组委会解散前,本评估计划无法对奥运会的所有社会影响展开评估。评估的主要内容包括以下几个方面。

①就业机会以及企业和地方发展的机遇。

②对教育的促进作用,考查体育活动融入学生日常生活的情况,以及在提高学习乐趣和促进学有所成方面是否有积极作用。

③对公众健康的促进作用,具体的评估工作包括:儿童体育运动实践益处研究、工作场所

体育运动实践益处研究和当地体育活动与久坐行为健康诊断 3 项。

④对社会包容的促进作用。利用体育来促进平等和消除歧视，促进社会包容与职业融入。评估工作包括：残障人士参与体育活动的障碍与推动因素研究和女性体育运动调查。

四、评估的方法

评估采用"变化论"方法，通过因果关系分析、基于现有证据，用于解释某项干预措施或一组干预措施如何在发展方面引导实现具体的变化。这一方法包括识别和定义问题、目标和子目标、实施的举措、实施指标及结果指标等几个关键步骤。

五、评估的具体实施

①数据收集。数据分为 3 个等级：一级指通过巴黎 2024 奥组委开发的专用调查工具（见下文），汇编现有数据。二级指通过与学术界合作收集数据，提供深入分析，帮助评估体育的社会影响。三级指根据特定需求进行专题研究，收集相关数据。

②数据分析。对收集的数据进行分析，并特别关注所评估的项目和观察到的变化之间是否存在直接的因果关系。

③结果发布。分析结果将用于编写 3 份评估报告：一份奥运会前一年报告（2023 年夏）；一份奥运会一年后报告（2025 年夏）；一份奥运会五年后报告（2029 年夏）。这些报告将公开发布，以促进各项实践的持续改进。

资料来源：清华大学体育产业研究中心。

学习提示：体育赛事的举办总是会有所"图"的。在体育赛事产业日益商业化的背景下，如何让体育赛事为举办地带来尽量大和多样化的积极效应是赛事的组织举办机构与地方政府必须考虑的事情。因此，对赛事的整体评估就是必须完成的工作。而且，评估是一个从赛事筹办就应该开始的工作，是一个持续的过程。夏季奥运会作为人类规模最大和影响最为深远的体育赛事，其评估的过程最为复杂，评估的内容也最为周全。了解奥运会评估工作的基本理念、流程、内容以及评估方法可以让我们对其他体育赛事的评估工作驾轻就熟。本章就是对体育赛事综合评估的相关内容进行讨论。

体育赛事活动的结束并不意味着一项赛事整体上的彻底完成，后赛事阶段的评估与反馈工作是其管理工作中一个不可忽视的重要部分。赛后的评估以及相应的档案管理是赛事结束后对整个活动的执行过程、目标完成情况、综合效益与影响等多个方面进行系统的分析总结。这一工作可以让赛事活动的管理者与参与者从工作经历中总结经验教训，以对组织运营管理进行进一步优化。另外，赛后的综合评估对赛事的主要利益相关者以及赛事举办方自身均具有重要的意义。例如，政府注册登记机构要求提供财务报告以达到征税的目的，而投资人也要通过财务报告来考察其投资绩效，赞助商也可能要求对赛事活动是否成功举办进行评估。所以，确定评估报告首先提交给哪些重要利益相关者和发现哪些人需要这种报告是一项重要工作。

在目前越来越采用"项目化"运作并形成产业化趋势的背景下，对于那些重复举办的体育赛事来说①，提高其服务与活动质量以及管理水平的一个最好的办法就是进行活动效益的评估。即便是那些对于举办地来说是一次性的体育赛事，无论是对赛事本身的运营管理还是对举办地所带来的"外部性"影响来说，赛后的综合评估都是具有重要意义的②。

---

① 重复举办的体育赛事包括定时定点举办的体育赛事（如广州国际马拉松赛等）和轮流在各地举办的体育赛事（如奥运会等）。

② 如果立足于举办地视角，像 2010 年广州亚运会和 2011 年深圳世界大学生运动会等大型体育赛事也可以算作是"一次性"赛事。如果从体育赛事的所有权持有者及其国际管治机构（如国际奥委会、亚奥理事会等）的视角来看，那这类体育赛事又是连续性的。

第一节 体育赛事的绩效评估

体育赛事的评估从构成内容上看可以分为"绩效评估"和"影响评估"两部分。前者是"内向"的,即体育赛事组织举办方对赛事自身的投入与产出进行评估;后者则是"外向"的,是对体育赛事在经济、社会-文化以及环境等几个方面给举办地带来的"外部性"(Externality)影响的评估。

一、绩效评估概述

在节事活动管理领域,绩效评估是一个伴随活动的"全过程"事务。体育赛事的组织管理机构和相关部门需要通过观察、衡量和监测赛事活动的执行情况,确保各项工作有效实施。根据不同的评估时间,可以将体育赛事的绩效评估分为事前评估、事中监控评估与事后绩效评估3种类型[①]。体育赛事的事后绩效评估指的是相关机构或部门对照赛事活动的目标或绩效标准,采用一定的评估方法,对赛事活动工作任务的完成情况进行综合评价的过程。这一工作是赛事活动收尾工作中最核心的内容和管理中的重要环节。

事后绩效评估是体育赛事活动评估最常采用的方式之一,旨在针对已经完成的赛事活动的目标达成情况进行审核与分析,并通过实际结果与预期的对比分析了解赛事活动存在哪些不足与可借鉴之处,进而得出相关建议与经验总结。除此之外,还需要对赛事活动的执行全过程中各个环节与工作领域的成效进行评估。总体来说,体育赛事绩效评估需要回答两个基本的问题:

①赛事是否达到了预期目的?

②如果下一次举办该活动,有什么地方需要改进?

从评估涉及的内容与目的来看,体育赛事的事后评估要完成以下几个方面的工作:

①了解观众对体育赛事活动的评价(体验与满意度)。

②统计赛事活动的收入支出情况。

③了解赛事管理与监督工作是否到位。

④了解实际活动与预期计划的差距。

⑤总结员工工作的经验与不足之处。

⑥审核承办商的工作情况与服务质量情况。

二、绩效评估的步骤

为确保体育赛事绩效评估工作全面而有序的完成,管理者需要制订相应的评估计划,明确工作的对象、内容、时间等相关信息,并通过相应的方法进行分析与操作,最后以文本的形式呈现。总体来说,体育赛事的绩效评估需要经过准备、分析、收尾3个主要阶段,具体如图10-1所示。

---

① 关于事前评估,可以参见本书的第二章"体育赛事的总体策划"。关于事中的监控评估,具体可以参见"管理"篇中的各章节内容。本章只涉及事后的整体性绩效评估。

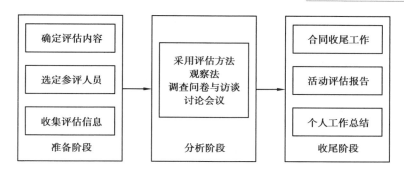

图 10-1　体育赛事评估的基本步骤

三、准备阶段

准备阶段需要弄清评估什么内容、由谁进行评估以及如何获取评估所需信息等 3 个方面的问题。因此,准备阶段需要涉及的工作包括确定评估内容、选定参评人员、收集评估信息等基本事项。在组建好客观与权威的评估团队后,评估人员需要收集尽可能准确且丰富的数据信息,针对不同的调研目的考察相应的评估内容。

1.确定评估内容

体育赛事的绩效评估可以大致分为目标评价、效率与效益评价以及服务质量与观众满意度评价等几个方面[①]。

（1）目标评价

每一项体育赛事都会设置既定的目标（长期与短期目标、宏观与微观目标）,体育赛事赛后评估的一个重要内容就是审查其是否实现了这些目标。通过比较分析目标与实际情况的差距,可以帮助赛事管理者发现活动本身存在的问题与缺陷,通过修正活动目标与具体管理方案更好地实现下一次节事活动的目标。这些目标评价主要包括:

①人力资源管理策划方案的目标实现情况。

②赛事活动进度与日程安排的实际进程情况。

③体育赛事营销方案的实现情况。

④财务预算的实际执行情况。

⑤现场管理方案的实现情况。

⑥物流计划方案的完成情况。

⑦风险识别与控制的实际发生情况。

（2）效率与效益评价

对于大多数以营利为主要目标的体育赛事来说,通过对效率与效益的评价来了解其是否实现营利目的以及具体的营利情况是评估环节非常重要的内容。通过效率评价,体育赛事管理者可以考查赛事管理机构各管理人员与工作人员的沟通、配合、实际工作表现等。通过效益评价,体育赛事管理者则可以采用财务与经济评价的方式,审核赛事活动的收益率、净现值等

[①]　关于服务质量与观众满意度的评价,具体见教材的第八章相关内容,此处不再赘述。

成本效益与成本利润情况。总体来说,效率与效益评价包含以下几个方面的内容:

①赛事管理者的组织能力。

②员工的积极性和工作表现(出勤率、任务完成时间等)。

③成本-收益评估。这里指的是比较赛事活动的全部成本和经济收益(其中最重要的是利润)来评估其价值的一种评估方法。

④赞助商与广告商的收益评估。赞助商与广告商是现代商业化体育赛事的重要利益相关者之一,对他们在赛事中所获收益的评估会直接影响到双方的持续合作意愿和品牌形象①。

2.选定参评人员

体育赛事活动的绩效评估适用于不同的利益相关者,他们既是评估的服务对象,也是参与评估的考察对象。根据不同的评估内容,为保证评估的客观全面,常常需要雇用或邀请相关人员参与评价考核。

(1)评估机构

在产业分工越来越细的市场经济背景下,现在一些大型体育赛事通常会把绩效评估工作委托给专门的评估机构(如资产评估机构)来做。这些专门的机构可以从第三方的视角,对赛事活动进行更加客观、公正、专业和快速地评估。另外,评估机构掌握更多的相关数据,可以帮助赛事活动进行纵向与横向的深入评估分析。

(2)体育赛事的内部员工

对于体育赛事的组织运行情况,各职能部门的管理人员往往拥有更好的发言权。在活动项目从策划、运行到后续管理的工作中,管理人员可以对承办单位、雇用员工、临时工作人员、志愿者等的工作表现进行客观评价,并根据预期与实际情况的对比寻找管理过程中存在的不足。

(3)观众

观众的口碑是了解赛事活动最终呈现状态最好的评价指标。通过对观众与参与者的问卷调查与访谈,可以帮助体育赛事管理者直观了解节事活动设计的吸引力、合理性与满意度等情况。

(4)工作人员

一线工作人员往往能对体育赛事活动的实际操作情况有更好的把握,并能通过分析工作中遇到的问题来评估赛事活动的策划与管理方案是否合理。因此,通过获取工作人员的反馈了解赛事活动的相关信息,对于赛事的绩效评估来说十分有效。

(5)赞助商

作为体育赛事的主要资金来源,赞助商需要通过赛事活动评估,对其是否能够达到预期目标进行调研与总结。赞助商对于赛事赞助行为的评价将影响到下一次举办的节事活动,包括活动赞助资金筹集的吸引力、与赞助机构未来合作的可能性等。

---

① 其中,内容④详见教材第六章"体育赛事的赞助管理"相关部分。

（6）其他关键人物

其他关键人物通常是指有影响力的嘉宾（VIP）、政府官员、国际与国内体育管治机构的官员、专门的赛事观察员等。他们提供的评估信息往往具有重要的参考价值。

3.收集评估信息

在确定好评估内容与参评人员后,体育赛事绩效评估准备工作的另一个主要环节是通过各种渠道收集评估所需的有效信息。这是决定评估结果质量的一个最为关键的步骤。

评估所需有效信息的来源可以分为一手信息和二手信息。一手信息是主体部分,二手信息通常在评估中对一手信息起到辅助作用。一手信息是指通过直接对相关个体和群体或组织进行调查访谈所获得的信息。目前,在节事活动行业领域,绩效评估的一手信息来源主要包括观众（或活动参与者）、赞助商、员工（含志愿者）、嘉宾（VIP）、协调员、政府部门、专家、安保部门等群体。二手信息是指大众传媒对体育赛事的新闻报道、政府公报以及网络上的大众评论等。得益于信息与移动通信技术的发展,"自媒体"时代用户反馈的相关信息也是重要和有较好客观性的信息。

从信息数据的性质来看,又可以分为量化信息与质性信息,量化信息通常可以用数据的形式进行表述,评估衡量的指标明确清晰,如门票销售量、观众与参与者的人口统计信息特征、财务报表、现场商品的销售量,等等。质性信息则多为一些态度性的主观意见,通常以文字、语言的形式对活动进行评价,能够对定量信息表达的内容进行很好的补充,例如观众满意度评价、关键人物与群体访谈记录、员工个人总结、管理人员的工作笔记、会议报告,等等。

此外,为保证获取信息的翔实度与可靠性,信息收集的方法必须是适切的。二手信息主要采用文本分析与内容分析[①]。一手信息的采集方法需要针对不同的评估内容和调查对象而采用不同的方法。比较常用的方法有结构式问卷调查（调查问卷的发放可以采取线上、线下或线上—线下混合式等）、开放式或半开放式访谈、"焦点小组"会议（小组讨论）、总结会议、参与或非参与式观察法,等等。对于体育赛事举办组织机构内部员工（含志愿者）则可以采用自我工作意见簿、工作日志、个人工作总结等渠道了解他们对赛事运营与管理活动工作的建议与意见。

第二节　体育赛事的综合影响评估

一项体育赛事（尤其是如奥运会、足球世界杯以及亚运会等大型体育赛事）的举办总是会给举办地带来一定的、超出赛事本身的、具有"外部性"特征的影响,对于举办地的经济与社会发展来说具有重要的意义。一些国家和地区力争举办具有国际影响力的体育赛事的主要目的之一就是从这些影响中获益,也即以此为"杠杆"来撬动（Leveraging）地方的经济与社会-文化的发展。

---

① 此处的"文本"是广义的,除传统的文字性内容,还包括图片和视频等形式的信息。

一、体育赛事影响评估概述

1.体育赛事影响的分类体系

分类是体育赛事影响评估的基础性工作,具有重要的管理价值。目前,国际上通用的做法是从经济、社会-文化和环境等3个方面来对体育赛事影响进行评估。出于不同的评价目的,体育赛事举办地政府与相关机构还会依据不同的实际需要,对赛事的影响进行分类①。此外,体育赛事的影响也与其规模(或层次)及类型有关,不同类型与层次的体育赛事对举办地的影响方式与作用大小都有所差异,见表10-1②。

表 10-1　体育赛事综合影响的一般分类表

分类指标	分类结果	备注
影响的内容	● 经济影响 ● 社会-文化影响 ● 环境影响	—
作用方式	● 直接影响 ● 间接影响	—
影响形成的时效性	● 即时影响 ● 滞后影响	—
作用性质	● 积极影响 ● 消极影响 ● 混合(积极与消极)影响	—
时段特点	● 事前影响 ● 事中影响 ● 事后影响	体育赛事在生命周期不同阶段具有不同的影响。前面的影响会"叠加"在后面的影响之上,最后以一种"加总"的形式呈现,并延续一定的时间
影响持续的时间特点	● 短期影响 ● 中长期影响	长期影响通常也被称为"体育赛事的遗产"。长期和短期在时间上没有一个绝对的限定。两者的本质区别在于长期影响通常不是由原赛事组织者的行为产生的,而短期影响是由赛事组织者的行为所产生的
存在形式	● 有形影响 ● 无形影响	—

---

① 需要特别说明的是,针对某一个具体的影响,它可以从不同的分类指标对其进行归类,这些分类结果之间是交叉的。例如,根据表10-1"体育赛事的举办带来的大量人流造成了举办城市的交通拥挤"这一影响从不同角度可以看成是社会-文化影响("影响的内容")、直接影响("作用方式")、即时影响("影响形成的时效性")、消极影响("作用性质")、事中影响("时段特点")、短期影响("持续的时间特点")和无形影响("存在形式")等。

② HIGHAM J. Commentary—sport as an avenue of tourism development:An analysis of the positive and negative impacts of sport tourism[J]. Current Issues in Tourism,1999,2(1):82-90.

2.体育赛事影响评估的基本程序

体育赛事的影响评估也需要经过以下几个步骤。

（1）制订评估计划

制订评估计划这一步骤的具体工作包括：确定评估主体和评估资金与时间预算两大部分。

①确定评估主体。赛事组织举办方需要根据自身的人力、财力、物力（含技术条件）和实际评估需要等几个方面来选择由谁来完成评估工作。目前主要有两种方式：一种是由体育赛事举办方组织专门的人员进行评估①。另一种是委托"第三方"的专业评估机构（或公司）来进行评估。随着市场分工越来越细和商业化程度的加快，目前世界上已经有专门的评估公司进行商业性的评估工作。这种通过"第三方"进行评估工作能有效地避免方法过程上的主观性和结果上的偏颇，以保证评估的客观与科学。

②评估资金与时间预算。无论评估工作由哪类指标来完成，都需要一定的资金保障。如果由专门的公司来完成，服务的市场价格往往较高。为了提高评估结果的管理与社会价值，通常要求体育赛事的影响评估工作具有较强的时效性。因此，需要进行合理的时间以及进度安排。

（2）收集评估信息

收集评估信息是耗时最长、工作量最大同时是花费最大的工作。工作进行之前对工作人员进行相关技能的培训是十分必要的，这直接关系到数据的质量。评估所需的信息通常包括数据与资料两个部分。数据是可以量化的，而资料通常是指需要做出主观判断分析的信息。

数据信息与资料的收集方法较常用的有调查访谈（获取一手资料）和二手资料收集，另外，必要时还可以召开专门会议。用调查法收集数据，首先要确定样本范围（样本总体），再确定抽样方法并开展调查。要确定总体样本的范围，评估人员首先要对赛事影响波及的空间地理范围有比较确切的了解。这里的"空间"不仅指实质性物理空间，也指社会-文化空间。在这个基础上，再根据实际需要与资源条件确定样本量与抽样方法。调查的方法包括面对面访谈、电话访谈、邮寄问卷、放置问卷收集箱、现场（"拦截式"）发放问卷以及随着网络技术的发展而兴起的利用虚拟社交媒体的在线调查等。各种调查方法都有其优缺点，见表10-2。

表 10-2　　不同类型体育赛事综合影响的比较

影响方面	大型体育赛事	中小型体育赛事
申办阶段	• 巨额费用 • 申办费用增长迅速 • 申办不成功的风险 • 为了获得申办的成功而夸大政治和赞助商的利益	• 费用相对较低 • 申办成功的可能性较大

---

① 人员的组成可以参见上一节"体育赛事的绩效评估"的相关内容。．

续表

影响方面	大型体育赛事	中小型体育赛事
基础设施建设	• 成本巨大 • 建设带来的经济利益局限于商业部门（而不是社区）	• 无须新建
赛事遗产	• 遗产使用率低 • 耗资巨大导致债务	• 场馆使公众和管理者受益
经济收益	• 居民受益较小 • 政府出钱而私人受益	• 当地居民更容易分享收益
短期旅游收益	• 本地居民以旅游挤出为代价 • "体育迷"对举办地旅游产品的兴趣不大	• 赛事游客多为真正意义上的旅游者 • 游客替代效应的可能性较小 • 游客可能会去尝试体验举办更多的旅游产品
中期旅游收益	• 效益发生下滑	• 不太可能导致中期旅游业的不景气
城市形象	• 可能会对城市形象产生不良影响	• 赛事与城市形象关系不大,可能有潜在的促进作用
社会	• 城市基础设施的拥挤、阻塞 • 居民由于成本问题而被排除在赛事活动之外 • 居民的生活容易受影响	• 拥挤和阻塞情况不太可能存在 • 居民有更大的参与机会
政治	• 可能将赛事与政治相联系	• 不太会受到政治影响
安全	• 巨大安全隐患 • 安保成本很高	• 安全问题不大 • 安保成本比较小

（3）数据分析与结果呈报

收集到的数据与信息只是评估材料,任何一个独立的数据并不能说明问题,只有经过进一步的整理、分析与解读才具备评估价值。因此,这个阶段是整个评估工作的关键,直接关系到评估的结果并进而影响对举办地经济社会发展的指导价值。评估结果需要以系统而完整的文档形式呈现,并形成最终的评估报告。

二、体育赛事的经济影响评估

体育赛事的经济影响评估是指对一场体育赛事在经济产出、收入和就业水平等方面给举办地所带来的影响进行评价（增长或下降）。对于体育赛事尤其是大型体育赛事来说,经济影响也许并不是最重要的,但是在实际工作中又确实是最受举办地政府与组织机构关注的,因此也通常是评估内容中最先受到重视的内容之一。

1.体育赛事经济影响评估概述

（1）体育赛事经济影响的形成机制

体育赛事经济影响评估的核心是体育赛事给举办地带来的新消费，其影响的程度与性质主要取决于以下几个指标：

①赛事参与者（尤其是旅游者）的数量。

②参与者的类型与特征（包括客源地、年龄、职业、性别、消费的兴趣与偏好、收入水平，等等）。

③参与者在赛事举办地停留的时间（天数）。

④参与者在赛事举办地的花费（包括消费水平与消费结构）。

体育赛事（特别是重大体育赛事）的举办会加速举办地的资金流动，包括正向流动和负向流动。前者指体育赛事带来的新资金流入（举办地），并与对举办地的经济影响大小呈正相关。后者则是指一些资金被"挤出"举办地的经济体系。总体而言，对体育赛事经济影响的评估需要综合考虑两者的"对冲"结果。正向流动的资金会持续地在举办地的经济体系中循环，对当地的整体经济产生影响。这种影响通常在赛前就会出现，并随着赛事的举办到结束后一段时间，其影响的时段特征会呈现一种"抛物线"状的分布，通常会在体育赛事举行期间集中爆发，形成赛事参与者消费的"峰聚效应"，赛后再渐渐恢复正常水平。

（2）体育赛事的类型与其经济影响

体育赛事的经济影响程度与赛事举办的目的或赛事的性质（是公开的还是商业性即有门票销售的）直接相关。有些赛事是属于"竞争驱动型"的，即赛事是以体育竞技活动为主，而有些则属于"观光驱动型"，即体育赛事的举办是以吸引旅游者拉动旅游消费为主要目的。很显然，赛事消费人群的构成不一样，其消费水平与消费结构也不一样。有学者根据赛事相关人群中特殊旅游者（官员、运动员与媒体）的消费额的比例建立了一个赛事性质分析的"竞争驱动型-观光驱动型"连续谱。赛事越位于左边，其经济影响程度就越小，预测越容易，消费结构中刚性消费（尤其是住宿业）越大。

规模与活动内容构成（单项还是综合）也会对体育赛事的经济影响产生很大的影响。结合这两个指标，有学者根据赛事对地方经济影响性质与影响程度将赛事分为产生显著经济活动的一次性（相对于一个举办地来说）大型赛事（奥运会、世界杯、欧洲杯）、影响显著地在一个国家每年定期举行的大型赛事（如温布尔登网球锦标赛、英足总杯决赛等）、效益有限的一次性国际或洲际型大型赛事（欧洲青年拳击锦标赛、世界羽毛球锦标赛等）、影响较小的国内赛事（如许多运动项目的国家锦标赛）以及只能产生很有限的经济活动和媒体效应的小型竞争/观光国内循环赛事共5个类型。而且，一些研究人员还特别强调，并不是所有的从体育层面来看较重大的赛事都可以产生重大的经济影响，关键要看赛事所引致的消费流和资金流等的作用过程与结果。

2.体育赛事经济影响的类型与内容

根据上述过程与机制的分析，人们通常把体育赛事对举办经济的影响分为直接影响（利益）、间接影响（利益）和衍生影响（利益）3类，下面分别进行陈述。

（1）直接影响（利益）

直接影响（利益）是指体育赛事给举办地带来的直接花销，包括参与者在赛事活动中的直接花销（如购买活动门票、购买纪念品和特许商品以及现场其他商品、观看演出活动等）以及赛事举办方与赞助商等在赛事活动期间的人力、宣传等方面的花销。

（2）间接影响（利益）

间接影响（利益）是指上述花费（直接利益）所产生的资金流对举办地进一步产生的影响，或者说是指举办地相关产业因为直接利益带来的经济活动的变化，例如因参加赛事相关活动在当地的住宿、餐饮、交通、购物以及娱乐等花销，也包括建设体育比赛基础设施的政府（公共）拨款以及由赛事所吸引来的外来投资，等等。

（3）衍生影响（利益）

由间接利益所产生的资金流又会进一步形成资金的回流（在某一经济体内）或流出（在某一经济体外），继续创造利益（或利益流出），如支付赛事活动当地供应商的费用可以为当地创造出包括增加收入、税收以及工作人员的薪酬等衍生价值，为当地 GDP 以及就业等带来进一步提升。还有，例如某餐厅员工因外地观众来观看本地高尔夫比赛产生的消费而使收入有所增加，他再将这些收入用于添购各类日常用品，进而对相关行业产生影响的现象，如图 10-2 所示。对体育赛事衍生利益的评估通常会用到"乘数效应"，是指经济活动中某一变量的增减所引起的经济总量变化的连锁反应程度。根据评价指标的不同，乘数通常可以分为收入乘数、产出乘数和税收乘数等。

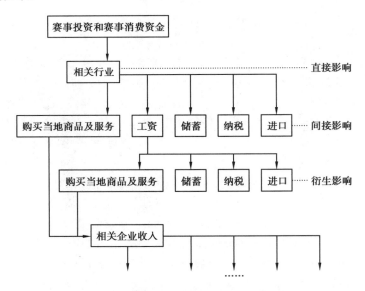

图 10-2　体育赛事资金流在举办地经济体中的流动示意图

目前，国际通行的赛事经济影响评价主要指标有 GDP、就业、税收和居民收入 4 个。

①GDP 的影响。GDP（国内生产总值，Gross Domestic Product）是指一国（或地区）在一年内所生产的所有最终产品和服务的市场价值之和，是对经济活动的基本度量。这一评价指标通常只适用于奥运会、足球世界杯这样全球性和洲际性特大型体育赛事或在一地定期举行的重要体育赛事的经济影响评估，一般不适用于小型的一次性体育赛事。需要特别强调的是，这些大型体育赛事对举办城市或地区的 GDP 的拉动是一个长期和动态的过程（通常为了评价技术层面的需要将其分为前期、中期和后期 3 个阶段）。而且是作用于地区整体经济发展的"引

擎"还有不同的具体表现:前期主要为设施(含基础设施与上层设施)和设备建设的投资。中期则主要表现为赛事组织者、观众及游客的赛事相关消费。后期则是由举办体育赛事而引起的举办地知名度和城市形象的提升所带来的旅游投资以及旅游消费等的拉动。例如,2002—2007年,北京奥运会平均每年拉动北京市GDP增长约1.7个百分点。北京奥运会的后继影响还将继续拉动北京市的GDP每年增长1%。据Blake预计,2012年伦敦奥运会对举办地伦敦市2005—2016年的GDP影响总计将达到59亿英镑,且在2012年达到峰值,为9.25亿英镑[1]。

②就业影响。体育赛事产业化的发展必然会对就业产生影响,这一影响与体育赛事的性质有直接的关系。赛事的短期性决定了它所创造的直接就业岗位也是短期的(赛事期间的用工会在赛事结束后解散)。以F1中国大奖赛为例,该赛事全年平均需要雇佣5 000名工作人员。每场比赛前后需要60名清洁工,出动30辆救护车和200名医务人员,配备2 000名厨师以及至少2 000名就餐服务员。赛道旁还需要400名志愿信号员、108名志愿旗手、40名警官、10辆警车、12辆救火车等。那些特大型的一次性综合赛事(只相对于举办地而言)也可以对举办地的相关产业产生结构性影响,并继而对就业产生长远(或持久)的影响。对于后一种性质的影响,国外有很多学者将其称为"遗产(Legacies)"效应。如果赛事是在一个地区(或城市)定期举行,则它与其他很多产业都有稳定和持续的关联性,因此可以带动和刺激其他相关产业的发展并间接带动举办地就业岗位和就业人数的增加。

不过,就体育赛事的就业效应而言,国际上有很多学者是持怀疑态度的。例如,Hagn对德国2006年足球世界杯的研究结果表明,其就业影响几乎为零。另外还有许多学者运用计量经济模型将体育赛事举办地与非体育赛事举办地就业状况进行比较分析。结果表明体育赛事对举办地的就业效应很小或可以忽略不计。此外还有一些学者甚至认为,体育赛事对举办地的就业产生了较大的消极影响。尽管存在着不同的观点,但目前大多数学者还是认为体育赛事对举办地的就业有一定的促进作用,也是体育赛事经济影响评估的一个重要维度。

③税收影响。国内外与体育赛事相关的税收体制有很大差异。目前,我国在赛事期间没有专门征收某一税种。但是,正如前文图10-2所示,赛事所新增的消费需求拉动了以旅游业为主的举办地各相关行业的发展,并间接导致这些行业营业税、税收等的增加,因此也势必会对举办地政府税收产生一定的积极影响。AC尼尔森公司的调查结果显示:在上海举办的2004年F1中国大奖赛,仅门票销售一项就为上海带来了1 240万元的税收收入,其对上海市旅游业的拉动效应则给上海市政府创造了高达8 340万元的税收。

在欧美地区,市场经济环境比较成熟,税收制度与法律以及管理措施比较完善;同时,人们对大范围征税补贴体育赛事的抵触情绪越来越强烈。在这种环境下,政府往往会针对非本地居民征收一定的体育赛事的"软税"[2]。这种税收涉及的范围相对较小,并经过了严格筛选,因此易于征收,如旅游开发税、烟酒税、球员所得税等。从本质上来看,这是一种特殊的专业针对体育赛事直接受益(而且受益明显且受益量比较大,其中最重要的是酒店住宿和汽车租赁)行业的营业税。例如,2001年在澳大利亚墨尔本举办的F1澳大利亚大奖赛仅为维多利亚州政府创造的税收就接近1 000万澳元。

---

① 黄海燕.体育赛事管理[M].北京:人民体育出版社,2012.

② 与"软税"相对的是"硬税",即财产税和营业税,是地方政府为体育赛事提供补贴的传统税收来源。

④居民收入影响。体育赛事对举办地居民收入影响的来源还有赛事带来的新的资金。这些新的资金通过外来人员和体育赛事组织者的消费行为流入举办地各个产业部门,带动了这些产业销售量的增长,从而增加了这些产业工作人员的工资和奖金,最终促进了举办地居民收入水平的提高。与其他行业相比,从事服务业(特别是旅游业)的居民收入水平受体育赛事的影响最大。

案例 10-1:北京冬奥会带来哪些"冬奥经济效应"

2022 年 2 月 4 日晚,举世瞩目的第 24 届冬季奥林匹克运动会在北京国家体育场盛大举行,世界目光聚焦北京,全球进入"北京冬奥时间"。北京冬奥会是"新冠"发生以来,首次如期举办的全球综合性体育盛会。如期而至,冬奥会点燃世界冰雪运动激情,凝聚奥运精神。

然而举办一场世界级体育盛会并不容易,需要付出巨大的努力,北京冬奥会也是如此。从经济效应角度来看,北京冬奥会投入了多少预算?又有哪些经济收益?更重要的是带来了哪些"冬奥经济效应"?

一、北京冬奥会投入了多少预算?

一场世界级的体育盛会离不开充足的经济预算支持,同样地,2022 年北京冬奥会也投入了不少的预算资金。根据申报北京 2022 年冬奥会时,国际奥委会官方"Working Group Report"描述:用于竞赛场馆和非竞赛场馆的资本投资达 22.39 亿美元。其中包括 7 个比赛场馆的 4.13 亿美元,它们中的大部分只有在北京获得奥运会举办权的情况下才能建造。场地支出将由公共和私人来源提供资金。计划投资 18.26 亿美元用于建设奥运村、2 个山区媒体中心和山区酒店等非竞赛场馆。非竞赛场馆的资金预计将由政府和私营部门共同提供。可见,2022 年北京冬奥会计划直接投资大于 22.39 亿美元,大约在 30 亿美元。除直接预算外,还有很多间接预算,主要包括配合奥运会的基建工程。综合媒体报道,包括首钢滑雪大跳台、轨道交通 11 号线西段等冬奥会保障、基础设施等十个领域的 72 个重点项目,总投资约 1 728 亿元。再加上张家口赛区 76 个冬奥项目,总投资 331.73 亿元。

可以得出,2022 年北京冬奥会总投资超过 2 000 亿元,约超 300 亿美元。回顾历届冬奥会的总投资,北京冬奥会虽然未能超过索契冬奥会 500 亿美元的总投资额,但在历届冬奥会上总投资额仍然名列前茅。

二、北京冬奥会有哪些经济收益?

第一是冬奥会赞助商收益。

北京冬奥组委发布的《北京 2022 年冬奥会和冬残奥会经济遗产报告(2022)》显示,除 14 家奥林匹克全球合作伙伴外,北京冬奥会已签约 45 家赞助企业,其中官方合作伙伴 11 家,官方赞助商 11 家,官方独家供应商 10 家,官方供应商 13 家。北京冬奥组委早在 2021 年 7 月传出的消息就显示,对照国际奥委会官方网站公布的历届冬奥会赞助收入数据,北京冬奥会市场开发可实现的赞助收入已经超过了历届冬奥会的同类数据。

第二是冬奥会赛事转播收入。

北京冬奥会赛事全球转播同样需要收费。有研究机构预计,北京冬奥会转播收入将突破 11 亿美元,会超过平昌冬奥会的 9 亿美元和索契冬奥会的 8 亿美元。

第三是冬奥会特许商品销售。

北京冬奥会开发了品类丰富的特许商品，冬奥会特许商品深受民众追捧。截至 2021 年年底，北京冬奥会市场开发共征集特许生产企业 29 家，其中集中安置残障人士就业企业 2 家，共征集特许零售企业 58 家。先后开发了 16 个类别 5 000 余款特许产品。在河北、西藏、新疆、北京等省、自治区、直辖市开设了 190 余家特许商品零售店，在"天猫"平台开设了奥林匹克官方旗舰店，在王府井工美大厦设立了北京 2022 官方特许商品旗舰店和徽章交换中心。特别是在春节前和冬奥会开幕前，冬奥特许商品销售火爆，北京旗舰店因卖断货而临时限流。比如北京冬奥会的吉祥物"冰墩墩"更是火爆全网，成为世界"顶流"，在网上卖断货，线下商店排队买不到。山西证券此前在研报中预计，在整个冬奥周期，特许商品销售收入将会突破 25 亿元。

另外，奥运赛事场馆等场景的广告费也是一项收益。但因为特殊原因，北京冬奥会不公开销售门票，仅面向境内符合相关要求的观众售票，相比而言，门票销售所得收入并不高。

综上所述，NBS 新品略来做一个总结：从预算收支角度来看，北京冬奥会的经济效益或将创下历届冬奥会新高，应该不是一届赔本的冬奥会。北京冬奥组委新闻发言人严家蓉 2022 年 2 月 1 日在新闻发布会上表示，根据当前的测算，北京冬奥会预算收支平衡，在考虑通货膨胀等经济因素后，总体规模与申办预算大体相当。

三、北京冬奥会带来哪些"冬奥经济效应"？

冬奥会是一项全球性的大规模体育盛会，具有极强的奥运经济效应外。通常来说，冬奥经济效应一般有凝聚效应、辐射效应和瞬间放大效应。凝聚效应是指借助冬奥会，使大量的技术、资金、人才向主办地凝聚。辐射效应是指举行冬奥会，可以对邻近城市、相关产业甚至是整个国民经济起到推动作用。瞬间放大效应则是指因为举办冬奥会，经济会在很短时间内飞速发展起来，GDP 在很短的时间内快速增长。

除前述的北京冬奥会预算投资部分和可看得见的直接经济效应，更值得关注的是冬奥会带来的产业效应、经济效应和市场效应。目前已知与冬奥会直接或间接相关的产业多达 50 项。在 NBS 新品略看来，从经济产业效应角度来看，北京冬奥会不仅是一个"催化器"，还是一个试验场，更是一个多产业未来投资的风向标。

"冰天雪地也是金山银山"，北京冬奥会激活了中国的冰雪经济，让冰雪运动不仅成为一项体育运动，更成为一个现代产业。自 2015 年北京冬奥会成功申办以来，截至 2021 年 10 月，全国居民参与过冰雪运动的人数为 3.46 亿人，实现了"带动三亿人参与冰雪运动"的目标。目前中国是全球唯一快速增长的滑雪市场。《2021 年中国冰雪产业发展研究报告》数据显示，在 2020—2021 年冰雪季，我国冰雪休闲旅游收入超过 3 900 亿元。预计到"十四五"规划末期的 2025 年，我国冰雪旅游人数将超过 5 亿人次，冰雪旅游收入将超过 1.1 万亿元。很明显，北京冬奥会成为一个"催化器"，早已激活并推动中国万亿规模冰雪经济时代的加速到来。

北京冬奥会也成为多个行业领域的试验场。最具代表性的就是数字人民币，数字人民币成为本届冬奥会的一大亮点，已落地 35.5 万个冬奥场景，实现交通出行、餐饮住宿、购物消费等全场景覆盖，再一次向世界展示了中国在数字货币方面的领先水平。还有一个具有代表性的例子就是清洁能源，清洁能源动力赛事服务车辆占比超过 85%。更值得关注的是，氢能源在北京冬奥会的场景应用，将会加速点燃氢能源市场的投资热潮。比如，在整个冬奥会期间，使用清洁能源车辆将实现减排约 1.1 万吨二氧化碳，相当于 5 万余亩森林一年的碳汇蓄积量。

北京冬奥会在碳中和方面的实践,也再次传递出在未来碳中和时代下,将会涌现出诸多个数亿元,乃至是千亿级的市场投资机遇。展望未来,即使在未来的后冬奥时代,北京冬奥会带来的"冬奥经济效应"也将会持续,会创造更多价值。

资料来源:新浪网"新浪财经"。

拓展阅读:《2023 年上海市体育赛事影响力评估报告》内容解读

2024 年 3 月 1 日,上海市体育局联合上海体育大学、上海东方体育评估咨询中心发布《2023 年上海市体育赛事影响力评估报告》(以下简称《报告》)。本次评估体系由关注度、专业度、贡献度 3 项一级指标、11 项二级指标、45 项三级指标组成。

《报告》显示,2023 年上海市体育赛事将展现出较高的办赛水准。在 118 项赛事中,国际级赛事 36 项,占比 30.5%;举办 7 届及以上的赛事 40 项,占比 33.9%。有 26.3%的赛事吸引同级别(或同年龄)世界排名前 20 的运动员(运动队)参赛,有 61.9%的赛事采用国际级裁判员执裁。此外,有 32.2%的赛事赞助商数量达到 5 个及以上,有 39.8%的赛事赞助商中含有世界 500 强企业。高质量的赛事运营和高水平的竞技带来了较高的满意度,现场观众对赛事表示"满意和非常满意"比例超过 90%的赛事达 86 项。

《报告》中还提到,2023 年上海市体育赛事充分展现了消费拉动效应。在 118 项体育赛事中,有 19 万人次参赛,129 万人次现场观赛,带动消费 37.13 亿元,其中核心消费 7.99 亿元、相关消费 29.14 亿元。赛事共带来 49.38 亿元的直接经济影响,且间接经济影响显著,其中产出效应 128.64 亿元,税收效应 4.25 亿元,就业效应 32 268 个。赛事有力促进了旅游产业发展,对"吃住行游购娱"六要素的拉动效应共达到 47.53 亿元,占拉动效应总和的 36.9%。其中"吃住"为 10.7 亿元;"行"为 19.33 亿元;"游"为 8.69 亿元;"购"为 2.81 亿元;"娱"为 6 亿元。

资料来源:

1.新华社《2023 年上海市体育赛事影响力评估报告》发布"。

2.金台资讯网"《2023 年上海市体育赛事影响力评估报告》发布文体商旅展联动效应充分释放"。

三、体育赛事的环境影响

1.背景

自 20 世纪 90 年代初以来,环境与可持续发展就成为全球发展的重要公共议题。1992 年联合国通过了《联合国气候变化框架公约》,旨在减少温室气体排放。截至 2022 年 6 月,全球已有 136 个国家明确提出"净零排放"目标。我国也在 2020 年提出了"双碳"("碳中和"与"碳达峰")国家战略。

现代体育作为全球化背景下一种传递价值观、社会发展方向的有效工具,也在深度践行着自己在环保方面的社会责任。国际奥委会、各单项体育组织以及各国/地区奥委会在 1992年召开的联合国环境和发展大会之后共同签署了《地球宣言》,将环境主题纳入了奥运会申办手册当中。1994 年环境保护被正式列入《奥林匹克宪章》,成为继"体育"与"文化"主题之后的第三大纲领。国际奥委会对主办地在环境方面明确提出十四项要求①。

2.体育赛事与环境

体育赛事与举办地的环境系统之间是相互影响的"共生"关系。

从环境之于体育赛事的重要性来说,体育赛事的成功举办必须依赖于环境。首先,体育赛事必然会消耗一定资源和能源。根据法国环境及能源管理署的评估,在2007年世界杯橄榄球赛期间,12个赛场的照明用电量超过470万千瓦时。随着近年来全球经济发展的增长方式由粗放型向集约型转变,这方面的影响也日益受到各举办地政府与各项赛事管治机构的重视。其次,像帆船、滑雪、山地自行车和攀岩等这类户外体育赛事的举办还需要依托特殊的和专门要求的自然地理环境(如地形地貌条件和地表自然覆盖情况等)。这些户外运动尤其是那些越野赛事由于沿途垃圾回收设施不完善,给当地生态环境保护带来了不小的压力,也会限制运动本身的健康发展。这让"无痕户外"这一概念重回大众视野。

从体育赛事之于环境的意义来说,首先,赛事的成功举办可以有效促进举办地政府与相关机构利用赛事(尤其是奥运会等特大型综合性体育赛事)举办的机会对城市或地区的环境进行综合治理,进行公众环境保护意识建设②。例如,在2007年世界杯橄榄球赛中,法国卫生、青年与体育部部长罗斯利娜·巴舍洛·纳尔坎、环境与可持续发展部部长让·路易·博洛等官员以及法国世界杯橄榄球赛组委会主席拉帕塞联合宣布将本次比赛办成"环保型比赛",并采取在赛场及举办城市张贴环保行为宣传画等方式宣传环保意识。例如,为了保护"三江源"地区生态环境,开始于2002年的中国国际A级自行车赛事"环青海湖自行车赛"的主题为"绿色、人文、和谐"。③

环境改善是赛事之于举办地的一项重要遗产。因此,很多城市都将改善环境纳入赛事规划的范畴。例如,"绿色奥运"是2008年北京奥运会的三大主题之一,贯穿申办、筹备和举办奥运会的全过程。北京奥林匹克公园已成为目前北京市内规模最大的绿色生态园区之一。奥运村通过地热等清洁能源取暖,大规模使用太阳能照明系统,垃圾实现无害化处理等措施,成为一座绿树成荫、鸟语花香的绿色家园,绿地覆盖率为48%,达到了纽约、东京等国际大都市的水平。体育赛事主要通过两个途径来改善举办地的自然环境。另外,还可以从举办赛事所产生的经济效益中抽出一部分"回馈"到举办地的环境治理中。

---

① 十四项要求:①对奥运会会场和附近居民的负面影响要降到最低限度;②保护自然环境和受到影响的生态系统;③供应商和承包商必须遵守环保指导原则;④将比赛地点设在紧密的地区;⑤所有的比赛场地和训练场地必须设置在离奥运村30分钟车程以内的地方;⑥使用节能设计和材料;⑦最大限度地使用可再生能源;⑧保护和重复利用水资源;⑨尽量减少和避免浪费;⑩尽量使用无毒物质;⑪使用可重复利用的包装材料,在就餐场所尽可能使用非一次性餐具和餐盘;⑫在所有的比赛场地使用可回收的垃圾箱;⑬尽量采用电子方式传输信息,辅之以纸张重复利用措施,以便节约纸张;⑭观众只能乘公交车到奥林匹克运动会场地。国际奥委会的上述要求影响着各级体育赛事和各级地方政府,确保了环境和体育赛事的协调发展。

② 有些情况下,赛事的举办甚至还可以"倒逼"举办地政府进行相关行为。例如,北京为了申办2008年奥运会,从正式竞办开始就一直承诺实行"绿色"奥运,并提出一系列具体措施(如降低颗粒物污染、控制工业扬尘和机动车污染、大力种草植树等)以促成城市的综合环境治理。

③ 任慧涛,易剑东.大型体育赛事碳中和管理:国际奥委会的倡议[J].北京体育大学学报,2022,45(2):25-38.

3.体育赛事对举办地环境影响的内容与性质

体育赛事对环境的影响可以从"积极"和"消极"两个方面来进行综合评价,其所涉及的内容见表10-3。

表 10-3　节事活动对环境的积极影响与消极影响

积极影响	消极影响
环保意识增强 基础设施更新 城市化改造与更新 展示环境的机会	环境破坏 大气、水质等污染 对遗产的破坏 噪声问题 交通堵塞

（部分参考资料来源：HALL C M. Hallmark events: Impacts management and planning[M]. London: Belhaven, 1989.）

目前,在体育赛事的环境影响评估方面,环境污染与破坏等负面影响比较受关注。首先,体育场馆等基础设施的建设会对自然环境产生一定的破坏。例如 2010 年温哥华冬奥会计划修建的北欧滑雪赛场就对当地灰熊的生存环境产生了较大影响。其次,大量人流的涌入会对城市的环境产生严重污染(如城市垃圾、二氧化碳排放等)。据法国环境及能源管理署的评估,在 2007 年世界杯橄榄球赛举办过程中,250 万观众留在赛场的垃圾高达 780 吨,整个比赛活动产生 57 万吨二氧化碳温室气体排放,其中 84% 由运动员及观众的交通运输造成。

案例 10-2:绿色发展理念护航杭州亚运,感受体育新力量

2022 年 4 月 20 日,"人人 1 千克助力亚运碳中和"活动启动仪式在杭州举行。会上,一个响亮的目标被提出来:打造首届碳中和亚运会、亚残运会。这个目标的实现,对亚运、对浙江,对中国和世界的绿色发展,都有积极意义。根据"杭州为主,全省共享,以运动员为中心、赛事为主体,充分利用现有场馆"的原则,在亚运场馆的建设进程中,始终秉承"绿色、智能、节俭、文明"办赛理念,着力打造亚运场馆建设的"杭州样板",助推城市建设,展现城市形象,服务市民群众。

而借着亚运会的发展契机,除赛事体育场馆和配套设施外,杭州也同样聚焦基层体育设施建设,以"绿色亚运"为中心,确保体育设施政策和决策与全球可持续发展的课题保持一致,推动全民健身发展战略。

力争 2030 年前实现"碳达峰"和 2060 年前实现"碳中和",是中国作出的重大战略决策,也是中国向世界作出的庄严承诺。和北京冬奥会一样,杭州亚运会"绿色、智能、节俭、文明"的办赛承诺中,"绿色"冲锋在前,"碳中和"是贯穿其中的醒目主线。在钱塘江畔织起一条近 4 千米的亚运"绿色丝带",使用四川凉山彝族自治州充沛的水电和宁夏、新疆的风电和光电,重复利用场馆改造建材,将绿色场馆与城市规划有机融合,组建"零碳"工程师队伍……亚运会筹办过程中的这些"零碳"手笔,已经逐渐体现出绿色办赛理念。

"绿色"是杭州亚运会的办赛理念。杭州始终坚持把绿色和可持续发展理念,贯穿到亚运会筹备、举办和赛后利用的全过程、各领域、各环节。

资料来源:搜狐网。

四、体育赛事的社会-文化影响

社会-文化是一个非常宽泛的概念,因此这方面评估涉及内容也相应比较广泛①。社会-文化影响是衡量体育赛事是否成功的长远目标,直接关系到社区居民对赛事的支持度。这类影响通常由于不太容易像经济影响那样经由量化的方式进行测评,也不像物质遗产那样可见,因此常被称为"无形影响"(Intangible Impacts)。评估机构通常会根据不同的视角进行定性分析②。

与前述的经济与环境影响评估类似,体育赛事的社会-文化影响的评估也多从正面和负面两个视角进行分析和评价,具体的评价内容包括以下几个方面:一是社区影响。主要指因活动参与者的聚集所导致的对社区的影响,包括引起的各种生活不便,如停车场、交通、公共设施拥挤等问题;也包括诸如增加就业与商业机会等积极影响。二是休闲/娱乐影响。节事活动的各种节目,如音乐会、舞蹈演出等丰富了当地的娱乐活动。同时,因为举办这些活动而搭建的场地或设施,可供活动主办地的居民未来使用。三是基础设施影响。为更好地接待与服务节事活动的参与者,一部分活动的收入或盈利可以直接或间接用于公共设施的修复与保护工作,进而为当地带来福利。四是健康与安全影响。在活动期间,通过对警察人数与安保工作的加强,可以进一步提高当地警力的工作能力;同时,由于各种未知风险的存在,也可能导致当地增加各种犯罪与破坏公物的行为。五是文化影响。主要包括当地居民的地方文化意识加强,更加具有文化识别、保护与发展的能力等。

五、体育赛事的城市形象影响③

从方法论意义上来说,上述从经济、环境与社会-文化3个方面对体育赛事的影响进行评估虽然可以让举办地政府部门与体育赛事组织举办方对赛事的影响有更深入和透彻的了解,但是也难免带有一定的人为割裂痕迹。也就是说,某些"影响"可能兼有经济、社会和环境性质,例如进行进一步评价"居民生活质量"维度的影响的话,不仅与赛事带来的物价上涨而导致的生活成本升高有关,也与生活的物质环境受到污染或美化等有直接关系。基于这个原因,在体育赛事影响综合评估的实践领域,国内外的专家、学者都普遍采用"综合形象"这一个切入点进行评估。从这一点来看,体育赛事的城市形象评估是对前述经济、环境与社会-文化3个方面评估的综合,因此这是在更为综合和抽象意义上对体育赛事(尤其是大型综合性赛事)的影响进行评估。实践表明,大型体育赛事和地区标志性赛事都可以在一定程度上丰富和提升举办城市(或地区)的形象。

城市形象(City Image)是公众(含本地居民与外来者)通过直接或间接的途径在大脑中形

---

① "社会-文化"是一个内涵非常丰富的概念,几乎涉及一个国家或地区(城市)的每一个方面。在节事活动领域,目前有关这一评估强调其整体性(宏观性),其内容也会涵盖经济、政治以及环境等多个方面。因此,从评估的内容本身来说,这一评估工作与前面单一的"经济影响"和"环境影响"评估等有重叠的部分。目前,国内相关著作与教材在讨论节事活动(包括体育赛事)对举办地影响时,或将政治影响包括在社会-文化影响范畴内,或单独列出,本书采用前者。
② 对体育赛事社会-文化影响的评估总是要针对一定的感知主体的,目前这方面的通常做法是就相关内容对社区居民做出调查,因此本部分内容与教材第八章"体育赛事的利益相关者管理"中的"社区居民"部分有重叠,可相互参阅。
③ 由于体育赛事,特别是大型体育赛事通常都是在某一城市或多个城市联合举办。因此,体育赛事对举办地的综合形象影响也通常具体落实到"城市"这一实体上。

成的对城市各要素的综合感知与评价,是公众对一个城市的整体印象。从分析的角度来看,城市形象是一个巨大的结构复杂的"系统",包括"硬件"和"软件"两个子系统,其中,"硬件"包括城市形态、城市布局、城市建筑、城市道路、园林绿化和环境卫生等子系统,"软件"则包括市民行为、市民时尚、城市文明、群体活动和城市政府形象等子系统,每一子系统下面又有更低层次的子系统。城市总体形象的形成是这些性质、层次和内容均不相同的子系统和要素耦合作用的结果。

目前,这一评估的通用做法:首先,将体育赛事对城市形象各个维度的可能影响进行分项测评(多用5级或7级李克特态度量表进行测度),再运用定量的因子分析法抽出主要的因子(即形成体育赛事对城市形象主要构成维度的影响)同时测评出影响的程度。大量实证研究的结果显示,最终的主要影响维度是"经济""环境"与"社会-文化"。另外,在实证分析中,评估机构或研究人员也多将赛事举办城市看作一个目的地,从旅游者的认知角度分析体育赛事的城市形象影响,也有少数学者从城市本地居民的认知角度分析。不过,从感知的内容(或客体)来看,旅游者对某一城市目的地的形象感知与本地居民在本质上是一致的,只是感知的主体不同而已。因此,这一部分在阐述这一问题时,没有再详细区分为城市居民和旅游者,而是笼统地称为"体育赛事的城市形象效应",体育赛事综合影响的主要评价项目见表10-4。

表 10-4　体育赛事综合影响的主要评价项目

序号	陈述	同意程度				
1	改善了城市的整体经济环境	1	2	3	4	5
2	吸引了各类投资	1	2	3	4	5
3	为本市提供了新的商机	1	2	3	4	5
4	创造了更多的就业岗位	1	2	3	4	5
5	增加了居民的收入	1	2	3	4	5
6	促进了旅游业的发展	1	2	3	4	5
7	加剧了普通商品价格的上涨	1	2	3	4	5
8	加剧了地价与房价的上涨	1	2	3	4	5
9	积极有效地宣传和推广了城市形象	1	2	3	4	5
10	提升了城市的知名度	1	2	3	4	5
11	充分展示了城市举办大型体育赛事的实力	1	2	3	4	5
12	有效地提高了居民的生活质量	1	2	3	4	5
13	扰乱了居民的正常生活秩序	1	2	3	4	5
14	充分展示了本地的地域文化	1	2	3	4	5
15	使城市居民更加友善好客	1	2	3	4	5
16	促进了本地区和民族的融合与文化交流	1	2	3	4	5
17	提高了城市的创造力与活力	1	2	3	4	5
18	提升了城市居民的强身健体的意识	1	2	3	4	5
19	增加了居民作为东道主的自豪感	1	2	3	4	5

序号	陈述	同意程度				
20	游客的增多导致了社区更加拥挤	1	2	3	4	5
21	游客激增降低了居民社区生活的私密性	1	2	3	4	5
22	游客的增多导致了居民与游客关系的紧张	1	2	3	4	5
23	使城市的基础设施更加完备	1	2	3	4	5
24	改善了城市的公共交通系统	1	2	3	4	5
25	改进了公共区域的安全	1	2	3	4	5
26	提供了更多的城市体育、休闲与娱乐设施	1	2	3	4	5
27	美化了城市环境	1	2	3	4	5
28	为城市注入了新鲜元素,增加了城市活力	1	2	3	4	5
29	造成城市更加拥堵	1	2	3	4	5
30	促进了休闲娱乐设施与场所的建设	1	2	3	4	5
31	促进了传统文化的保护	1	2	3	4	5
32	给城市带来了更多的污染物与垃圾	1	2	3	4	5

以上的评估仅仅是针对样本(本地居民或旅游者)对相关评价指标项的认知。城市形象与旅游目的地形象等理论认为,除认知性的构成因子以外,"形象"还应该有"情感"维度的构成因子。这一维度城市形象目前通用的方法是采取5级或7级语义差分李克特量表(例如"枯燥无味的—令人兴奋的""令人不愉快的—令人愉快的""令人失望的—令人高兴的"等),对其进行量化评价。

第三节　体育赛事活动的后期文案管理

体育赛事需要经历比较长的时间以及烦琐的工作才得以真正完成。工作人员常常会在活动结束后变得松懈,导致许多工作不能得到妥善处理,从而衍生出诸多后续问题。这些问题包括员工工资核对发放问题、志愿者遣散、承包商或供应商等服务中出现违背合同的分歧、评估工作未按时完成等问题。能够有效地避免这些问题出现的手段之一就是督促完成事后的文案管理工作,通过成文文件的方式来提醒与评估所有人员。根据不同节事活动的规模与性质,后期的文案管理工作主要包括下述几个方面的内容。

一、合同管理

合同管理包括与体育赛事活动的承包商、赞助商、工作员工相关的所有合同的审核与收尾工作。管理人员与相关部门应针对不同的对象,对事前签订的合同进行责任与权利实施方面的确认,并对合同实施过程中涉及的证明文件,如单据、收据、发票、收支记录、租赁记录等与合同相关的财务、行政材料进行系统管理,进而考核合同双方对合同规定事项的完成情况。

二、文档归类

赛事活动的职能部门比较多,涉的行业也多种多样,因此会在策划与组织中涉及成百上千的电子或纸质文档。组织机构与举办方应将活动过程中的各种文件进行有效归类,如根据不同部门(行政、宣传、物流等)或行业(媒体、广告、财务等)进行分类,进而为下一次赛事活动的开展提供参考。这些归类的文件是组织举办机构或体育赛事的管治机构无形的财富,能提高组织机构办事的效率与效力,同时能为回顾与评估活动提供参考依据。

三、评估文案的撰写

本章前述的绩效与影响评估的诸多内容,最终均需要以文本的形式呈现并存档,因此文案撰写是节事活动收尾工作的重要组成部分。通常文案撰写工作不能距离活动结束时间太久,因为只有这样才能保证对于活动评估数据与主观感受的准确性。这一部分的文案涉及活动的执行者——活动管理者与工作团队/人员的自我总结,和节事评估专家结合各种调研做出的整体评估报告。通过撰写评估文案,可以帮助评估团队/个人更好地了解自身的工作表现,并对活动参与过程中的问题与优势进行深度发掘;同时,也可以帮助节事活动主办方更全面地了解活动是否实现最终目标、直接影响与广泛影响如何等基本情况。评估文案主要包括"评估报告"与"工作总结"两种类型。

1.评估报告

评估报告可由体育赛事的组织举办机构内部管理人员通过调查了解实际工作状态来撰写,也可交付相关的评估机构以更中立的态度进行调研撰写。主要包括的内容有活动背景介绍、评估方法和不同类型与内容的调查结果呈现等几个方面。

2.工作总结

工作总结主要指活动组织管理的工作团队对于任务完成情况的梳理或工作人员对于自身工作状态的总结,其内容包括:
①整个赛事完成的时间与效果。
②运作团队或个人在整个项目执行工作中的贡献。
③项目执行中的不足与经验教训。
④项目沟通或执行中遇到的困难。
⑤项目或个人工作绩效提升的建议。

案例 10-3:奥运会知识传播(Transmission of Knowledge,TOK)

TOK 启动于 2000 年国际奥林匹克委员会的第 16 次工作会议的倡议。背景是国际奥委会已经意识到必须加强赛会届别之间成功经验的传递。计划于当届(2000 年悉尼奥运会)即开始实施,并计划运用到 2002 年盐湖城冬季奥运会上和 2004 年雅典奥运会上。TOK 计划的工作过程包括以下内容:
①由国家奥委会、国际联盟、行业专家和下届运动会承办组织的代表组成的观察员(40

名)在奥运会开始的前 2 周和后 1 周被派驻到举办城市,分析举办地各方面工作的优点和缺点,就运动会事先确定的 20~25 个重要方面发表一系列评估报告。②观察员把那些鲜为人知的运作情况用相机记录下来,将 TOK 计划可视化,这有助于他们发现赛事运作方面的关键点。③观察员从举办赛事过程中总结出成功的经验并提供给下届大会举办组织。本届承办组织与下届组织的管理机构成员会同有关方面专家举行一个为期 3~4 天的会议,讨论运动会各重要方面的情况。

目前,TOK 计划文件除需要做出官方报告之外,还要提供其他更多的反馈信息,而官方报告一般需要花两年时间来完成。

资料来源:MASTERMAN G. Strategic sports event management[M]. Oxford:Butterworth-Heinemann,Elsevier,2004.(有删改)

课程思政

北京冬奥会全面提升社会文明程度

校园冰雪运动蓬勃发展。围绕"带动三亿人参与冰雪运动"的目标,将冬季运动项目纳入教学体系,鼓励学生积极参与冬季健身运动,熟练掌握一至两项冬季运动技能。开展"世界雪日暨国际儿童滑雪节""北京市中小学生奥林匹克教育及冰雪进校园系列活动""张家口市万名中小学生冰雪体验活动"等丰富多样的冰雪活动,带动越来越多的青少年热爱和参与冰雪运动。因地制宜,创新推广校园冰雪运动"旱地化"模式,开展轮滑、陆地冰壶、旱地冰球等旱地化运动,创办"全国青少年夏季滑雪挑战赛",带动青少年四季滑雪运动普及推广。截至 2020 年,全国共认定"青少年校园冰雪运动特色学校"2 062 所。

志愿服务事业健康快速发展。在 2008 年北京奥运会和 2022 年北京冬奥会志愿服务工作的带动下,民众参与志愿服务的意愿日益高涨,截至 2020 年年底,"志愿北京"信息平台实名注册志愿者人数突破 443.6 万人,其中助残志愿者达 13 万人。在 2022 年北京冬奥会赛会志愿者招募过程中,全社会报名积极踊跃,报名人数达 115 万人。建立了由通用培训、专业培训、场馆培训和岗位培训组成的系统化的培训体系,为冬奥会主办城市留下宝贵的志愿服务人才遗产。创新制定北京冬奥会观众服务标准体系和志愿者激励指导意见等规范标准,形成可传承与借鉴的冰雪运动志愿服务规范与标准。

以冬奥为纽带的国际交流不断深化。以北京冬奥会为媒介,加强与国际体育组织的沟通协调,选聘 37 名外国专家、引进 207 名外籍专业技术人员,参与到冬奥会筹办工作中来,在场馆设计、赛道建设、竞赛组织等方面发挥了重要作用。加强与冬季运动强国的交流合作,通过聘请高水平教练、赴国外训练、引进先进技术等"请进来""走出去"的方式,提高我国冬季运动的发展水平和办赛能力。在"一带一路"国际合作高峰论坛、北京世界园艺博览会、亚洲文明对话大会等活动中融入北京冬奥会元素,提升北京冬奥会影响力。

全社会扶残助残局面巩固发展。为使残疾人的生活更加丰富、出行更加顺畅、生活更加便利,更好地融入社会生活,政府和主办城市采取了一系列措施。举办"中国残疾人冰雪运动季"

等系列活动,旨在引导残障人士参与冰雪运动、乐享冰雪魅力。北京、张家口两地政府相继出台一系列条例和方案,从城市道路、公共交通、公共服务场所、信息交流和社会服务等方面大力推进无障碍环境建设。截至 2021 年 12 月,北京市 666 家"温馨家园"充分发挥残障人士综合服务阵地作用,累计服务残障人士 391.4 万人次;张家口市开展精准助残康复服务、职业技能培训、家庭无障碍改造等服务工程,完善和提升无障碍服务保障。全社会尊重和关爱残障人士的社会氛围更加浓厚,包容性社会建设取得显著成效。

助力社会文明程度不断提升。"全国大众冰雪季"等群众性冰雪活动持续举办,冰雪设施建设不断完善,带动越来越多的人参与冬季锻炼,全民开启"四季健身"的模式,"经常参加体育锻炼"逐渐成为公众生活方式。北京市经常参加体育锻炼的人占常住人口的 50.18%。采取多种方式宣传普及低碳生活理念,引导社会公众践行绿色出行、垃圾分类等低碳环保行为,启动"绿动冬奥"青少年公益行动,培育公众环保意识。引导社会公众积极参与"人人都是东道主"文明社区建设活动、"冬奥有我"窗口文明服务活动等一系列社会文明提升活动,全面提升市民文明素质,树立主办城市的文明形象。

资料来源:齐鲁网。

【思考题】

1.选择一个你所在城市近年举办的体育赛事,设计一份针对城市居民(大众)的赛事社会-文化影响调查问卷。

2.充分利用网络资料,分析 2024 巴黎奥运会举办方在环保方面的政策与举措,并分析这一赛事对环境的积极与消极影响。

3.分析体育赛事经济影响形成的机制? 怎样理解直接、间接和衍生 3 种不同性质的经济影响?

4.为什么全球各个国家与地区(城市)都非常强调体育赛事(尤其是大型标志性体育赛事)对举办地的"形象"影响? 如何进行评价?

参考文献

［1］约翰・艾伦.大型活动项目管理［M］.王增东,杨磊,译.北京:机械工业出版社,2002.

［2］B.约瑟夫・派恩,詹姆斯・H.吉尔摩.体验经济［M］.毕崇毅,译.北京:机械工业出版社,2012.

［3］BERRIDGE G. Events design and experience［M］. Amsterdam:Elsevier, 2007.

［4］陈伟.体育营销全程操盘及案例解析［M］.北京:民主与建设出版社,2019.

［5］戴光全,张骁鸣.节事旅游概论［M］.北京:中国人民大学出版社,2011.

［6］迪米特雷・塔什普洛斯.大型活动的组织管理与营销［M］.吴恒,李帅男,贺芸,等译.沈阳:辽宁科学技术出版社,2010.

［7］董红刚,孙晋海.基于社会网络分析法的北京2022年冬奥会利益相关者研究［J］.北京体育大学学报,2022,45(2):11-24.

［8］HEROLD D M, SCHULENKORF N, BREITBARTH T, et al., An application of the sports logistics framework:The case of the Dallas Cowboys［J］. Journal of Convention & Event Tourism, 2021, 22(2):155-176.

［9］FECHNER D, FILO K, REID S, et al., Charity sport event sponsorship as value creation strategy:An event participant perspective［J］. Journal of Sport Management,2022(36):68-81.

［10］冯祎晗,丛湖平.试论新媒体背景下体育赛事转播权的价值创造及其实现方式［J］.体育科学,2020,40(8):35-40,87.

［11］付磊,蔡兴林.大型赛事赞助、网络关注度与企业市场价值:2018年俄罗斯世界杯中国赞助商实证研究［J］.体育科学,2020,40(4):28-34.

［12］FILO K, FUNK D C, O'BRIEN D. The antecedents and outcomes of attachment and sponsor image within charity sport events［J］. Journal of Sport Management, 2010,24(6):623-648.

［13］高岩.体育赛事风险管理研究:基于项目管理理论视角［M］.北京:北京体育大学出版社,2017.

［14］乔・戈德布拉特.国际性大型活动管理［M］.陈加丰,王新,译.北京:机械工业出版社,2003.

［15］龚韬,彭平,何炼红.体育赛事品牌知识产权保护之解构与重塑［J］.武汉体育学院学报,2021,55(2):39-45.

［16］GETZ D. Event management and event tourism［M］. New York:Cognizant Communications

Corp，2007.

［17］GETZ，D.，ANDERSSON，T. & LARSON，M.，et al.，Festival stakeholder roles：Concepts and case studies［J］. Event Management，2007，11（2）：103-122.

［18］GOLDBLATT J. Special events：the roots and wings of celebration［M］. 5th ed. Hoboken，NJ：John Wiley & Sons，Inc，2008.

［19］GRAHAM S，NEIROTTI L，GOLDBLATT J. The ultimate guide to sports marketing［M］. New York：McGraw-Hill，2001.

［20］侯军毅,由文华.体育赛事吉祥文化传播研究［J］.体育文化导刊,2016(7):197-201.

［21］黄海燕.体育赛事管理［M］.北京:人民体育出版社,2012.

［22］HALL C M. Hallmark tourist events：Impacts，management and planning［M］. London：Belhaven Press，1992：4.

［23］SHONE A，PARRY B. Successful event management：A practical handbook［M］. 3rd ed. London：Cengage Learning，2010.

［24］康益豪,王相飞,延怡冉,等.我国体育赛事的新媒体转播权开发研究:以腾讯体育、爱奇艺体育、PP 体育为例［J］.天津体育学院学报,2020,35(4):474-479.

［25］克里斯·比尔顿.创意与管理:从创意产业到创意管理［M］.向勇,译.北京:新世界出版社,2010.

［26］李国光.5G 时代体育赛事视听传播中的身体在场与离场［J］.当代电视,2022(9):24-28.

［27］李海,姚芹.体育赛事管理［M］.重庆:重庆大学出版社,2018.

［28］李金宝.体育赛事电视转播权权能归属困境及渊源［J］.电视研究,2016(9):25-28.

［29］李明,苏珊·霍华斯,丹·马岩尼.体育经济学［M］.叶公鼎,译.沈阳:辽宁科学技术出版社,2005.

［30］李南筑,黄海燕,曲怡,等.论体育赛事的公共产品性质［J］.上海体育学院学报,2006,30(4):10-17,22.

［31］李雯娟.体育赛事门票定价与市场营销拓展研究［J］.价格月刊,2014(3):49-52.

［32］李晓霞.当代社会体育赛事流程策划研究［M］.北京:中国农业大学出版社,2018.

［33］李彦.中国网球公开赛志愿者管理体系研究［J］.北京体育大学学报,2013,36(2):27-32.

［34］李屹松.基于 1P 理论的体育赛事市场开发研究［J］.中国商贸,2014(11):160-161.

［35］梁华伟.体育赛事组织与管理［M］.上海:上海交通大学出版社,2018.

［36］刘俊民.构建大型综合体育赛事物流体系的探讨［J］.物流技术,2012,31(17):190-192.

［37］刘清早.体育赛事市场开发［M］.上海:复旦大学出版社,2013.

［38］刘清早.体育赛事运作管理实务［M］.北京:人民体育出版社,2011.

［39］刘韵.公共卫生风险下体育赛事相关决策的根据及应对研究:基于奥运会的分析视角和利益主体的具体路径［J］.北京体育大学学报,2021,44(7):123-131.

［40］柳春梅,周爱光,胡科.我国网络电视服务中体育赛事传播权的保护与欧美镜鉴［J］.体育学刊,2022,29(5):47-53.

［41］卢文云,熊晓正.大型体育赛事的风险及风险管理［J］.成都体育学院学报,2005,31(5):18-22.

［42］卢晓.节事活动策划与管理［M］.4 版.上海:上海人民出版社,2016.

［43］罗建英,丛湖平.商业性体育赛事网络结构特征及其关系[J].体育科学,2010,30(4):11-20.

［44］CHALIP L, FAIRLEY S. Thinking strategically about sport events[J]. Journal of Sport & Tourism, 2019, 23(4): 155-158.

［45］马修·D.尚克.体育营销学[M].董进霞,译.北京:清华大学出版社,2002.

［46］MALLEN C, ADAMS L J. Sport, Recreation and Tourism Event Management: Theoretical and Practical Dimensions[M]. New York: Elsevier, 2008.

［47］MASTERMAN G. Strategic Sports Event Management: An international approach[M]. New York: Elsevier, 2004.

［48］牛丽丽.基于 IT 时代的体育赛事一体化物流服务模式研究[J].物流技术,2013,32(5): 104-106,120.

［49］O'SULLIVAN E L, SPANGLER K J. Experience Marketing: Strategies for the New Millennium[M]. Venture, 1999: 133.

［50］蒲华文,贾宏.大型体育赛事风险评估的结构方程模型构建及实证研究[J].中国体育科技,2018,54(2):51-58.

［51］PREUSS H. The conceptualisation and measurement of mega sport event legacies[J]. Journal of Sport & Tourism, 2007, 12(3/4): 207-228.

［52］任慧涛,易剑东.大型体育赛事碳中和管理:国际奥委会的倡议[J].北京体育大学学报,2022,45(2):25-38.

［53］ROCHE M. Mega-Events and Modernity: Olympics and Expos in the Growth of Global Culture[M]. London: Routledge, 2000.

［54］SILVERS J R. Risk Management for Meetings and Events[M]. Amsterdam: Elsevier, 2008.

［55］SUPOVITZ F, GOLDWATER R, LEE S S. The sports event management and marketing playbook[M]. Hoboken, NJ: John Wiley & Sons, Inc, 2005.

［56］谭小丰,宋名芳.5G 时刻:体育赛事直播的传播内容赋能与传播产业赋能[J].电视研究,2021(9):67-69.

［57］陶卫宁,高志洋.广州亚运会城市形象效应的居民感知及满意度:基于 IPA 法的研究[J].北京体育大学学报,2014,37(3):41-46.

［58］陶卫宁,高志洋."赛中会"型会议旅游者的综合形象感知及行为意向研究:以 2011 年深圳 FISU 学术大会为例[J].旅游科学,2013,27(4):24-36.

［59］汪全胜,王萌.论我国大型体育赛事突发事件应急预案的制定[J].成都体育学院学报,2022,48(1):92-97.

［60］王光明.从汨罗江龙舟节看体育节事的运作模型建构[J].体育科技文献通报,2010,18(2):107-108.

［61］王焕清,谭建光.广州亚运会志愿服务文化遗产导论[M].广州:广州出版社,2011.

［62］王敏,陈晓欣,林银斌,等.体育赛事体验对旅游目的地品牌影响研究:以广州马拉松赛为例[J].旅游学刊,2022,37(12):39-51.

［63］王守恒,叶庆晖.体育赛事管理[M].北京:高等教育出版社,2007.

［64］王晓贞,王朝军.我国体育赛事转播的知识产权保护研究[J].山东体育学院学报,2017,33(6):11-17.

［65］ 王永杰,陈林会,刘青.大型体育赛事促进城市形象传播的价值、经验与推进路径［J］.体育文化导刊,2022(6):36-41,61.

［66］ 翁建锋,高利华,高慧林.中国体育赛事 IP 运营研究［J］.体育文化导刊,2021(1):97-103.

［67］ WAITT G. Social impacts of the Sydney olympics［J］. Annals of Tourism Research, 2003, 30 (1): 194-215.

［68］ 项杨春.体育赛事直播画面著作权保护的困境与完善［J］.天津体育学院学报,2022,37 (1):97-104.

［69］ 肖锋,王娟.我国体育赛事赞助方式及影响因素研究［J］.体育文化导刊,2018(4):79-83,103.

［70］ 邢尊明,董机源.中国体育赛事产业业态解构与逻辑再建［J］.福建论坛(人文社会科学版),2021(9):76-85.

［71］ 熊晓正.体育概论［M］.北京:北京体育大学出版社,2008.

［72］ 许秋红,孙凯歌,严燕,等.我国体育赛事重大突发事件发生机制及应对策略研究［J］.体育学研究,2022,36(5):85-92.

［73］ 杨铁黎,李良忠,陈文倩.商业性体育赛事风险管理［M］.北京:北京体育大学出版社,2010.

［74］ 由会贞.价值要素绩效与体育赛事总体观众满意度非对称关系实证研究［J］.体育与科学,2014,35(3):52-56.

［75］ 袁钢,李珊.体育赛事组织者转播权的数据财产属性:基于《民法典》和新《体育法》的法教义学分析［J］.上海体育学院学报,2022,46(10):23-32,75.

［76］ 曾静平.商业体育赛事论［M］.西安:陕西师范大学出版总社,2016.

［77］ 曾珍,吕万刚.大型体育赛事公共安全风险精细化治理:动因分析、价值场景与推进路径［J］.武汉体育学院学报,2020,54(11):13-19,55.

［78］ 张传昌,王润斌.疫情防控常态化背景下大型体育赛事风险管理的历史经验与现实镜鉴［J］.体育学刊,2022,29(3):26-33.

［79］ 张春萍.体育赛事管理［M］.北京:北京体育大学出版社,2017.

［80］ 张丰豪,周玉达.社会体育赛事运作及其全面管理［M］.上海:上海交通大学出版社,2019.

［81］ 张惠彬,刘迪珉.体育赛事传播权的法律规制与运营模式:来自欧洲的经验及启示［J］.天津体育学院学报,2018,33(2):122-130.

［82］ 张骁鸣,郑丹妮,林嘉怡.节事活动策划与管理［M］.广州:中山大学出版社,2014.

［83］ 张业安.大型体育赛事媒介传播效果理论与实践［M］.上海:上海人民出版社,2017.

［84］ 赵添添.体育赛事管理实务论［M］.北京:中央编译出版社,2015.

［85］ 赵先卿,杨继星,马翠娥.国际体育赛事商业化运作对我国的启示［J］.北京体育大学学报,2006,29(8):1030-1032.

［86］ 钟大勇,黄河,吴健.我国体育赛事 IP 价值提升路径研究［J］.体育文化导刊,2017(8):104-108.

［87］ ZIAKAS V, BOUKAS N. Contextualizing phenomenology in event management research［J］. International Journal of Event and Festival Management, 2014, 5(1): 56-73.